纪念改革开放四十周年丛书

40周年

许闲——著

保险大国崛起：中国模式

复旦大学出版社

本丛书系"上海市中国特色哲学社会科学学术话语体系建设基地"研究成果

上海市社会科学界联合会
上海市哲学社会科学学术话语体系建设办公室
上海市哲学社会科学规划办公室
上海市"理论经济学高峰学科支持计划"
联合策划资助出版

纪念改革开放四十周年丛书编委会

学术顾问 洪远朋 张 军 陈诗一

主 任 寇宗来

委 员 王弟海 尹 晨 李志青 朱富强
陈 硕 陆前进 高 帆 高 虹
张 涛 张晖明 许 闲 章 奇
严法善 樊海潮

主 编 张晖明

副 主 编 王弟海 高 帆

纪念改革开放四十周年丛书(12卷)作者介绍

丛书主编:张晖明,1956年7月出生,经济学博士,教授,博士研究生导师。现任复旦大学经济学系主任,兼任复旦大学企业研究所所长,上海市哲学社会科学研究基地复旦大学社会主义政治经济学研究中心主任,上海市政治经济学研究会会长。

丛书各卷作者介绍:

1.《国有企业改革的政治经济学分析》,张晖明。

2.《从割裂到融合:中国城乡经济关系演变的政治经济学》,高帆,1976年11月出生,经济学博士,复旦大学经济学院教授,博士生导师,经济学系常务副主任。

3.《中国二元经济发展中的经济增长和收入分配》,王弟海,1972年12月出生,经济学博士,复旦大学经济学院教授,博士生导师,院长助理,经济学系副系主任,《世界经济文汇》副主编。

4.《中国央地关系:历史、演进及未来》,陈硕,1980年2月出生,经济学博士,复旦大学经济学院教授。

5.《政治激励下的省内经济发展模式和治理研究》,章奇,1975年2月出生,经济学博士、政治学博士,复旦大学经济学院副教授。

6.《市场制度深化与产业结构变迁》,张涛,1976年4月出生,经济学博士,复旦大学经济学院副教授。

7.《经济集聚和中国城市发展》,高虹,1986年9月出生,经济学博士,复旦大学经济学院讲师。

8.《中国货币政策调控机制转型及理论研究》,陆前进,1969年9月出生,经济学博士,复旦大学经济学院教授。

9.《保险大国崛起:中国模式》,许闲,1979年9月出生,经济学博士,复旦大学经济学院教授,风险管理与保险学系主任,复旦大学中国保险与社会安全研究中心主任,复旦大学-加州大学当代中国研究中心主任。

10.《关税结构分析、中间品贸易与中美贸易摩擦》,樊海潮,1982年4月出生,经济学博士,复旦大学经济学院教授。首届张培刚发展经济学青年学者奖获得者。

11.《绿色发展的经济学分析》,李志青,1975年11月出生,经济学博士,复旦大学经济学院高级讲师,复旦大学环境经济研究中心副主任。

12.《中国特色社会主义政治经济学的新发展》,严法善,1951年12月出生,经济学博士,复旦大学经济学院教授,博士生导师,复旦大学泛海书院常务副院长。

总序一

改革开放到今天已经整整走过了四十年。四十年来,在改革开放的进程中,中国实现了快速的工业化和经济结构的变化,并通过城镇化、信息化和全球化等各种力量的汇集,推动了中国经济的发展和人均收入的提高。从一个孤立封闭型计划经济逐步转变为全面参与全球竞争发展的开放型市场经济。中国经济已经全面融入世界经济一体化,并成为全球第二经济大国。

中国社会经济的飞速发展源于中国改革开放的巨大成功。改革开放在"解放思想、实事求是"思想指导下,以"三个有利于"为根本判断标准,以发展社会生产力作为社会主义的根本任务,逐步探索建设中国特色社会主义事业的改革路径。四十年来的改革开放,是一个摸着石头过河的逐步探索过程和渐进性改革过程,也是一个伟大的社会发展和经济转型过程,是世界经济发展进程中的一个奇迹。当前,中国经济发展进入新常态,中国特色社会主义进入了新时代。回顾历史,借往鉴来,作为中国的经济学者,我们有义务去研究我们正在经历的历史性经济结构和制度结构转型过程,有责任研究和总结我们在过去四十年经济改革中所取得的众多成功经验和所经历过的经验教训。对这个历史变迁过程中已经发生的事件提供一个更好的理解和认识的逻辑框架,为解决我们当前所面临的困境和挑战提出一种分析思路和对策见解,从而让我们对未来尚未发生或者希望发生的事件有一个更加理性的预见和思想准备,这是每一个经济学者的目标。

为了纪念中国改革开放四十周年,深化对中国经济改革和社会发展过程的认识,加强对一些重大经济问题的研究和认识,同时也为更好解决当前以及未来经济发展所面临的问题和挑战建言献策,复旦大学经济学系主任张晖明教授组织编著了这套纪念改革开放四十周年丛书。本套丛书共包括十二卷,分别由复旦大学经济学系教师为主的十多位学者各自独立完成。丛书主要围绕四十年来中国经济体制改革过程中的重大经济问题展开研究,研究内容包括中国特色社会主义政治经济学的新发展、二元经济发展中的经济增长和收入分配、货币政策调控机制转型及理论研究、国企改革和基本经济制度完善、城乡关系和城乡融合、中央地方财政关系和财政分权、经济结构变迁和产业进入壁垒、经济集聚和城市发展、"一带一路"倡议和对外贸易、政治激励下的省内经济发展和治理模式、保险业的发展与监管、绿色发展和环境生态保护等十多个重大主题。

复旦大学经济学院具有秉承马克思主义经济学和西方经济学两种学科体系的对话和发展的传统。本套丛书在马克思主义指导下,立足中国现实,运用中国政治经济学分析方法、现代经济学分析方法和数理统计计量等数量分析工具,对中国过去四十年的改革开放的成功经验、特征事实以及新时代发展所面临的困境和挑战进行翔实而又深刻的分析和探讨,既揭示出了改革开放四十年来中国经济发展的典型事实和中国特色,也从中国的成功经验中提炼出了社会经济发展的一般规律和理论;是既立足于中国本土经济发展的事实分析和研究又具有经济发展一般机制和规律的理论创新和提升。

值得提及的是,编写纪念改革开放丛书已经成为复旦大学经济学院政治经济学科的一种传统。1998年复旦大学经济学院政治经济学教授伍柏麟先生曾主编纪念改革开放二十周年丛书,2008年复旦大学经济学院新政治经济学研究中心主任史正富教授曾主编纪念改革开放三十周年丛书。2018年正值改革开放四十周年之际,复旦大学经济学院经济学系主任张晖明教授主编了这套纪念改革开放四十周年丛书,也可谓是秉承政治经济学科的传统。

作为本套丛书的主要贡献者——复旦大学经济学院政治经济学科是国家的重点学科,也一直都是中国政治经济学研究和发展的最主要前沿阵地之一。复旦大学经济学院政治经济学历史悠久,学术辉煌,队伍整齐。她不但拥有一大批直接影响着中国政治经济学发展和中国改革进程的老一辈经济学家,今天更聚集了一批享誉国内的中青年学者。1949年中华人民共和国成立以后,老一辈著名政治经济学家许涤新、吴斐丹、漆琪生等就在复旦大学执鞭传道;改革开放之后,先后以蒋学模、张薰华、伍柏麟、洪远朋等老先生为代表的复旦政治经济学科带头人对政治经济学的学科建设和人才培养,以及国家改革和上海发展都做出了卓越贡献。蒋学模先生主编的《政治经济学教材》目前已累计发行2 000多万册,培育了一批批马克思主义的政治经济学理论学者和党政干部,在中国改革开放和现代化事业建设中发挥了重要作用。张薰华教授20世纪80年代中期提出的社会主义级差地租理论厘清了经济中"土地所有权"和"土地私有权"之间的关系,解释了社会主义经济地租存在的合理性和必要性,为中国的土地使用制度改革和中国城市土地的合理使用奠定了理论基础。目前,在张晖明教授、孟捷教授等国内新一代政治经济学领军人物的引领下,复旦大学政治经济学科聚集了高帆教授、陈硕教授、汪立鑫教授和周翼副教授等多位中青年政治经济学研究者,迎来新的发展高峰。2018年4月,由张晖明教授任主任的上海市哲学社会科学研究基地"复旦大学中国特色社会主义政治经济学研究中心"已经在复旦大学经济学院正式挂牌成立,它必将会极大推动复旦大学经济学院政治经济学理论研究和学科发展。作为复旦大学经济学院政治经济学理论研究宣传阵地,由孟捷教授主编的《政治经济学报》也已经获得国家正式刊号,未来也必将在政治经济学理论研究交流和宣传中发挥积极作用。

张晖明教授主编的本套丛书,可以视为复旦大学经济学院政治经济学科近来理论研究和学科发展的重要成果之一。通过对本套丛书的阅读,相信读者对中国的改革开放必将有新的认识和理解,对中国目前面临的挑战和未来发展必将产生新的思考和启发。

复旦大学经济学院教授、院长　张军
2018年12月9日

总序二

大约在两年前,我就开始考虑组织队伍,开展系列专题研究,为纪念改革开放四十周年撰写专著,承接和保持我们复旦大学政治经济学学科纪念改革开放二十周年、三十周年都曾经组织撰写出版大型丛书的学术传统,以体现经济理论研究者对经济社会发展的学术责任。我的这一想法得到学院领导的肯定和支持,恰好学院获得上海市政府对复旦理论经济学一级学科高峰计划的专项拨款,将我们这个研究计划列入支持范围,为研究工作的开展创造了一定的条件。在我们团队的共同努力下,最后遴选确定了十二个专题,基本覆盖了我国经济体制的主要领域或者说经济体制建构的不同侧面,经过多次小型会议,根据参加者各自的研究专长,分工开展紧张的研究工作。复旦大学出版社的领导对我们的丛书写作计划予以高度重视,将这套丛书列为2018年的重点出版图书;我们的选题也得到上海市新闻出版局的重视和鼓励。这里所呈现的就是我们团队这两年来所做的工作的最后成果。我们力求从经济体制的不同侧面进行系统梳理,紧扣改革开放实践进程,既关注相关体制变革转型的阶段特点和改革举措的作用效果,又注意联系运用政治经济学理论方法进行理论探讨,联系各专门体制与经济体制整体转型相互之间的关系,力求在经济理论分析上有所发现,为中国特色社会主义经济理论内容创新贡献复旦人的思想和智慧,向改革开放四十周年献礼。

中国经济体制改革四十年的历程举世瞩目。以1978年底召开的中国共产党十一届三中全会确定"改革开放"方针为标志,会议在认真总结中国开展社会主义实践的经验教训的基础上,纠正了存在于党的指导思想上和各项工作评价方式上存在的"左"的错误,以"破除迷信""解放思想"开路,回到马克思主义历史唯物主义"实事求是"的方法论上来,重新明确全党全社会必须"以经济建设为中心",打开了一个全新的工作局面,极大地解放了社会生产力,各类社会主体精神面貌焕然一新。从农村到城市、从"增量"到"存量"、从居民个人到企业、从思想观念到生存生产方式,都发生了根本的变化,改革开放激发起全社会各类主体的创造精神和行动活力。

中国的经济体制改革之所以能够稳健前行、行稳致远,最关键的一条就是有中国共产党的坚强领导。我们党对改革开放事业的领导,以党的历次重要会议为标志,及时地在理论创新方面作出新的表述,刷新相关理论内涵和概念表达,对实践需要采取的措施加以具体规划,并在扎实地践行的基础上及时加以规范,以及在体制内容上予以巩固。我们可以从四十年来党的历次重要会议所部署的主要工作任务清晰地看到党对改革开放事业的方向引领、阶段目标设计和工作任务安排,通过对所部署的改革任务内容的前一阶段工作予以及时总结,及时发现基层创新经验和推广价值,对下一阶段改革深化推进任务继续加以部署,久久为功,迈向改革目标彼岸。

党的十一届三中全会(1978)实现了思想路线的拨乱反正,重新确立了马克思主义实事求是的思想路线,果断地提出把全党工作的着重点和全国人民的注意力转移到社会主义现代化建设上来,作出了实行改革开放的新决策,启动了农村改革的新进程。

党的十二大(1982)第一次提出了"建设有中国特色的社会主义"的崭新命题,明确指出:"把马克思主义的普遍真理同我国的具体实际结合起来,走自己的道路,建设有中国特色的社会主义,这就是我们总结长期历史经验得出的基本结论。"会议确定了"党为全面开创社会主义现代化建设新局面而奋斗的纲领"。

党的十二届三中全会(1984)制定了《中共中央关于经济体制改革的决定》,明确坚决地系统地进行以城市为重点的整个经济体制的改革,是我国形势发展的迫切需要。这次会议标志着改革由农村走向城市和整个经济领域的新局面,提出了经济体制改革的主要任务。

党的十三大(1987)明确提出我国仍处在"社会主义初级阶段",为社会主义确定历史方位,明确概括了党在社会主义初级阶段的基本路线。

党的十四大(1992)报告明确提出,我国经济体制改革的目标是建立社会主义市场经济体制,就是要使市场在社会主义国家宏观调控下对资源配置起基础性作用;明确提出"社会主义市场经济体制是同社会主义基本制度结合在一起的"。在所有制结构上,以公有制为主体,个体经济、私营经济、外资经济为补充,多种经济成分长期共同发展,不同经济成分还可以自愿实行多种形式的联合经营。国有企业、集体企业和其他企业都进入市场,通过平等竞争发挥国有企业的主导作用。在分配制度上,以按劳分配为主体,其他分配方式为补充,兼顾效率与公平。

党的十四届三中全会(1993)依据改革目标要求,及时制定了《中共中央关于建立社会主义市场经济体制若干问题的决定》,系统勾勒了社会主义市场经济体制的框架内容。会议通过的《决定》把党的十四大确定的经济体制改革的目标和基本原则加以系统化、具体化,是中国建立社会主义市场经济体制的总体规划,是20世纪90年代中国进行经济体制改革的行动纲领。

党的十五大(1997)提出"公有制实现形式可以而且应当多样化,要努力寻找能够极大促进生产力发展的公有制实现形式"。"非公有制经济是我国社会主义市场经济的重要组成部分","允许和鼓励资本、技术等生产要素参与收益分配"等重要论断,大大拓展了社会主义生存和实践发展的空间。

党的十五届四中全会(1999)通过了《中共中央关于国有企业改革和发展若干重大问题的决定》,明确提出,推进国有企业改革和发展是完成党的十五大确定的我国跨世纪发展的宏伟任务,建立和完善社会主义市场经济体制,保持国民经济持续快速健康发展,大力促进国有企业的体制改革、机制转换、结构调整和技术进步。从战略上调整国有经济布局,要同产业结构的优化升级和所有制结构的调整完善结合起来,坚持有进有退,有所为有所不为,提高国有经济的控制力;积极探索公有制的多种有效实现形式,大力发展股份制和混合所有制经济;要继续推进政企分开,按照国家所有、分级管理、授权经营、分工监督的原则,积极探索国有资产管理的有效形式;实行规范的公司制改革,建立健全法人治理结构;要建立与现代企业制度相适应的收入分配制度,形成有效的激励和约束机制;必须切实加强企业管理,重视企业发展战略研究,健全和完善各项规章制度,从严管理企业,狠抓薄弱环节,广泛采用现代管理技术、方法和手段,提高经济效益。

党的十六大(2002)指出,在社会主义条件下发展市场经济,是前无古人的伟大创举,是中国共产党人对马克思主义发展作出的历史性贡献,体现了我们党坚持理论创新、与时俱进的巨大勇气。并进一步强调"必须坚定不移地推进各方面改革"。要从实际出发,整体推进,重点突破,循序渐进,注重制度建设和创新。坚持社会主义市场经济的改革方向,使市场在国家宏观调控下对资源配置起基础性作用。

党的十六届三中全会(2003)通过的《中共中央关于完善社会主义市场经济体制若干问题的决定》,全面部署了完善社会主义市场经济体制的目标和任务。按照"五个统筹"①的要求,更大程度地发挥市场在资源配置中的基础性作用,增强企业活力和竞争力,健全国家宏观调控,完善政府社会管理和公共服务职能,为全面建设小康社会提供强有力的体制保障。主要任务是:完善公有制为主体、多种所有制经济共同发展的基本经济制度;建立有利于逐步改变城乡二元经济结构的体制;形成促进区域经济协调发展的机制;建设统一开放、竞争有序的现代市场体系;完善宏观调控体系、行政管理体制和经济法律制度;健全就业、收入分配和社会保障制度;建立促进经济社会可持续发展的机制。

党的十七大(2007)指出,解放思想是发展中国特色社会主义的一大法

---

① 即统筹城乡发展、统筹区域发展、统筹经济社会发展、统筹人与自然和谐发展、统筹国内发展和对外开放。

宝,改革开放是发展中国特色社会主义的强大动力,科学发展、社会和谐是发展中国特色社会主义的基本要求。会议强调,改革开放是决定当代中国命运的关键抉择,是发展中国特色社会主义、实现中华民族伟大复兴的必由之路;实现未来经济发展目标,关键要在加快转变经济发展方式、完善社会主义市场经济体制方面取得重大进展。要大力推进经济结构战略性调整,更加注重提高自主创新能力、提高节能环保水平、提高经济整体素质和国际竞争力。要深化对社会主义市场经济规律的认识,从制度上更好发挥市场在资源配置中的基础性作用,形成有利于科学发展的宏观调控体系。

党的十七届三中全会(2008)通过了《中共中央关于农村改革发展的若干重大问题的决议》,特别就农业、农村、农民问题作出专项决定,强调这一工作关系党和国家事业发展全局。强调坚持改革开放,必须把握农村改革这个重点,在统筹城乡改革上取得重大突破,给农村发展注入新的动力,为整个经济社会发展增添新的活力。推动科学发展,必须加强农业发展这个基础,确保国家粮食安全和主要农产品有效供给,促进农业增产、农民增收、农村繁荣,为经济社会全面协调可持续发展提供有力支撑。促进社会和谐,必须抓住农村稳定这个大局,完善农村社会管理,促进社会公平正义,保证农民安居乐业,为实现国家长治久安打下坚实基础。

党的十八大(2012)进一步明确经济体制改革进入攻坚阶段的特点,指出"经济体制改革的核心问题是处理好政府和市场的关系",在党中央的领导下,对全面深化改革进行了系统规划部署,明确以经济体制改革牵引全面深化改革。

党的十八届三中全会(2013)通过了《中共中央关于全面深化改革若干重大问题的决定》,全方位规划了经济、政治、社会、文化和生态文明"五位一体"的336项改革任务,面对改革攻坚,提倡敢于啃硬骨头的坚忍不拔的精神,目标在于实现国家治理体系和治理能力的现代化。会议决定成立中共中央全面深化改革领导小组,负责改革总体设计、统筹协调、整体推进、督促落实。习近平总书记强调:"全面深化改革,全面者,就是要统筹推进各领域改革。

就需要有管总的目标,也要回答推进各领域改革最终是为了什么、要取得什么样的整体结果这个问题。""这项工程极为宏大,零敲碎打调整不行,碎片化修补也不行,必须是全面的系统的改革和改进,是各领域改革和改进的联动和集成。"①

党的十八届四中全会(2014)通过了《中共中央关于全面推进依法治国若干重大问题的决定》,明确提出全面推进依法治国的总目标,即建设中国特色社会主义法治体系,建设社会主义法治国家。

党的十八届五中全会(2015)在讨论通过《中共中央关于"十三五"规划的建议》中,更是基于对社会主义实践经验的总结,提出"创新、协调、绿色、开放和共享"五大新发展理念。进一步丰富完善"治国理政",推进改革开放发展的思想理论体系。不难理解,全面深化改革具有"系统集成"的工作特点要求,需要加强顶层的和总体的设计和对各项改革举措的协调推进。同时,又必须鼓励和允许不同地方进行差别化探索,全面深化改革任务越重,越要重视基层探索实践。加强党中央对改革全局的领导与基层的自主创新之间的良性互动。

党的十九大(2017)开辟了一个新的时代,更是明确提出社会主要矛盾变化为"不充分、不平衡"问题,要从过去追求高速度增长转向高质量发展,致力于现代化经济体系建设目标,在经济社会体制的质量内涵上下功夫,提出以效率变革、质量变革和动力变革,完成好"第一个一百年"收官期的工作任务,全面规划好"第二个一百年"②的国家发展战略阶段目标和具体工作任务,把我国建设成为社会主义现代化强国。国家发展战略目标的明确为具体工作实践指明了方向,大大调动实践者的工作热情和积极性,使顶层设计与基层主动进取探索之间的辩证关系有机地统一起来,着力推进改革走向更深层

---

① 习近平在省部级主要领导干部学习贯彻十八届三中全会精神全面深化改革专题研讨班开班式上的讲话,2014年2月17日。

② "第一个一百年"指建党一百年,"第二个一百年"指新中国成立一百年。

次、发展进入新的阶段。

改革意味着体制机制的"创新"。然而,创新理论告诉我们,相较于对现状的认知理解,创新存在着的"不确定性"和因为这种"不确定性"而产生的心理上的压力,有可能影响到具体行动行为上出现犹豫或摇摆。正是这样,如何对已经走过的改革历程有全面准确和系统深入的总结检讨,对所取得成绩和可能存在的不足有客观科学的评估,这就需要认真开展对四十年改革经验的研究,并使之能够上升到理论层面,以增强对改革规律的认识,促进我们不断增强继续深化改革的决心信心。

四十年风雨兼程,改革开放成为驱动中国经济发展的强大力量,产生了对于社会建构各个方面、社会再生产各个环节、社会生产方式和生活方式各个领域的根本改造。社会再生产资源配置方式从传统的计划经济转型到市场经济,市场机制在资源配置中发挥决定性作用,社会建构的基础转到以尊重居民个人的创造性和积极性作为出发点。国有企业改革成为国家出资企业,从而政府与国家出资的企业之间的关系就转变成出资与用资的关系,出资用资两者之间进一步转变为市场关系。因为出资者在既已出资后,可以选择持续持股,也可以选择将股权转让,从而"退出"股东位置。这样的现象,也可以看作是一种"市场关系"。通过占主体地位的公有制经济与其他社会资本平等合作,以混合所有制经济形式通过一定的治理结构安排,实现公有制与市场经济的有机融合。与资源配置机制的变革和企业制度的变革相联系,社会再生产其他方方面面的体制功能围绕企业制度的定位,发挥服务企业、维护社会再生产顺畅运行的任务使命。财政、金融、对外经济交往等方面的体制架构和运行管理工作内容相应配套改革。伴随改革开放驱动经济的快速发展,城乡之间、区域之间关系相应得到大范围、深层次的调整。我们在对外开放中逐渐培养自觉遵循和应用国际经济规则的能力,更加自觉地认识到,必须积极主动地融入全球化潮流,更深层次、更广范围、更高水平地坚持对外开放,逐渐提升在对外开放中参与国际规则制定和全球治理的能力。也正是由于对经济社会发展内涵有了更加深刻的认识,摈弃了那种片面追求

GDP增长的"线性"发展思维和行为,我们开始引入环境资源约束,自觉探寻可持续的"绿色"发展道路。

可以说,改革开放对中国经济社会产生全方位的洗礼作用。正是基于这样的见解,我们的**丛书研究主题**尽可能兼顾覆盖经济体制和经济运行的相关主要方面。为了给读者一个概貌性的了解,在这里,我把十二卷论著的主要内容做一个大致的介绍。

高帆教授的《从割裂到融合:中国城乡经济关系演变的政治经济学》,基于概念界定和文献梳理,强调经典的二元经济理论与中国这个发展中大国的状况并不完全契合。我国存在着发展战略和约束条件—经济制度选择—微观主体行为—经济发展绩效(城乡经济关系转化)之间的依次影响关系,其城乡经济关系是在一系列经济制度(政府-市场关系、政府间经济制度、市场间经济制度)的作用下形成并演变的,政治经济学对理解中国的城乡经济关系问题至关重要。依据此种视角,该书系统研究了我国城乡经济关系从相互割裂到失衡型融合再到协同型融合的演变逻辑,以此为新时代我国构建新型城乡经济关系提供理论支撑,为我国形成中国特色社会主义政治经济学提供必要素材。

张晖明教授的《国有企业改革的政治经济学分析》,紧扣国有企业改革四十年的历程,系统总结国有企业改革经验,尝试建构中国特色的企业理论。基于对企业改革作为整个经济体制改革"中心环节"的科学定位分析,该书讨论了企业经营机制、管理体制到法律组织和经济制度逐层推进变革,促成企业改革与市场发育的良性互动;概括了企业制度变革从"国营"到"国有",再到"国家出资";从"全民所有""国家所有"到"混合所有";从政府机构的"附属物"改造成为法人财产权独立的市场主体,将企业塑造成为"公有制与市场经济有机融合"的组织载体,有效、有力地促进政资、政企关系的变革调整。对改革再出发,提出了从"分类"到"分层"的深化推进新思路,阐述了国有企业改革对于国家治理体系现代化建设的意义,对于丰富和完善我国基本经济制度内涵的理论意义。

王弟海教授的《中国二元经济发展中的经济增长和收入分配》,主要聚焦于改革开放四十年来中国二元经济发展过程中的经济增长和收入分配问题。该书主要包括三大部分:第1编以中国实际 GDP 及其增长率作为分析的对象,对中国经济增长的总体演化规律和结构变迁特征进行分析,并通过经济增长率的要素分解,研究了不同因素对中国经济增长的贡献;第2编主要研究中国经济增长和经济发展之间的关系,探讨一些重要的经济发展因素,如投资、住房、教育和健康等同中国经济增长之间相动机制;第3编主要研究了中国二元经济发展过程中收入分配的演化,包括收入分配格局的演化过程和现状、收入差距扩大的原因和机制,以及未来可能的应对措施和策略。

陈硕教授的《中国央地关系:历史、演进及未来》,全书第一部分梳理我国历史上央地关系变迁及背后驱动因素和影响;第二和第三部分分别讨论当代央地财政及人事关系;第四部分则面向未来,着重讨论财权事权分配、政府支出效率、央地关系对国家、社会及政府间关系的影响等问题。作者试图传达三个主要观点:第一,央地关系无最优之说,其形成由历史教训、政治家偏好及当前约束共同决定;第二,央地关系的调整会影响国家社会关系,对该问题的研究需借助一般均衡框架;第三,在更长视野中重新认识1994年分税制改革对当代中国的重要意义。

章奇副教授的《政治激励下的省内经济发展模式和治理研究》认为,地方政府根据自己的政治经济利益,选择或支持一定的地方经济发展模式和经济政策来实现特定的经济资源和利益的分配。换言之,地方经济发展模式和政策选择本质上是一种资源和利益分配方式(包含利益分享和对应的成本及负担转移)。通过对发展模式的国际比较分析和中国20世纪90年代以来的地方经济发展模式的分析,指出地方政府领导层的政治资源的集中程度和与上级的政治嵌入程度是影响地方政府和官员选择地方经济发展模式的两个重要因素。

张涛副教授的《市场制度深化与产业结构变迁》,讨论了改革开放四十年来,中国宏观经济结构发生的显著变化。运用经济增长模型,从产品市场和劳动力市场的现实特点出发,研究开放经济下资本积累、对外贸易、产业政策等影响宏观经济结构变化的效应、机制和相应政策。

高虹博士的《经济集聚和中国城市发展》,首先澄清了对于城市发展的一个误解,就是将区域间"协调发展"简单等同于"同步发展",并进一步将其与"经济集聚"相对立。政策上表现为试图缩小不同规模城市间发展差距,以平衡地区间发展。该书通过系统考察经济集聚在城市发展中的作用发现,经济集聚的生产率促进效应不仅有利于改善个人劳动力市场表现,也将加速城市制造业和服务业产业发展,提升经济发展效率。该书为提高经济集聚程度、鼓励大城市发展的城市化模式提供了支持。

陆前进教授的《中国货币政策调控机制转型及理论研究》,首先从中央银行资产负债表的角度分析了货币政策工具的调控和演变,进而探讨了两个关键变量(货币常数和货币流通速度)在货币调控中的作用。该书重点研究了货币和信贷之间的理论关系以及信贷传导机制——货币调控影响货币和信贷,从而会影响中央银行的铸币税、中央银行的利润等——进而从货币供求的角度探讨了我国中央银行铸币税的变化,还从价格型工具探讨了我国中央银行的货币调控机制,重点研究了利率、汇率调控面临的问题,以及我国利率、汇率的市场化形成机制的改革。最后,总结了我国货币政策调控面临的挑战,以及如何通过政策搭配实现宏观经济内外均衡。

许闲教授的《保险大国崛起:中国模式》,讨论了改革开放四十年中国保险业从起步到崛起,按保费规模测算已经成为全球第二保险大国。四十年的中国保险业发展,是中国保险制度逐步完善、市场不断开放、主体多样发展、需求供给并进的历程。中国保险在发展壮大中培育了中国特色的保险市场,形成了大国崛起的中国模式。该书以历史叙事开篇,从中国保险公司上市、深化改革中的保险转型、中国经济增长与城镇化建设下的保险协同发展、对外开放中保险业的勇于担当、自贸区和"一带一路"倡议背景下保险业的时代作为、金融监管与改革等不同视角,探讨与分析了中国保险业改革开放四十年所形成的中国模式与发展路径。

樊海潮教授的《关税结构分析、中间品贸易与中美贸易摩擦》,指出不同国家间关税水平与关税结构的差异,往往对国际贸易产生重要的影响。全书从中国关税结构入手,首先对中国关税结构特征、历史变迁及国际比较进行了梳理。之后重点着眼于2018年中美贸易摩擦,从中间品关税的角度对中美贸易摩擦的相关特征进行了剖析,并利用量化分析的方法评估了此次贸易摩擦对两国福利水平的影响,同时对其可能的影响机制进行了分析。全书的研究,旨在为中国关税结构及中美贸易摩擦提供新的研究证据与思考方向。

李志青高级讲师的《绿色发展的经济学分析》,指出当前中国面对生态环境与经济增长的双重挑战,正处于环境库兹涅茨曲线爬坡至顶点、实现环境质量改善的关键发展阶段。作为指导社会经济发展的重要理念,绿色发展是应对生态环境保护与经济增长双重挑战的重要途径,也是实现环境与经济长期平衡的重要手段。绿色发展在本质上是一个经济学问题,我们应该用经济学的视角和方法来理解绿色发展所包含的种种议题,同时通过经济学的分析找到绿色发展的有效解决之道。

严法善教授的《中国特色社会主义政治经济学的新发展》,运用马克思主义政治经济学基本原理与中国改革开放实践相结合的方法,讨论了中国特色社会主义政治经济学理论的几个主要问题:新时代不断解放和发展生产力,坚持和完善基本经济制度,坚持社会主义市场经济体制,正确处理市场与政府关系、按劳分配和按要素分配关系、对外开放参与国际经济合作与竞争关系等。同时还研究了改革、发展、稳定三者的辩证关系,新常态下我国面临的新挑战与机遇,以及贯彻五大新发展理念以保证国民经济持续快速、健康、发展,让全体人民共享经济繁荣成果等问题。

以上十二卷专著,重点研究中国经济体制改革和经济发展中的一个主要体制侧面或决定和反映经济发展原则和经济发展质量的重要话题。反映出每位作者在自身专攻的研究领域所积累的学识见解,他们剖析实践进程,力求揭示经济现象背后的结构、机制和制度原因,提出自己的分析结论,向读者传播自己的思考和理论,形成与读者的对话并希望读者提出评论或批评的回应,以求把问题的讨论引向深入,为指导实践走得更加稳健有效设计出更加完善的政策建议。换句话说,作者所呈现的研究成果一定存在因作者个人的认识局限性带来的瑕疵,欢迎读者朋友与作者及时对话交流。作为本丛书的主编,在这里代表各位作者提出以上想法,这也是我们组织这套丛书所希望达到的目的之一。

是为序。

张晖明

2018 年 12 月 9 日

目 录

第1章 发展脉络：改革开放40年 1
1.1 改革开放四阶段 3
1.2 历史时刻：40年大事记 20

第2章 资本联结：保险企业上市与经营 31
2.1 上市险企市场份额分析 33
2.2 上市保险企业业务状况分析 38
2.3 上市险企经营状况分析 42
2.4 本章总结 45

第3章 保险转型：市场发展与深化改革 47
3.1 中国保险业的转型背景 49
3.2 保险业转型的理论与研究 52
3.3 我国保险业转型的表现与特征 55
3.4 保险业深化改革的挑战分析 68
3.5 深化保险业改革的思考与建议 79

第4章 经济增长：保险行业发展与贡献 85
4.1 金融发展与宏观经济增长 88

4.2 经济增长对保险业的影响　89
4.3 保险业对经济增长的影响　92
4.4 我国保险业与经济增长实证研究　98

第 5 章　城镇建设：休戚相关推动共同繁荣　107
5.1 城镇化进程与保险业发展　109
5.2 文献分析　111
5.3 保险业与城镇建设互动的机制分析　113
5.4 我国保险业与城镇建设研究设计　115
5.5 我国保险业与城镇建设实证结果　119
5.6 结论与建议　130

第 6 章　对外开放：奋勇前进的改革排头兵　133
6.1 保险业对外开放　135
6.2 改革开放 40 年中国保险业对外开放回顾　140
6.3 外资保险公司经营战略　150
6.4 中国保险公司"走出去"　156

第 7 章　交易平台：中国保险交易所建设　163
7.1 上海保险交易所简介　165
7.2 中国保险交易所建立的意义　167
7.3 中国保险交易所与国际保险交易所比较　170
7.4 保险交易所的未来　176

第 8 章　中国倡议："一带一路"与保险业发展　181
8.1 时代背景　183
8.2 "一带一路"倡议与所经地区保险业发展情况　184

8.3 "一带一路"倡议与保险业务的相互作用 187
8.4 保险资金携手亚投行参与"一带一路"建设 194

第9章 改革创新：自贸区建设与保险业开放 205
9.1 中国（上海）自贸区与经济社会发展的关系 207
9.2 自贸区与中国保险发展与开放 218
9.3 自贸区保险企业境外投资 224
9.4 自贸区与航运中心建设 228
9.5 自贸区与离岸保险发展 232

第10章 保险监管：从机构监管到功能监管 237
10.1 保险监管改革的必要性分析 239
10.2 改革开放40年中国主要保险监管模式分析 246
10.3 保险监管改革与评述 249

第11章 总结与展望 255
11.1 总结 257
11.2 评价与展望 266

参考文献 269

第1章

发展脉络：改革开放40年

改革开放40年,是中国现代保险业起步到壮大的40年,也是中国逐渐发展成为保险大国的40年。本章将按照两条线索梳理中国保险业改革开放40年的发展脉络:第一条线索按照时间发展将改革开放分为四个不同阶段(每一个阶段约10年左右时间),介绍每一个阶段中国保险业的发展状况和所取得的成就;第二条线索采用大事记的方法重点介绍在改革开放40年来的重要时刻及其对中国保险业发展的深远影响。

1.1 改革开放四阶段

1.1.1 初步改革阶段(1978—1991年)

1. 发展概况

1978年12月,中共十一届三中全会在北京召开。会议作出了把党和国家工作重心转移到社会主义现代化建设上来和实行改革开放的历史性决策,拉开了此后中国经济奇迹腾飞的大幕。

1979年2月,中国人民银行召开的全国分行行长会议提出恢复国内保险业务。同年4月,国务院以国发〔1979〕99号文件批转了《中国人民银行全国分行行长会议纪要》,作出了"逐步恢复国内保险业务"的重大决策。中国人民银行立即颁布《关于恢复国内保险业务和加强保险机构的通知》,根据国务院的指导作出了具体部署。同年,中国保险学会成立。

1980年初,中国人民保险公司经过短暂筹备后开始正式办理各项国内保险业务。这一年,财产保险业务在全国范围内恢复办理,主要包括企业财产保险、货物运输保险和家庭财产保险三个险种。到年底,中国人民保险公司已经在除西藏外的全国各地(不包括港澳台地区)恢复了分支机构。

1981年4月,中国人民银行发出《关于保险公司管理体制的通知》,明确了保险公司专业公司的性质,并初步确立了保险公司的领导管理制度,建立起保险机构扩充人才队伍的模式。

1982年,中国人民保险公司恢复了人身保险业务。初期开办的险种主要有团体人身意外伤害保险、简易人身保险和养老金保险等。同年2月,国务院在批转中国人民银行《关于国内保险业务恢复情况和今后发展意见的报告》的通知中指出,积极开展保险业务是一件利国利民的好事,是国民经济活动中不可缺少的一环,从而深化了对保险业在经济发展中起到的重要作用的认识。同年12月,中国人民保险公司设立了董事会、监事会,制定了《中国人民保险公司章程》。《章程》对中国人民保险公司的性质、业务范围、组织机构等作了明确规定。

1983年4月,国务院办公厅批转中国人民银行《关于中国人民保险公司组织机构问题的请示》,将省、自治区、直辖市的保险分公司升半格;9月,又将中国人民保险公司升格为国务院直属经济实体,独立行使职权和进行业务活动。同年9月1日,国务院正式颁布根据《中华人民共和国经济合同法》有关保险方面的规定制定的《中华人民共和国财产保险合同条例》。该条例作为《经济合同法》的组成部分,对财产保险的原则、保险合同的订立和保险合同的变更、转让等方面作出了明确的规定,是新中国首部实质意义上的有关保险的法律法规。

1985年开始,中国人民保险公司国内业务实行分级核算、自负盈亏,标志着企业化经营的实质性开始。同年3月,国务院颁布《保险企业管理暂行条例》,为打破完全垄断的保险市场格局和引进新的市场主体提供了法律依据,也为加强保险业监管发挥了重要作用。

1986年,国家教委批准中国保险管理干部学院在湖南长沙成立,这是新中国第一所专门的保险高等学院,是中国保险业人才培养道路上一块重要的里程碑。同年,"新疆生产建设兵团农牧业保险公司"在中国人民银行的批准下设立,一举打破了自恢复保险业务以来中国人民保险公司"一家独大"的保险市场完全垄断的局面。

1987年,中国人民银行批准交通银行及其分支机构设立保险部,并于1991年4月批准交通银行在其保险部的基础上组建中国太平洋保险公司,成为继中国人民保险公司之后成立的中国第二家全国性保险公司。1988年5月,平安保险公司在深圳蛇口区开业,是中国第一家股份制保险公司。

1989年2月,国务院办公厅发布《关于加强保险事业管理的通知》,针对部分地区机关强制群众办理保险、擅自将保险费转入其他用途和恶性竞争等问题作出了规范。1991年4月,为了贯彻相关文件的要求,中国人民银行发布《关于对保险业务和机构进一步清理整顿和加强管理的通知》,推动进一步处理未经批准成立的保险机构,制止擅自开办保险业务,纠正保险机构违章经营的做法,以保持保险机构公平合理竞争,促进保险业健康发展。

1990年12月,财政部印发了《国营金融、保险企业成本管理办法》。这一办法是对1987年财政部制定的《国营金融、保险企业成本管理实施细则》的完善和补充,以适应国民经济治理整顿与改革的进一步深化以及金融、保险企业业务发展的新情况。

2. 第一个十年保险市场发展

改革开放第一个十年是中国保险业百废待兴的十年,也是新中国保险业的重要起步阶段。表1-1列示了我国1980—1991年保险密度和保险深度的发展情况。从数据可以看出,当时我国保险市场基础薄弱,无论是保险深度还是保险密度都非常低,保险业在国民生活中的地位处在较弱的阶段。

表1-1 1980—1991年保险密度和保险深度

年　份	保险深度(%)	保险密度(元/人)
1980	0.10	0.47
1981	0.16	0.78
1982	0.20	1.01

(续表)

年　　份	保险深度(%)	保险密度(元/人)
1983	0.23	1.28
1984	0.29	1.92
1985	0.39	3.13
1986	0.65	4.26
1987	0.67	6.51
1988	0.72	9.86
1989	0.77	12.64
1990	0.85	15.56
1991	0.90	20.35

据统计，1980年全国保险费收入只有4.6亿元，保险密度0.47元/人，保险深度0.10%，而到1990年，全国保险费收入177.9亿元，保险密度15.56元/人，保险深度0.85%。十年间，每一年保险深度和保险密度都能保持良好的上升趋势，保险深度年平均增长率23%，保险密度年平均增长率41%，1990年的保险密度更是1980年的43倍，踏上复苏之路的中国保险业有了飞跃般的发展（图1-1、图1-2）。

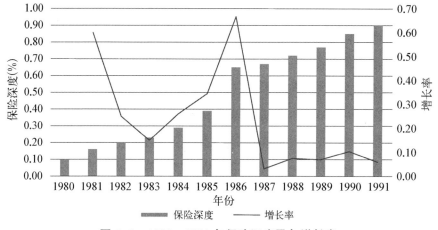

图1-1　1980—1991年保险深度及年增长率

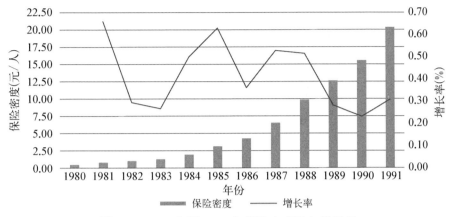

图1-2　1980年到1991年保险密度及年增长率

3. 阶段总结

1980—1985年,中国保险市场处于中国人民保险公司(简称"人保")完全垄断的阶段。由于国内保险需求还不高,市场规模较小,在政策扶持下人保形成了规模优势,促进了中国保险业在短期内迅速恢复与发展。1986年,新疆生产建设兵团农牧业保险公司经批准后设立,专门经营新疆生产建设兵团团场内部的种养两业保险,打破了人保的完全垄断,使得中国保险市场进入寡头垄断时期。1991年,中国太平洋保险公司成为第二家全国范围内经营的保险公司。

这一阶段的历史对于中国保险业的发展起到了巨大作用。在保险行业经营方针的确定和变化、保险公司业务的开发和发展、保险监管机构的建立和改革、保险从业人员的培训和使用等方面发挥了重要作用,为后来数十年中国保险业各方面的建设打下了基础。

1.1.2　加快改革阶段(1992—2000年)

1. 发展概况

1992年,中国保险市场进入了一个崭新的阶段。美国国际集团(AIG)旗下的美国友邦保险公司率先在上海设立了分公司,成为改革开放以来第一家外商独资保险公司,打破了保险市场没有外资参与的局面。同年6月,平安保险公司更名为中国平安保险公司。从此,中国人民保险公司、中国太平洋保险公司和中国平安保险公司三足鼎立的局面形成。1992年11月,《中华人民共和国海商法》颁布,对于海上保险业务做出了相应规定,这是监管层面的又一进步。同月,友邦保险培训的第一代寿险代理人上街展业,寿险代理人制度迅速为国内寿险业所采用。

1994年9月,日本东京海上火灾保险公司在上海开设分公司经营保险业务,成为第一家外商独资财产保险公司。同年10月,天安保险股份有限公司在上海成立,是改革开放以来首家由企业出资组建的股份制商业保险公司。

1995年,改革开放以来第一部保险领域的法律——《中华人民共和国保险法》正式颁布,保险行业实行产寿险分业经营、分业监管,内资、外资、合资保险企业纷纷成立。

1997年11月,中国人民银行颁布了《保险代理人管理规定(试行)》。次年2月,又颁布了《保险经纪人管理规定(试行)》。这两项规定确立了国内保险代理人和经纪人的从业资格、执业管理等原则,为相关的监管提供了坚实的依据。

1998年11月18日,国务院颁布《关于成立中国保险监督管理委员会的通知》,中国保险监督管理委员会(简称"保监会")正式成立。中国保险业监管主体由一般性政府行政机构监管过渡到由兼具专业性、技术性和法律性的独立监管机构承担。保监会的成立,标志着中国保险市场管理体制的确立,保险业开始进入分业监管时代并逐步向专业化监管转变。

1999年,保监会制定了《保险公司投资证券投资基金管理暂行办法》,允许保险公司开办投资证券投资基金业务。这一年,投资连结保险在我国市场上首次出现。2000年,保监会研究制定了《分红保险管理暂行办法》《投资连结保险管理暂行办法》,力求中国保险监管紧跟新型保险产品不断涌现的时代潮流。

2000年6月,江泰保险经纪有限公司在北京揭牌,成为改革开放以来第一家全国性综合保险经纪公司。同年11月16日,中国保险行业协会在北京宣告成立,成立大会上通过了《中国保险行业公约》。

2. 第二阶段保险市场发展

改革开放第二个十年是中国保险市场发展的关键十年,这十年保险市场发展的格局,奠定了中国之后数年保险市场发展的基本格局。表1-2列示了这十年我国保险深度和保险密度的发展变化,相较于第一个十年,我国的保险市场取得了更大的进步和发展。

表1-2 1992—2000年保险深度和保险密度

年 份	保险深度(%)	保险密度(元/人)
1992	1.00	31.39
1993	0.98	42.16
1994	0.97	49.00
1995	1.17	56.39
1996	1.19	69.97
1997	1.45	87.66
1998	1.57	110.00
1999	1.70	110.60
2000	1.80	126.30

1992年,中国保险深度首次达到1%,虽然之后两年稍有下降,但在1992年到2000年间保持了12%的年平均增长率。保险密度由1992年的31.39元上升到2000年的126.3元,是1992年数据的4倍,并且年平均增长率在23%左右。尽管相比较于上一阶段年平均增长率都有所下降,但中国的保险深度和保险密度在绝对数字上已经有了极大的提升(图1-3、图1-4)。

到2000年,全国已有国有保险公司4家、股份制保险公司9家、合资和外资保险公司19家、保险代理公司43家、保险经纪公司8家、保险公估公司3家。

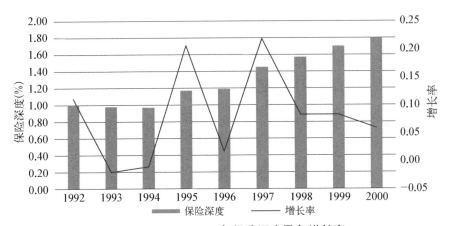

图 1-3　1992—2000 年保险深度及年增长率

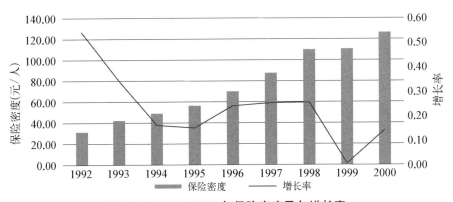

图 1-4　1992—2000 年保险密度及年增长率

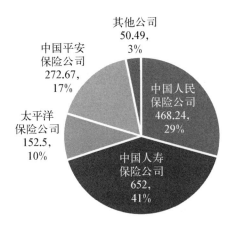

图 1-5　2000 年全国保费收入情况

2000 年，全国保费收入 1 595.9 亿元。其中，中国人民保险公司保费收入 468.24 亿元，中国人寿保险公司保费收入 652 亿元，太平洋保险公司保费收入 152.5 亿元，平安保险公司保费收入 272.67 亿元。从图 1-5 可以看出，以上四大保险集团公司的保费收入占到行业总保费收入的约 97%，寡头垄断现象十分显著。

3. 阶段总结

1992年友邦保险分公司的成立拉开了外资保险企业进入中国保险市场的序幕。同年中国平安保险公司建立,与中国人民保险公司、中国太平洋保险公司形成了国内保险市场"三足鼎立"的寡头垄断局面。虽然在此时期已有新疆兵团、民安、天安、大众保险公司,还有美国友邦、日本东京海上等外资保险公司,但是,这些区域性的公司业务量较小,对全国保险市场影响不大,尚无法与人保、太平洋和平安三家全国性公司相抗衡。

1992—2000年是中国保险业监管体系开始建立的阶段。《保险法》以及其他一系列相关法律法规、条例文件的出台,保监会的成立等等,都为现今保险监管框架体系奠定了基础。

随着产寿险分业经营、外资保险公司进入、股份制保险公司加盟,以及投连险和分红产品出现等变化的发生,我国保险市场进入了加快改革、活跃发展的时期。

1.1.3 扩大改革阶段(2001—2011年)

1. 发展概况

2001年12月11日,中国正式加入世界贸易组织(WTO)。保险业成为金融业对外开放中的排头兵,为外资保险公司在中国发展创造了广阔的空间,加速了外资保险公司进入中国市场的步伐。为了履行加入WTO时的承诺,国务院在同年12月颁布了《中华人民共和国外资保险公司管理条例》,全国人大常委会在2002年10月通过了关于第一次修订《保险法》的决定,以适应保险业发展、开放的新需求。2004年,按照进入WTO时的承诺,中国保险市场进入全面开放的阶段,外资保险公司在经营地域、产品等方面不再受任何限制。

2003年,保监会发布了《保险公司偿付能力额度及监管指标管理规定》,建立了我国第一代偿付能力预警指标体系("偿一代"),符合我国国情的偿付能力监管制度框架初步建立。

2004年11月11日，中国首家相互制保险公司——阳光农业相互保险公司获准筹建，填补了我国相互制保险公司的空白。11月18日，国内第一家专业健康保险公司——中国人民健康保险股份有限公司宣告成立，保险业产品专业化不断加深。

2006年1月，保监会发布《关于规范保险公司治理结构的指导意见（试行）》的通知。在《指导意见》的推动下，我国保险企业法人治理结构开始走向规范化，与国际先进模式接轨。2006年3月28日，《机动车交通事故责任强制保险条例》颁布，国家以立法的形式强制机动车所有人或者管理人购买机动车交通事故责任强制保险，为机动车道路交通事故的受害人提供基本保障。同年6月，国务院在《国务院关于保险业改革发展的若干意见》（"国十条"）中指出了加快保险业改革发展的重要意义，回答了保险业发展过程中的一系列重大问题，并为保险业进一步发展奠定理论基础。

2007年11月，保监会发布了《保险公司养老保险业务管理办法》，标志着养老保险作为保险业重要的业务领域有了专门的部门规章加以规范。《办法》对被保险人和受益人的权益保护做出多项规定，以促进养老保险真正实现养老保障的功能和目标。

2008年，保监会颁布了新的《健康保险统计制度》《健康保障委托管理业务有关问题的通知》和《保险业参与基本医疗保障管理服务有关问题的通知》等规范文件，加上2006年颁布的《健康保险管理办法》，基本形成了涵盖健康保险、健康管理并服务于基本医疗保障体系的专业化监管框架。

2009年，保监会为建立查处保险公司中介业务违法违规行为的有利依据和尺度，通过总结近年来的监管实践经验，结合专项检查，以针对性、可操作性、有效性为原则，出台了《保险公司中介业务违法行为处罚办法》。同年，下发了《关于进一步做好农业保险发展工作的通知》，完成了农业保险产品的修订升级，不断增加政策性农业保险险种，强化理赔服务，建立农业保险联席会议机制，搭建行业沟通交流平台，继续推动农业保险的发展。

2010年，保监会出台《人身保险业务经营监管规则》和《人身保险条款和费率管理办法》,全面规范了人身保险业务经营活动,明确了产品定名、设计与分类的相关要求,强化保险公司产品开发管理责任,加大产品监管力度,以促进人身保险产品发展。

2011年,保监会研究起草了《财产保险公司业务经营监管办法》《保险公司非寿险业务准备金基础数据、评估与核算内部控制规范》等一系列与财产保险相关的法规条文,旨在细化监管规则,夯实法律基础。在保险中介市场,受互联网与保险结合趋势的影响,出台了《保险代理、经纪公司互联网保险业务监管办法》,规范网络保险业务。

2. 第三阶段保险市场发展

改革开放第三阶段是中国保险市场开放与奋进的阶段。从加入WTO开始,中国保险市场在世界的舞台大展拳脚。表1-3展示了我国2001—2011年保险深度和保险密度的发展情况。

表1-3 2001—2011年保险深度和保险密度

年 份	保险深度(%)	保险密度(元/人)
2001	2.20	168.98
2002	2.98	237.64
2003	3.33	287.44
2004	3.40	332.00
2005	2.70	375.64
2006	2.80	431.30
2007	2.93	532.42
2008	3.25	740.66
2009	3.27	834.42
2010	3.65	1 083.40
2011	3.04	1 064.40

2001—2011年,中国保险深度年均增长率为6%,保险密度年均增长率为22%。2001年,全国各保险公司累计实现保费收入2 112.28亿元,2011年,全

国共实现原保险保费收入 14 339.25 亿元。与之前两阶段相比,增速放缓,甚至存在不同程度的减少,尤其保险深度一直处于波动中。这主要是由于在这一阶段中,中国的 GDP 处于高速增长的态势。2002 年,我国 GDP 刚刚突破 10 万亿元,2011 年,这一数字已逾 47 万亿元(图 1-6、图 1-7)。

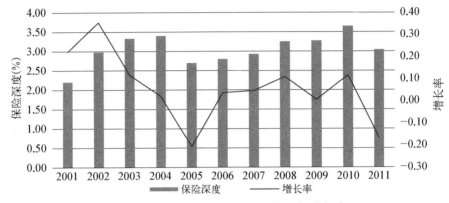

图 1-6　2001—2011 年保险深度及年增长率

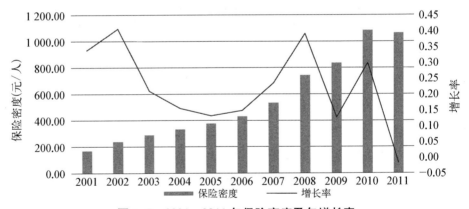

图 1-7　2001—2011 年保险密度及年增长率

2001 年中国加入 WTO 时开放保险业的承诺对中国保险市场产生了深远影响。表 1-4 列示了 2003—2011 年保险公司、保险公司集团及保险资产管理公司的数量。外资保险企业的涌入大大增加了国内保险市场的主体数量,再加上国内经济高速发展的带动,各类保险公司如雨后春笋般出现(图 1-8)。而随着大型和中型保险公司所占市场份额比重趋于稳定,市场进入成熟期,保险市场主体数量增速又有所下降。

表 1-4 2003—2011 年保险公司、保险公司集团及保险资产管理公司数量

年份	保险公司数量	保险公司集团数量	保险资产管理公司
2003	61	6	2
2004	63	5	4
2005	82	6	6
2006	91	7	9
2007	102	8	10
2008	112	8	10
2009	121	8	10
2010	126	8	10
2011	130	10	11

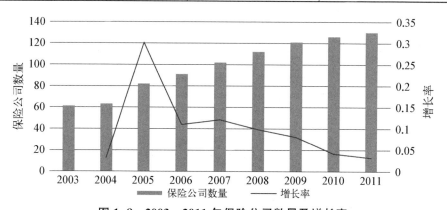

图 1-8 2003—2011 年保险公司数量及增长率

3. 阶段总结

2001—2011 年,中国改革开放进入了成果最为显著的阶段之一。经济社会高速发展,GDP 增速一直处于世界顶尖水平。保险业作为金融业中开放最早、开放程度最大的行业之一,受外资涌入等因素的激发,呈现出了积极的发展态势。

在这一阶段中,保险业面对着内部发展瓶颈和外部严峻形势的考验,但保险监管机构主动应对各种困难和挑战,扎实推进各项工作,着力规范保险

市场秩序,坚持防范和化解行业风险,积极推进重点领域业务发展,保持了规模和效益协调发展的良好势头,行业服务经济社会全局的能力不断提升,市场总体保持了平稳健康的发展态势。

1.1.4 深化改革阶段(2012年至今)

1. 发展概况

2012年初,为了对日益复杂的保险市场环境进行更有效的管理,在"偿一代"机制"力不从心"的情况下,保监会发布了《中国第二代偿付能力监管制度体系建设规划》("偿二代"),提出要用3—5年时间,形成一套既与国际接轨、又与我国保险业发展阶段相适应的偿付能力监管制度体系。

2012年3月,保监会与卫生部、财政部、国务院医改办联合下发《关于商业保险机构参与新型农村合作医疗经办服务的指导意见》;同年8月,六部委联合下发《关于开展城乡居民大病保险工作的指导意见》,为商业保险参与医疗保障体系建设创造了良好的政策环境。在财产保险方面,保监会制定下发了《财产保险公司再保险管理规范》,规范财产保险公司再保险业务管理,并且同时开展对寿险公司"财务再保险"的研究工作。同年,保监会启动了《农业保险条例》配套规范性文件的起草工作,随后下发了《关于加强农业保险理赔管理工作的通知》和《关于做好2012年农业保险工作的通知》,组织召开了全国农业保险工作会议,加强农业保险制度建设。

2013年7月8日,全国首个保险公众日启动,保监会将每年7月8日确定为"全国保险公众宣传日",每年确定不同的年度宣传主题。同年11月6日,国内首家互联网保险公司——众安在线财产保险有限公司正式开业,促进保险业与互联网技术紧密结合。

同年,保监会指导行业协会发布《人身保险伤残赔付标准》,制定意外险行业示范条款,推动精算师协会完成我国保险业首张重大疾病发生率表,为我国意外险、健康险的发展建立了技术基础;制定行业服务评价标准,推动人身险公司不断查找服务缺陷、改进服务质量。同年,保监会研究形成了《关于建立我国巨灾保险制度的报告》并报国务院,提出了建立巨灾保险制度的基本思路和政策建议。

2014年8月,国务院以"顶层设计"形式明确保险业在经济社会中的地位,发布《国务院关于加快发展现代保险服务业的若干意见》(又称"新国十条"),提出建设与我国经济社会发展需求相适应的现代保险服务业的目标,努力由保险大国向保险强国转变。"新国十条"的提出,将保险业的地位提升到国家战略层面,是新一轮深化改革的开端。

2015年3月13日,《中国保险消费者权益保护报告(2015)》正式出版发行。该书全面展示了此前三年特别是2014年我国保险消费者权益保护的经验做法及取得的成效,是中国保险监管部门公开出版发行的首部消费者权益保护"白皮书"。

继2002年、2014年两次修正和2009年一次修订后,2015年4月24日,第十二届全国人民代表大会常务委员会第十四次会议通过了对《保险法》第三次修正的决议,表明中国保险业的法律监管建设始终与时俱进,努力对保险业发展发挥正向的推动作用。

2016年1月1日起,保监会决定正式实施"偿二代",下发了《关于正式实施中国风险导向的偿付能力体系有关事项的通知》,经历了2015年一年的试运行,这套与欧盟的偿付能力监管标准Ⅱ(Solvency Ⅱ)接轨的监管体系正式在中国开始运行。同年3月24日,财政部、国家税务总局共同颁布《关于全面推开营业税改征增值税试点的通知》,规定保险业于同年5月1日起全面实施"营改增",对保险公司的税负和业务模式等诸多方面产生了较大影响。同年8月,《中国保险业发展"十三五"规划纲要》发布,提出了"十三五"时期保险业的总体目标:到2020年,基本建成现代保险服务业,努力由保险大国向保险强国转变。《纲要》提出了对中国保险业在业务发展、产品和服务供给、行业影响力、消费者满意度、法治化水平、监管现代化等六方面的具体目标要求。

为了进一步加强保险公司合规管理,2017年1月4日,保监会发布《保险公司合规管理办法》,并定于同年7月1日起施行,2008年1月开始施行的

《保险公司合规管理指引》同时废止。《办法》明确了"三道防线"的合规管理框架,即公司业务部门和分支机构、合规管理部门和合规岗位、内部审计部门共同组成合规管理的"三道防线"。同年7月10日,保监会发布了《保险销售行为可回溯管理暂行办法》,通过对保险公司、保险中介机构保险销售行为可回溯管理,记录和保存保险销售过程关键环节,实现销售行为可回溯、重要信息可查询、问题责任可确认,于同年11月1日起实施。

2018年3月13日,国务院向全国人大提请机构改革方案。根据方案,将组建中国银行保险监督管理委员会,撤销银监会、保监会。设立20年的保监会结束了它的历史使命。

2. 第四阶段市场发展

改革开放第四个阶段是中国成为世界保险大国的重要阶段。我国保险业迅速发展,保险保费收入已经跃居世界保险业的第一军团。表1-5列示了我国2012—2017年保险密度和保险深度的发展情况。从数据可以看出,这一阶段中国保险市场增长稳定,无论是保险深度还是保险密度,与此前三个阶段相比都有了更大的提升(图1-9、图1-10)。

表1-5　2012年到2017年保险深度和保险密度

年　份	保险深度(%)	保险密度(元/人)
2012	2.98	1 143.80
2013	3.02	1 265.67
2014	3.18	1 479.00
2015	3.59	1 766.49
2016	4.16	2 258.00
2017	4.42	2 646.00

2012年全国共实现原保险保费收入1.55万亿元,2017年全国累计实现保费收入3.66万亿元。由于保费基数扩大,再加上改革进入深水区,国内经济增速放缓,保费收入的增速也相应有所下降。

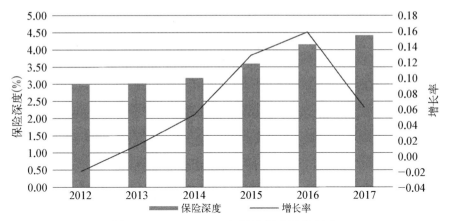

图 1-9　2012—2017 年保险深度及增长率

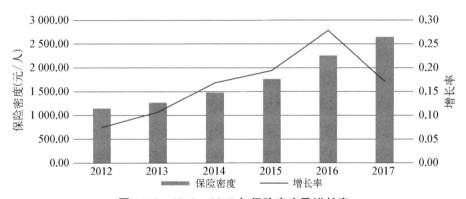

图 1-10　2012—2017 年保险密度及增长率

2012—2015 年保险市场主体数量变动幅度较小（表 1-6）。2015—2017 年,由于"新国十条"的实质利好,保险业对资本吸引能力大大增强,中国保险公司数量增速回升,尤其是 2016 年保监会接到 13 家保险公司审批,为 2011 年以来最多。这 6 年中,保险行业资金池迅速扩大,许多大型保险公司选择开设自己的保险资产管理公司以提高投资收益率,降低资产管理的费用。这也一定程度体现了中国保险市场逐渐从以费差为利润来源转化为依靠投资收益扩大企业经营利润。

3. 阶段总结

2012—2015 年,是中国保险"十二五"规划的后四年,市场形成了综合性、专业性、区域性和集团化齐头并进的发展模式。从保险监管来看,基本建立

表 1-6　2012—2015 年保险公司、保险公司集团及保险资产管理公司数量

年份	保险公司数量	保险公司集团数量	保险资产管理公司
2012	138	10	15
2013	143	10	18
2014	149	10	18
2015	158	11	21

了偿付能力、公司内部治理和市场行为监管的三支柱监管模型。其中,中国偿付能力第二代监管制度体系作为我国保险业监管的重要变革在 2012 年提出,2016 年正式实施。保险业监管加强了对保险公司偿付能力的监管,注重保护保险消费者的权益,严肃接管和取缔偿付能力不足的保险公司,整治市场恶性竞争的乱象。

随着中国保险市场的进一步深化,市场经营方向更为细分,互联网保险蓬勃发展,许多小型保险公司通过专营某一险种的业务也能够在保险市场崭露头角。同时,保险科技话题热度日趋上升,以保险科技为主题的保险公司例如众安保险也得到了市场极大的关注。中国保险业在寻求稳步增长的传统基调之上,不断加快现代保险服务业建设,力求与当今科技热点相结合,通过技术、产品、服务创新使得中国保险业走在时代前沿,推动中国完成从保险大国到保险强国的转变。

1.2　历史时刻：40 年大事记

1.2.1　中国保险业复业

1. 事件回顾

1978 年 12 月,中共十一届三中全会确立改革开放政策,决定把工作重点

转移到以经济建设为中心的社会主义现代化建设上来。

1979年2月,中国人民银行在全国分行行长会议上提出恢复国内保险业务。同年4月,国务院批准《中国人民银行分行行长会议纪要》,作出了"开展保险业务,为国家积累资金,为国家和集体财产提供经济补偿……为了使社队发生意外损失时能及时得到补偿,而又不影响财政支出,要根据为生产服务、为群众服务的原则,通过试点,逐步恢复国内保险"的重大决策。

根据国务院文件的精神和要求,中国人民银行、财政部、中国农业银行先后发出关于恢复国内保险业和加强保险机构的有关文件,对恢复国内保险业务和设置保险机构作出了具体部署。1979年10月18日,中国人民银行、财政部、中国农业银行发出《关于恢复办理企业财产保险的联合通知》,指出:"全民所有制企业和集体所有制企业的财产,包括固定资产和流动资金,都可以自愿参加保险。参加保险的财产一旦发生保险责任范围内的损失,由保险公司按照保险契约的规定负责赔偿,国家财政不再核销或拨款。"这个通知为财产保险打开了通道。保险公司抓住机遇采取了一些加快发展的措施,包括修改条款、调整费率等。

1979年,中国人民保险公司先后推出企业财产保险、货物运输保险和家庭财产保险三个险种,并先后派出人员赴广东、福建、浙江、上海、江苏、江西等地,恢复保险业务和筹建保险机构。至11月,部分地区如上海、重庆和江西等地率先开始经营国内保险业务。

1980年是恢复国内保险业务的第一年。到了年底,中国人民保险公司已在全国范围内300多个大中城市设立各级机构810多个,专职保险干部发展到3 423人,当年共收保险费0.28亿元。保险业复业初步完成。

2. 意义和影响

中共十一届三中全会作出的以经济建设为中心的重要决策,挽救了濒临破灭的中国经济。作为经济改革建设的排头兵,国务院等国家政府机构大力推动保险业的复业与发展,为中国保险事业注入了新的生机。正是借助改革开放的东风,自20世纪50年代开始停办的保险业才能拨乱反正,回到正轨。

改革开放奠定了中国保险业迅猛发展的基石,拉开了中国逐步成为世界保险大国的序幕。

1.2.2 第一家外资保险公司——友邦保险成立

1. 事件回顾

1992年9月25日,中国人民银行批准美国国际集团所属美国友邦保险公司在上海设立分公司,这是我国保险市场对外开放以来,第一家经批准进入中国保险市场的外国保险公司,同时也是到目前为止国内唯一一家外商独资寿险公司。友邦引进了丰富的保险产品,使得长期保险产品在中国蓬勃发展。同时,友邦保险带入了寿险代理人模式以及专业的人寿保险管理方式和技术。1992年11月,友邦保险培训的第一代寿险代理人上街展业,寿险代理人制度迅速为国内寿险业所采用。

2. 意义和影响

友邦保险上海分公司的成立,结束了中国保险市场没有外资参与的局面,标志着中国保险业迈出了对外开放的重要一步。友邦保险在中国的成功为之后其他外资保险公司的进入提供了宝贵的经验,大大推动了中国保险市场对外开放的进程。

友邦保险的代理人制度在中国大获成功,既是对当时中国保险市场旧有营销体制的巨大冲击,又在某种意义上促进了中国保险市场的繁荣,为保险企业展业队伍建设提供了良好的借鉴模式。

1.2.3 《中华人民共和国保险法》的颁布和修订、修正

1. 事件回顾

1983年9月1日,国务院正式颁布《中华人民共和国财产保险合同条例》。该条例作为《经济合同法》的组成部分,是新中国首个实质意义上有关

保险的法律法规。1992年11月7日,第七届全国人民代表大会常务委员会第二十八次会议通过了《中华人民共和国海商法》,第一次以法律的形式对海上保险做了明确规定。

1995年6月30日,全国人大颁布了《中华人民共和国保险法》(以下简称《保险法》),并于10月1日正式施行。以保险法为核心的中国保险业法律法规和监管体系开始形成。《保险法》旨在规范保险活动,保护保险活动当事人的合法权益,加强对保险业的监督管理,维护社会经济秩序和社会公共利益,促进中国保险事业的健康发展。

2002年10月28日,为了履行中国加入世界贸易组织时的承诺,第九届全国人民代表大会常务委员会第三十次会议通过了《关于修改〈中华人民共和国保险法〉的决定》,并于2003年1月1日起实施,这是《保险法》的第一次修正。首次修正更加注重对投保人、被保险人和受益人利益的保护和对保险公司偿付能力的监管,进一步规范了保险企业的经营活动,体现了放松和加强监管的统一结合。

由于客观经济环境的变化,加上旧有的《保险法》缺陷暴露,2009年2月28日,第十一届全国人民代表大会常务委员会第七次会议修订并通过了新的《保险法》,并自10月1日起施行。这一次修订的目的在于进一步加强对被保险人利益的保护,完善保险行业基本制度,拓宽保险公司经营范围和保险资金运用渠道,明确监管机构职责并强化监管手段和措施,并在保险公司市场退出机制等方面做出了修改。

2014年8月31日,第十二届全国人民代表大会常务委员会第十次会议通过了《关于修改〈中华人民共和国保险法〉等五部法律的决定》。2015年4月24日,第十二届全国人民代表大会常务委员会第十四次会议通过了《关于修改〈中华人民共和国计量法〉等五部法律的决定》。这两次决定主要针对保险机构资格认定等方面进行了修正。

2. 意义和影响

1995年《保险法》的颁布,直接推动了保险行业实行产寿险分业经营、分业监管,内资、外资、合资保险企业纷纷成立,如1994年10月经中国人民银行批准、在上海成立的天安保险股份有限公司,1995年1月在上海成立的大众保险股份有限公司。

在我国,《保险法》是调整保险关系的根本法,是保险法规和监管制度的核心。它承担着规范保险合同行为、维护保险市场秩序、统领保险监管的基本作用。《保险法》与《中华人民共和国合同法》《中华人民共和国公司法》和《中华人民共和国海商法》等法律一起组成了我国保险监管法律体系的中心,保证了我国保险业的法制化建设。

一个国家经济市场的建设和发展离不开健全的法制规范。《保险法》和一系列单项法规、规章和规范性文件是维护保险人与被保险人正当权益、增强双方信誉、促进有效契约交易的重要手段,也是保证保险市场良性竞争秩序、实现保险资源合理配置、促进保险企业优胜劣汰机制形成的根据。《保险法》对于我国改革开放以来的社会主义市场经济建设和经济社会的稳定运行无疑具有重大意义。

1.2.4 中国加入世界贸易组织和开放承诺

1. 事件回顾

历经15年的艰苦谈判后,2001年12月11日,中国成为世界贸易组织(WTO)的正式成员,标志着我国对外开放跨上了新的台阶。在"入世"谈判阶段,我国承诺把保险业作为金融业中开放时间最早、程度最大的行业之一。承诺的具体内容包括:

非寿险业务,外资可在华设立分公司或合资公司,合资公司股比可达51%,中国加入WTO 2年后取消股比限制,可以成立外资独资公司。

寿险业务,允许外资在华设立合资公司,占股不得超过50%。

保险经纪业务,外资股比可以达到百分之50%,中国加入WTO后3年即到2004年,外资股比不超过51%,加入后5年即到2006年,允许设立全资外资子公司。

在经营地域方面,中国加入WTO时允许外国寿险公司、非寿险公司在上海等5个城市提供服务;加入后2年内,允许在北京等10个城市提供服务;加入后3年内,取消地域限制。

在业务范围方面的承诺主要有:中国加入WTO后2年内,外国非寿险公司可提供全面业务,但不允许经营机动车辆第三者责任险、公共运输车辆和商业用车司机和承运人责任险等法定保险业务;外国寿险公司可提供个人服务,3年内可开展健康险、团体险和养老金/年金险服务。

此外中国还承诺:对再保险的法定分保,中外直接保险公司向中国再保险公司的分保比例,加入后一年由20%降至15%;之后逐年降低,加入后4年取消比例法定再保险。

2012年,我国在全面履行加入WTO承诺的基础上,进一步扩大保险市场对外开放,例如修订《机动车交通事故责任强制保险条例》,允许外资保险公司经营交强险业务。

2018年4月11日,中国人民银行行长易纲在博鳌论坛发表讲话称,将放宽人身险公司合资企业外资比例至51%,三年后对外资持股比例不再设限;未来几个月内,允许符合条件的外国投资者来华经营保险代理业务和保险公估业务;放开外资保险经纪公司经营范围,与中资机构一致;年底以前,全面取消外资保险公司设立前需开设2年代表处要求。相比加入WTO时所做的承诺,中国保险业已经开放得更多。

2. 意义和影响

中国为加入WTO所做的开放保险业的承诺,对于国内保险业来说,既有积极影响,也有消极影响。

积极影响表现在:(1)与国际接轨,推动了我国保险结构进行全面调整,转换经营机制,逐步向业务专业化、经营方式集中化方向发展,提高了我国保险业的竞争能力,促进保险业全面迅速发展;(2)增加新的保险品种,促使相应配套改革服务的保险中介机构设立;(3)开拓国际保险市场,鼓励国内保险公司参与世界保险市场的竞争,为国家创造服务贸易收入;(4)国内公司借此吸收国外保险公司的先进技术和管理经验,提升从业人员素质和能力;(5)产品和服务的推陈出新将为消费者带来更多优惠。

而消极影响表现在(1)大量实力强劲的竞争对手的涌入对国内保险市场造成冲击,外资保险公司拥有雄厚的资金实力、先进的经营技术和灵活的市场化经营方式,大量抢占相对落后的中国保险公司的市场份额;(2)国内保险公司自保险业恢复以来一直受到政府的大力支持,但相对国外保险公司依旧有服务水平落后、产品设计不合理等诸多问题,在市场竞争中处于劣势;(3)自新中国成立以来我国就缺少管理外资保险的相关经验,国外保险公司的涌入对于我国监管体制的建设同样是一种挑战;(4)相比刚起步的国内保险公司,大多已经进入成熟期的国外保险公司对行业人才更有吸引力,造成人才外流的现象。

加入 WTO 和开放保险业是继友邦保险成立后我国保险业对外开放的又一重要里程碑。履行承诺后的中国保险业迅速发展,呈现出良好的上升态势,为近年来不断拓宽外资准入条件提供了宝贵的经验。

1.2.5　2006年"国十条"颁发

1. 事件回顾

由于我国保险业起步晚、基础薄弱、覆盖面不宽,为了与全面建设小康社会和构建社会主义和谐社会的要求相适应,与建立完善的社会主义市场经济体制相适应,与经济全球化、金融一体化和全面对外开放的新形势相适应,2006年6月,国务院发布《关于保险业改革发展的若干意见》,即"国十条",包括:(1)充分认识加快保险业改革发展的重要意义;(2)加快保险业改革发展的指导思想、总体目标和主要任务;(3)积极稳妥推进试点,发展多形式、多渠道的农业保险;(4)统筹发展城乡商业养老保险和健康保险,完善多层次社会保障体系;(5)大力发展责任保险,健全安全生产保障和突发事件应急机制；(6)推进自主创新,提升服务水平；(7)提高保险资金运用水平,支持国民经济建设；(8)深化体制改革、提高开放水平,增强可持续发展能力；(9)加强和改善监管,防范化解风险；(10)进一步完善法规政策,营造良好发展环境。

"国十条"的发布推动保险业进入了八年的黄金时期。但经过多年经济社会建设,我国进入了全面深化改革的阶段。经济建设进入增长速度逐渐放缓的时期,进入结构调整的阵痛期和前期刺激政策的消化期,发展面临的机遇前所未有,但面临的挑战也前所未有,迫切需要通过促进现代保险服务业的健康发展为经济社会提供有效的风险管理和保障。总体上看,我国保险业仍处于发展的初级阶段,与现代保险服务业的标准还有较大差距。

2. 意义和影响

"国十条"对保险理论创新和实践创新进行了高度概括,提出加快保险业改革发展有利于保障人民生命财产安全和经济稳定运行、应对灾害事故；有利于完善社会保障体系,满足人民群众多层次的保障需求；有利于优化金融资源配置,完善社会主义市场经济体制；有利于社会管理和公共服务创新,提高政府行政效能。从理论和实践上将对保险功能和作用的认识提升到一个新的高度,对关系我国保险业发展的一系列重大问题做出了科学回答,为保险业进一步改革发展奠定了理论基础。

1.2.6 2014年"新国十条"

1. 事件回顾

2006年6月国务院发布《关于保险业改革发展的若干意见》(即"国十条"),极大地推动了我国保险业的发展。在历经八年之后,中国保险业又面临的新的市场环境和挑战。在此背景下,为了加快发展现代保险服务业,2014年8月10日,国务院印发《关于加快发展现代保险服务业的若干意见》,相对于2006年的"国十条"被称为"新国十条"。"新国十条"的内容包括：

(1)总体要求;(2)构筑保险民生保障网,完善多层次社会保障体系;(3)发挥保险风险管理功能,完善社会治理体系;(4)完善保险经济补偿机制,提高灾害救助参与度;(5)大力发展"三农"保险,创新支农惠农方式;(6)拓展保险服务功能,促进经济提质增效升级;(7)推进保险业改革开放,全面提升行业发展水平;(8)加强和改进保险监管,防范化解风险;(9)加强基础建设,优化保险业发展环境;(10)完善现代保险服务业发展的支持政策。

相比"国十条","新国十条"为此后阶段的保险业发展设立了具体的目标:到2020年,基本建成保障全面、功能完善、安全稳健、诚信规范,具有较强服务能力、创新能力和国际竞争力,与我国经济社会发展需求相适应的现代保险服务业,努力由保险大国向保险强国转变;保险成为政府、企业、居民风险管理和财富管理的基本手段,成为提高保障水平和保障质量的重要渠道,成为政府改进公共服务、加强社会管理的有效工具;保险深度(保费收入/国内生产总值)达到5%,保险密度(保费收入/总人口)达到3 500元/人;保险的社会"稳定器"和经济"助推器"作用得到有效发挥。

2. 意义和影响

"新国十条"跳出了"就保险谈保险"的惯性思维,把发展现代保险服务业放在经济社会工作的整体布局中统筹考虑。以改革创新的理念和思路加快发展现代保险服务业,对完善现代金融体系、带动扩大社会就业、促进经济提质增效升级、创新社会治理方式、保障社会稳定运行、提升社会安全感、提高人民群众生活质量具有重要意义。

"新国十条"使得保险业的发展从政策利好转变为实质利好,实现了保险业和政府运转的无缝结合,提高了中国保险业的地位,推动现代保险服务业成为健全金融体系的支柱力量、改善民生保障的有力支撑、创新社会管理的有效机制、促进经济提质增效升级和转变政府职能的重要抓手。"新国十条"鼓励政府增加购买保险服务,通过多种媒体途径提升全社会保险意识,鼓励险资多领域投资,研究完善税收政策以及加强保险业基础设施建设。同时,鼓励保险企业开拓创新,发展多样化保险产品服务,进而推动保险服务经济结构调整,深化行业改革。

1.2.7 保监会成立与银监会、保监会合并

1. 事件回顾

改革开放以来,我国金融业的建设卓有成效。伴随着银行、保险等行业的分离和发展,国家迫切需要设立独立监管机构来领导不同行业的微观监管工作。1998年11月18日,国务院颁布《关于成立中国保险监督管理委员会的通知》,中国保险监督管理委员会(简称"中国保监会"或"保监会")成立。保监会根据国务院授权履行行政管理职能,依照法律、法规统一监督管理全国保险市场,维护保险业的合法、稳健运行。保监会内设15个职能机构和2个事业单位,并在全国各省、自治区、直辖市、计划单列市设有36个保监局,在苏州、烟台、汕头、温州、唐山等市设有5个保监分局。

2003年,银监会成立,标志着我国"一行三会"(中国人民银行、证监会、保监会、银监会)分业监管的金融格局的正式确立。同年,国务院决定,将保监会由国务院直属副部级事业单位改为国务院直属正部级事业单位,并相应增加职能部门、派出机构和人员编制。

近年来,由于我国金融业的整体形势越发复杂,分业监管暴露出缺陷和不足。特别是受到混业经营、金融创新、互联网新技术等新趋势的冲击,分业监管的机制已经越来越不适应市场发展现状。2018年3月13日,国务院机构改革方案提请十三届全国人大一次会议审议并获得批准。根据方案,国务院将组建中国银行保险监督管理委员会,不再保留银监会、保监会。新组建的中国银行保险监督管理委员会主要职责是:依照法律法规统一监督管理银行业和保险业,维护银行业和保险业合法、稳健进行,防范和化解金融风险、保护金融消费者合法权益,维护金融业稳定。原银监会、保监会拟定银行业、保险业重要性法律法规草案和审慎监管基本制度的职责均被划入中国人民银行。

2. 意义和影响

保监会的成立,表明中国保险业监管主体由一般性政府行政机构监管过渡到由兼具专业性、技术性和法律性的独立监管机构承担,是我国保险业开始进入分业监管和逐步向专业化监管转变的标志。保监会的设立,从根本上实现了金融宏观调控与金融微观监管的分离,是金融监管与调控的对象——金融业、金融市场日益复杂化、专业化、技术化趋势下的必然要求。

保监会在20年的历史中为我国保险业监管体制的建立和完善做出了不可磨灭的贡献。

自成立以来,保监会通过独立审议或与其他有关部门合作的方式,为中国保险业的稳定运行和健康发展制定了大量有关保险业监管的部门规章和规范性文件。在央行宏观监管和保监会微观监管协作下,我国基本建立起了一个包含保险监管的"三大支柱"和风险防范"五道防线"的较为完整的保险监管框架体系。其中,"三大支柱"是指市场行为监管、偿付能力监管和保险公司治理监管,且偿付能力监管是保险业监管的核心;"五道防线"是以公司内控和治理结构监管为基础,以偿付能力监管为核心,以现场检查为重要手段,以资金运用监管为关键环节,以保险保障基金为屏障。正是得益于这一体系,我国保险业才能够在短短数十年里取得如此之大的进步。

而银监会、保监会合并,同样也是形势所需。长期以来,保险业务与银行业务合作密切,在监管合作上也有较好的基础,推进银行与保险监管跨行业整合,符合中国金融市场发展的要求。组建中国银行保险监督管理委员会能够进一步推进行业监管协同,有助于提高监管的广度和深度,有效避免监管漏洞和监管重叠问题。对银行、保险中的所有机构、业务和产品,由一个监管机构实现穿透式监管,有利于找到风险的源头,将风险控制要求更好地协调统一起来,从而有针对性地制定防控风险的措施,实现监管的全覆盖,对加强骨干金融机构监管进而保证我国金融市场稳定、防范系统性金融风险都有着至关重要的作用。

第2章

资本联结：保险企业上市与经营

2017年，中国保险业在保险姓"保"及保险科技强劲发展的大背景下，行业整体发展速度较快。中国保险业2017年实现原保险保费总收入36 581.01亿元，同比增长18.16%。其中，财险公司原保费收入10 541.38亿元，同比增长13.76%，寿险公司原保费收入26 039.55亿元，同比增长20.04%。本章选取占中国保险市场份额总和超过50%的五家上市保险公司：中国人寿（以下简称国寿）、中国平安（以下简称平安）、中国太保（以下简称太保）、新华保险（以下简称新华）、中国人保（以下简称人保）作为考察对象，通过分析五家公司的市场份额、业务状况以及经营状况，探讨中国保险市场在强调保险回归保障功能下所体现的行业现状与特征。

2.1 上市险企市场份额分析

2.1.1 寿险市场份额分析

在寿险市场上，总体来看，五家上市公司的市场份额综合占比一直处在较高的水平，行业集中度高。然而，这一行业集中程度在经历一段时间的稳定增长达到峰值75.41%后快速下降，2016年五家险企在全国寿险市场的总份额下降至50.6%。市场集中度的降低表明了中国保险市场主体增多、保险市场开放度提升以及国内保险业竞争度提高。原保监会发布的数据显示，外资险企在我国寿险市场的份额占比平稳上升，2016年占比达到6.4%。外资逐渐进入国内保险市场参与竞争，但总体占比较小，可见国内保险市场竞争加剧的主要贡献力量来自中资险企，未来我国保险行业竞争度将会继续提升,行业集中度将进一步降低。

从结构上看,全国寿险市场上,国寿份额优势明显,但近五年下降幅度明显,2016年仅占有19.9%的市场。与此同时,太保、新华、人保的份额均有小幅下降,平安则有微弱的上涨。国寿的市场份额水平仍领先其他公司,但随着行业转型推进及市场竞争加剧,预计未来寿险市场主体将持续增多并呈现平分秋色的局面(图2-1)。

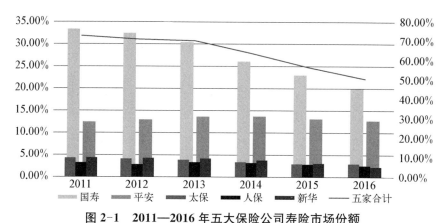

图2-1　2011—2016年五大保险公司寿险市场份额

数据来源:上市公司年报、保监会统计数据

分区域而言,我们选取我国东、中、西部部分省市来分析这五家上市险企在各个区域的表现(表2-1)。从2007—2015年东部省市的数据来看,上海的寿险市场没有出现一家险企独大的现象,但在广东国寿仍占据最大的市场份额。在中西部地区,国寿的优势更加明显,尤其是在安徽,其平均占有

表2-1　五大上市保险公司部分区域寿险市场份额

区域	保险公司	9年均值(%)	最大值(%)	最小值(%)	2015年情况(%)	2015年同比增长率(%)
安徽	国寿	39.5	55.7	4.04	30.07	-8.27
	太保	7.54	11.3	0.09	6.81	-22.44
	平安	9.88	12.9	6.1	10.03	-4.84

(续表)

区域	保险公司	9年均值（％）	最大值（％）	最小值（％）	2015年情况(％)	2015年同比增长率（％）
安徽	新华	4.69	6.01	3.6	5.39	-3.92
	人保	5.96	9.73	0.1	9.59	-1.44
广东	国寿	35.52	45.87	22.58	22.58	-13.82
	太保	9.4	43.24	3.13	3.13	-22.14
	平安	15.4	22.3	1.77	18.66	-0.65
	新华	7.14	9.8	0.8	6.26	-21.85
	人保	3.58	5.9	0.1	3.39	-32.6
上海	国寿	12.53	18.3	9.09	8.42	-23.3
	太保	6.14	9.7	2.21	2.21	-27.34
	平安	15.3	23.5	16.32	16.32	-5.84
	新华	10.1	17.1	6.32	6.32	-23.9
	人保	1.78	4	1.61	1.66	-29.95
湖北	国寿	30.51	44.7	19.44	19.44	-14.17
	太保	10.69	12.1	8.37	8.37	-14.94
	平安	10.13	14.8	3	12.71	7.89
	新华	12.93	16	7.1	10.32	-18.1
	人保	6.2	8.6	0.1	5.95	-30.81
四川	国寿	28.08	38.6	0.56	21.61	-8.28
	太保	8	11.9	0.15	4.08	-23.74
	平安	9.7	20.91	5.5	9.17	-7.84
	新华	10.03	18.38	6.24	6.24	-27.94
	人保	7.91	16.15	3.6	7.81	-11.85

数据来源：保险年鉴数据

市场份额达到39.5%。值得关注的是,在选取的几个省市中国寿和人保2015年的寿险市场份额均同比下降,人保下降的幅度更为明显。人保在寿险市场份额的下降似乎在一定程度上印证了人保之前公开发布公司的传统比较优势在财险业务上,希望把更多重心放在其财险业务上的观点(参阅下文关于人保的分析)。

2.1.2 财险市场份额分析

我国财险市场总体来看,上市保险公司的市场份额在2011年前稳步增长,2011年达到最高值70.04%,2016年降至69.52%,寡头力量优势明显(图2-2)。

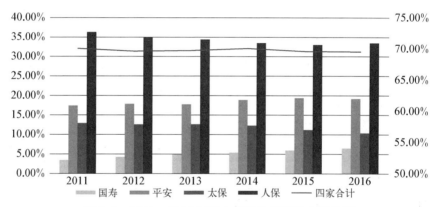

图 2-2　2011—2016 年四大保险公司财险市场份额

数据来源:上市公司年报、保监会统计数据

从结构上来看,财险市场一家独大的形势没有寿险市场明显。人保市场份额的绝对水平最高,但2011年以来一直在缓慢下降,2016年降至33.5%。平安与国寿在财险市场的影响力逐年提升,太保则在2011年后一直小幅回落。值得一提的是,国寿、平安与人保市场份额此消彼长的趋势十分明显。三家保险公司的财险市场份额之和自2011年至2016年从57%上涨至59%,而伴随着人保一路走低的则是平安和国寿瓜分的市场蛋糕越来越多。

分区域比较,人保在以安徽和四川为代表的中西部地区市场份额绝对水平优势相当明显,但仍在小幅下降;但是在东部地区尤其上海的优势并不明显,且市场份额下滑。与此相对的则是国寿、平安正在各个区域迅速发展。尤其是国寿,从 2015 年同比增速看,其在各个区域财险市场发力明显(表 2-2)。

表 2-2 四大上市保险公司部分区域财险市场份额

区域	保险公司	9 年均值(%)	最大值(%)	最小值(%)	2015 年情况(%)	2015 年同比增长率(%)
安徽	国寿	5.19	10.41	0.11	10.41	12.91
	太保	8.97	10.5	8.1	9.04	-5.54
	平安	17.6	20.32	14.2	20.32	4.63
	人保	39.41	53.7	30.94	30.94	-2.61
四川	国寿	1.72	7.47	0.0	3.41	20.5
	太保	6.42	7.9	0.24	6.63	-14.45
	平安	20.35	64.31	8.8	22.61	1.57
	人保	37.51	45	14.54	35.45	-0.031
广东	国寿	1.98	4.5	0.0	4.5	25.35
	太保	15.52	16.5	13.21	13.21	-14.61
	平安	22.27	26.98	11.5	26.98	4.74
	人保	31.96	37.7	25.4	30.53	1.94
上海	国寿	2.64	3.37	1.2	3.37	16.6
	太保	18.1	20.2	14.3	18.64	-6.99
	平安	20.04	24.4	11.7	22.78	-3.68
	人保	22.02	39.3	14.8	17.58	-4.25

数据来源:保险年鉴数据

人保关于其在寿险市场上萎缩的解释是做大做强其具有比较优势的财险业务,而从财险市场的情况看,这种说法并不能得到佐证。

2.2 上市保险企业业务状况分析

2.2.1 保单质量分析

1. 退保率增高挑战保险经营

退保率是反映顾客满意度最直观的指标,退保率高说明该保险公司的服务在某种程度上没有得到消费者的认可,也即客户满意度低。我国上市保险公司的退保率从 2011 年起,除了平安保持低退保率外,其他几家公司的退保率均出现反弹,尤以人保寿险退保率反弹最为明显(2011 年人保退保率达到峰值 10%,之后未在年报中披露退保率)(图 2-3)。但 2015 年后我国上市保险公司的退保率总体开始下降,这在一定程度上反映上市保险公司开始改善业务结构,积极进行渠道的转型,加快消化历史保单,使保险本质回归保障。

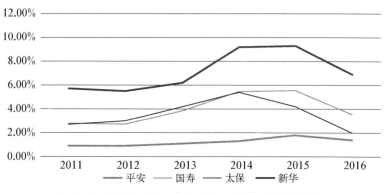

图 2-3 2011—2016 年四大上市保险公司退保率

数据来源:上市公司年报

导致各上市险企 2011—2014 年退保率攀升的原因是多方面的。国寿受业务规模增长、加息、市场资金面紧张及其他金融产品冲击等因素的综合影响而出现退保率上升。太保2012年退保率上升的主要原因是该年度股票市场大幅下滑,股票和基金买卖价差收入减少及公允价值变动损失。新华保险出现退保率激增的主要原因是该公司2006年开始大规模销售的一款分红型两全保险产品在第五年末现金价值超过保费本金,结合当时国内市场的升息态势,导致部分持有该产品的客户选择在该年度进行退保。2012—2014年受资本市场低位运行、银行理财产品冲击等影响,新华与国寿均出现退保率攀升明显之状。部分险企退保金支出的增加主要源于流动性更好的银行理财产品冲击增强。

总结来看,退保率的攀升除与前期销售不规范积累的误导风险有关外,相较于期限短、预期收益率高的银行理财产品,分红险产品的优势相对薄弱,主营分红险的新华和人保因缺乏风险分散渠道,遭受退保冲击也最大;太保"做强传统,发展分红万能,谨慎对待投连"的发展思路保障了其经营稳健性,退保率在业内相对较低;平安的险种结构相对合理,涵盖产险、寿险、健康险和养老险,且注重产品开发和创新,经营状况相对稳定。

2. 保单续期表现一般

保单继续率①是寿险公司经营管理乃至资本市场考量寿险公司价值的关键性指标之一。保单继续率能反映寿险公司的赢利能力,续期保费的按时收取是长期寿险合同持续有效的前提条件,也是寿险公司持续有效经营管理和保险资金有效运用的保证,是公司利润源泉所在。高继续率意味着所有保单中有较高比例维持有效契约直到特定保险期间终了。低继续率则表示有较高比例因未支付保费而失效的保险契约。我国各家上市保险公司短期保单继续率(13个月)有所下滑,中长期保单继续率(25个月)在2011年、2012年明显上升之后开始呈现走低的态势,2013后都跌破88%,之后有较大幅度的下降(图2-4)。

---

① ×个月保单继续率=考察期间内出单之寿险新契约于生效后第×个月实收保费(含附约)/考察期间内出单之寿险新契约保费(含附约)。

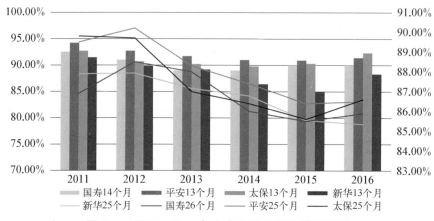

图 2-4 2011—2016 年上市保险公司保单继续率

数据来源：保险公司年报

2.2.2 销售渠道分析

销售渠道的建设直接影响着保险产品销售水平，也就影响着保险公司的产能。根据各家上市公司披露的年报信息，销售渠道分为代理人渠道、银保渠道以及其他渠道。

图 2-5 以 2013 年为例分析了各家上市险企的销售渠道。从历年各家上

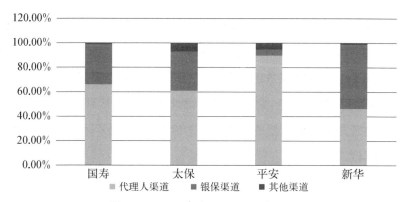

图 2-5 2013 年保险公司渠道分析

数据来源：保险年鉴

市险企各个销售渠道创收贡献结构来看,代理人渠道目前仍然是险企最主要的销售渠道,银保渠道次之,其他渠道尚不发达。而从占比数据分析,代理人渠道一直维持在一个稳定的数值。银保渠道保费贡献持续下降。而平安由于银保渠道占比非常小,故总体受银保渠道保费下滑影响比较小。但国寿、新华和太保的银保渠道依赖程度较高,所受影响也较大。除此之外,保险科技发展热潮的出现使网销等方式逐渐兴起并迅速增长,因此包含网销方式在内的其他渠道占比总体上升,且上升速度加快。

虽然从保费收入的总体贡献能力以及银保渠道持续萎缩的背景来讲,目前代理人的贡献总量是最大的,但是该渠道结构的效率以及可持续性有待商榷。在代理人产能表现平平的背景下,各家上市保险公司将更多的重点放置在互联网渠道的研发上。在未来随着保险营销员改革的纵深推进、单位人力成本越来越高的趋势下,互联网渠道的拓展将会在一定程度上抵消因代理人产能下降对利润造成的贡献拖累。

2.2.3 产品结构分析

2016年,从上市险企披露的寿险产品结构看,分红险保费收入占比依然最大,但比重下滑,下滑速度在2013—2015年尤甚,新华保险2014年同比下降22.4%,2015年同比下降25.8%。2016年各险企分红险保费收入下滑速度放缓,平安、太保和新华分红险占比分别为38.6%、63.69%和43.56%,占比分别下滑2.93、7.41及1.13个百分点。

虽然披露的险企中分红险占比有所降低,但其在各家公司产品结构中的绝对优势依然不可撼动。分红险兼具保障和理财功能,在抗通胀的时代为广大消费者所偏好,同时也符合监管部门对保险行业回归保障的倡导。站在保险公司的角度,自2009年1月5日保监会发布《关于保险业实施〈企业会计准则解释第2号〉有关事项的通知》以来,保险公司必须对保险合同进行分拆,并进行重大风险测试,符合该测试标准者才能将其收入计入保费收入,否则按照其他的金融工具进行会计计量。我国保险市场上绝大多数的分红保险产品均能通过重大风险测试而被允许全额计入保费收入,这就增加了保险公司主推分红险的动力。

但分红险占比过高对保险公司的运营也存在一定的隐患。一方面,分红险作为抗通胀的一种选择,其收益率的高低直接决定了对客户的吸引力。若产品为追求市场份额而盲目高额分红,则会导致其背后的负债成本上升,这对该款产品占比较大的险企来说是一笔很大的负担。反之,则会丧失分红险对消费者的吸引力,导致其市场占有率的下降,对险企同样不利。此外,分红险占比过大时满期集中给付将造成企业现金流出爆发式增长,不利于保险公司的周转和稳定。

2016年各家险企非寿险产品结构变化不大,开展机动车辆保险的各家公司机动车辆保险保费收入仍然占据超过72%的份额。值得一提的是,意外及健康保险保费收入同比增长迅速。目前,各家保险公司的意外及健康险多以附加险的形式出现。

2.3 上市险企经营状况分析

2.3.1 偿付能力分析

2016年保监会发布通知,中国保险业正式切换为"偿二代"偿付体系。保监会严格遵循管住后端的工作思路,将监管工作关注点从规模转向风险兼价值,切实做好风险监管工作,抓紧偿付能力充足率这一重要指标。其中,评价保险公司偿付能力状况的指标从单一的偿付能力充足率升级为三大指标:综合偿付能力充足率、核心偿付能力充足率和风险综合评级。

图2-6分析了2011—2016年四大上市保险公司偿付能力充足率。自2011年以来,股票市场连续两年的低迷致使保险公司偿付能力面临威胁,各

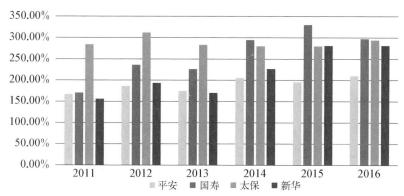

图 2-6　2011—2016 年四大上市保险公司偿付能力充足率

数据来源：上市保险公司年报

家保险公司相继发行次级债融资以补充附属资本。由于次级债补充附属资本额度不得超过保险公司上年末净资产的 50%，因此部分保险公司（比如平安）一度次级债规模接近上限。在此背景下，保监会自 2012 年 5 月为保险公司发行次级可转债放行，2013 年平安集团即申请发行 260 亿 A 股可转换债券以补充附属资本。增发之后的各家保险公司偿付能力充足率提高明显。在监管体系变化后，各保险公司更关注偿付能力充足率，在总体提升偿付能力的同时将其稳定在一定区间内。保险行业本身是高消耗资本的行业，保险风险的射幸性和保险运营对宏观经济与金融市场的深度依赖使得保险行业偿付能力充足率面临着重大的挑战。

2.3.2　获利能力分析

1. 获利能力分析

2011—2015 年，各家上市保险公司净利润率规律性较不统一（图 2-7）。新华净利润率一直维持在一个较稳定的水平，而平安与国寿均呈现出净利润率先下跌再上升的态势，太保净利润率高低不定、变化曲折，稳定性较弱。

2012 年及之后，各家保险公司的 ROE 发展曲折，呈现上升后有所回落

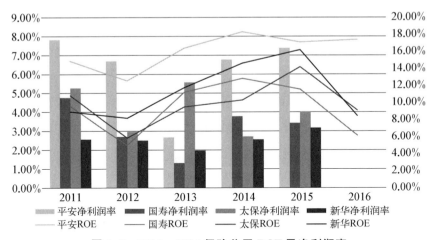

图 2-7 2011—2016 保险公司 ROE 及净利润率

数据来源：保险公司年报

的现象，但总体排名没有出现什么变化，平安仍稳居首位。出现以上格局的一个重要原因是，平安集团的业务覆盖面较广，除保险外还有银行、资产管理等。以其银行为例，2012 年平安银行实现净利润 132.32 亿元，同比增长 65.9%，为集团贡献利润 68.7 亿元，占比由 2011 年的 26.4% 提升至 34.3%。

2. 市场价值分析

市场价值主要衡量的是一家公司能够为投资者带来的收益，同时这项标准的走势也反映出市场对该公司的预期。表 2-3 选取了平安、国寿、太保和新华四家保险公司 2011—2016 年的普通股每股盈利（EPS）、市盈率（PE）、市净率（PB）三个指标，分析我国保险公司的市场价值。

表 2-3 2011—2016 年四大保险公司市场价值分析

公司	险企指标	2011	2012	2013	2014	2015	2016
平安	每股盈余	2.46	2.53	3.56	4.93	2.98	3.5
	市盈率	17	17	11.72	15.15	12.08	10.12
	市净率	2.47	2.03	1.81	2.29	1.97	1.69

(续表)

公司	险企指标	2011	2012	2013	2014	2015	2016
国寿	每股盈余	0.65	0.39	0.88	1.14	1.22	0.66
国寿	市 盈 率	27.14	42	17.19	29.96	33.2	36.5
国寿	市 净 率	2.53	2.19	1.94	3.4	2.48	2.24
太保	每股盈余	0.97	0.59	1.02	1.22	1.96	1.33
太保	市 盈 率	19.48	46	18.17	26.48	14.72	20.88
太保	市 净 率	2.05	1.73	1.7	2.5	1.96	1.91
新华	每股盈余	1.24	0.94	1.42	2.05	2.76	1.58
新华	市 盈 率	17.76	23.43	16.11	24.18	18.92	27.71
新华	市 净 率	2.19	1.91	1.82	3.2	2.84	2.31

数据来源：保险公司年报

从险企对比而言，2016年国寿、太保、新华每股盈余都有大幅下降，而平安逆势而上，实现每股盈余的正增长。就行业整体而言，保险股目前处于低谷，价值被明显低估，而行业基本面和宏观政策面都呈现向上趋势，预计此后保险板块吸引力将增强。在表2-3的四家险企中，目前平安的市盈率最低，表明投资者对其预期更多定位于维持业内现有地位。国寿和新华的市盈率均高于行业均值，与其保持业务稳健发展的良好表现有关。保险行业目前基本面仍较差，寿险被迫转型陷入低迷，产险竞争激烈盈利堪忧。但保险科技的迅速发展，为保险行业带来了新的利润增长点，未来保险业的发展将明显改善并更看重科技创新能力。

2.4 本章总结

本章比较研究了我国五家大型上市保险公司近几年的市场份额、业务情况和经营状况，从我国上市保险企业的发展视角来剖析中国保险业转型的表现与特征。研究发现,我国保险行业近几年虽然增速放缓,但这是伴随着保险业转型所出现的必然现象。尽管我国保险行业具有很强的寡头垄断特征,但是近年来尤其在经济发达的东部地区保险行业集中程度逐渐降低,行业竞争程度显著提高。

在业务上,我国保险行业表现出对宏观经济背景的敏感反应:首先,投资环境恶劣、相关政策的出台推升各险企退保率前期攀升,越来越多的保险产品被其他理财产品替代。但在后期通过业务及渠道结构改善、行业转型升级,退保率有很明显的下降。并且在抗通胀的客户需求和监管环境要求回归保障主业的改革下,分红险以绝对优势占领各家保险公司的销售榜单。其次,监管层加大对银保业务的规范力度直接导致银保渠道保费收入贡献的大幅度萎缩。

在经营上,宏观经济转型需求、股票市场的低迷和"偿二代"监管体系的构建直接导致近两年我国保险公司均面临巨大的偿付能力压力,各公司用以补充偿付能力的再融资规模巨大。目前中国保险企业市场价值被低估,随着未来监管政策和自身经营专业性的逐渐提高,保险公司盈利能力和价值将被市场进一步认可。

随着我国保险业转型的推进,未来我国保险行业的行业集中度将进一步降低,竞争会更加激烈。在地域上,中西部地区市场将成为保险公司下一轮竞争的重点。在业务上,保险行业回归保障主业的趋势会更明显,而产品结构上过度依赖单一险种会增加险企满期给付、赔付支出和保单质量的压力,不利于企业稳定。同时,随着新《基金法》的出台,金融混业经营趋势的加强在为保险公司丰富产品种类的同时,将更加考验各险企的渠道管理。

总体来看,我国保险业转型进程加快,且初现成果。虽然转型征程不是坦途,但相信在多方加持、保险科技助力发展的情形下,未来会向好发展。

第3章

保险转型：市场发展与深化改革

3.1 中国保险业的转型背景

尽管中国保险业在21世纪初的发展势头迅猛,但在整体发展水平上距离发达国家、成熟市场仍有较大差距。

首先,以保险深度与保险密度两项指标而言,中国保险业在国民经济中的影响力和渗透度还比较低:中国保险密度在2006—2015十年间,由431.3元/人增长至1 766.5元/人,同期保险深度由2.8%提升至3.59%。不可忽视的是中国保险业在渗透度与居民参与度上显著落后于发达国家的事实:日本2014年整体保险深度达10.8%,保险密度为5 042美元/人[①],同期美国保险业整体深度也有7.5%,保险密度达3 979美元/人[②]。由此可见中国与两个发达国家之间的差距。

其次,就整体资产负债体量在金融业中的比重看,中国保险业仍十分弱小。以银行业为参照系,中国保险业总资产占银行业总资产的比重在2015年尚不足7%,在"银行+证券基金公司+保险"为主构成的金融业中,整体占比不足5%(图3-1)。对比邻邦日本与韩国,在2015年,这两国保险业总资产(或总负债口径)占其国内金融业总资产(或总负债)的比重均超过25%——日本保险业总资产占其金融机构总资产比重约25%,韩国保险业总负债占其国内金融业总负债约37%(图3-2),由此可见,中国保险业在本国金融业中的

---

① 数据来源:日本统计局,日本生命保险协会,日本损害保险协会,日本简易保险官方网站。

② 数据来源:美国人寿保险协会,美国损害保险协会。

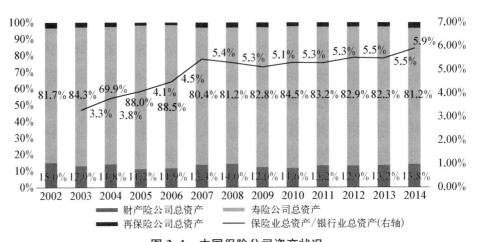

图 3-1 中国保险公司资产状况

数据来源：中国保监会，银监会

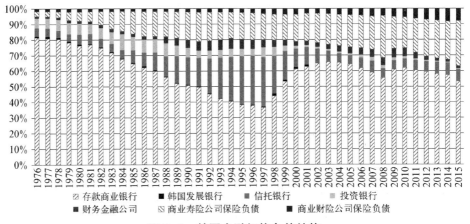

图 3-2 韩国金融机构负债结构

数据来源：韩国银行年度统计

影响力尚有很大提升空间。

最后，由我国各区域保险业发展的实际情况看，我国各个区域保险业发展受经济基础不平衡影响，也存在深刻的东西部差距和城乡差距。因此，不同区域的发展潜力与市场空间也显著不同。倘若以日本市场20世纪90年代后期至今稳定的保险深度作为发展极值，并假设我国各个区域经济未来以每

年1%的速度递减至0作为GDP极值,来测算我国不同省、自治区、直辖市、计划单列市保险市场未来的极限容量,则会发现:

对人身险市场来说,我国市场整体上距离达到饱和,亦即全国人身保险原保费收入达到7万亿元还有3.8倍的增长空间。从区域市场增长空间的角度看,贵州省(14.5倍)、广西壮族自治区(7.0倍)、湖南省(6.3倍)、浙江省(6.2倍)和青岛市(6.1倍)是表现比较突出的市场;北京市(2.2倍)、山西省(2.5倍)、黑龙江省(2.8倍)、上海市(3.2倍)和四川省(3.3倍)则市场增长空间相对有限。如果对每个地区未来保费收入增长做市场潜力扩张的驱动力对比分析,即以"来自GDP的增长贡献倍数－来自保险深度提升贡献倍数"一值的正负为判断标准来看,比起GDP的增长,我国寿险市场几乎所有区域都更依赖于保险渗透率的提升来进行市场扩容。

就财产险市场而言,我国市场整体上距离达到饱和状态,即保费收入达到约1.5万亿还有一倍多的增长空间。从区域市场增长空间的角度看,贵州省(2.7倍)、湖北省(2.6倍)、重庆市(2.5倍)、湖南省(2.5倍)和福建省(不含厦门市)(2.4倍)是表现比较突出的市场;甘肃省(1.3倍)、河北省(1.3倍)、安徽省(1.2倍)、新疆维吾尔自治区(1.1倍)、厦门市(1.0倍)则市场增长空间有限。同样,如果对财险市场扩容进行同寿险市场一样的驱动力对比分析,贵州省(0.7倍)、海南省(0.5倍)、天津市(0.3倍)、厦门市(0.1倍)、安徽省(0.1倍)更多依赖的是经济增长实现市场容量的扩张;而辽宁省(-1.4倍)、吉林省(-1倍)、黑龙江省(-0.9倍)、湖北省(-0.9倍)以及河南省(-0.8倍)则将主要依靠财险渗透率的提升来实现市场扩容[1]。

---

[1] 本节全部基础数据来源:中国各省、自治区、直辖市、计划单列市保监局网站,日本生命保险协会,日本损害保险协会。中国(因资料暂缺,未包括港澳台地区)数据采用原保费收入数据,由于各省、自治区、直辖市、计划单列市未公布具体公司保户储金及投资款新增交费以及投连险独立账户新增交费,故万能险及投连险部分未能纳入统计测算范围,可能对评估结论有所影响。

3.2 保险业转型的理论与研究

3.2.1 产业转型的理论基础

产业转型是一个"系统优化升级"的过程,是产业在各个层次、各个方面发生重大变化的转折。产业转型,主要包括产业扩张、集聚、整合、并购、产业创新、产业转移、新兴战略性产业发展等(刘明笑,2011)。下文综述了一些学者对于产业转型的相关理论:

(1) 康氏经济长波理论。康氏长波理论认为资本主义的发展以 50—60 年为经济周期,而每一次长波都与技术革新突发期相吻合,重大的技术革新带来经济结构的变革:一方面,它横扫过时的工业;另一方面,它又创造出新的工业部门,形成产业革命的浪潮,此时经济和产业发生转型(王权正,1987)。

(2) 胡佛—费雪的标准阶段次序理论。美国著名区域经济学家胡佛和费雪认为任何区域的发展都存在着"标准阶段次序",依次为自给自足经济阶段、乡村工业兴起阶段、农业生产结构转移阶段、工业化阶段、服务业阶段,产业结构从农业为主体逐步转为工业为主导,最终转为服务业主导的产业结构(胡佛和费雪,1949)。类似的理论还有美国经济学家罗斯托在《经济成长的阶段》一书中提出的经济成长阶段理论(罗斯托,1960)。人类经济活动的收益率从第三产业到第一产业依次递减,资本和劳动力将从农业逐步转向工业和服务业,英国学者克拉克通过实证分析验证了这样的事实,形成"配第—克拉克定律"。目前发达国家服务业在 GDP 中的占比普遍高于 70%,服务业在现代经济体系中的地位同样印证了上述观点。这一理论对我国保险业转型有着借鉴意义,因为随着中国改革开放以来工业化进程的发展,服务业在某种程度上的转型升级也是经济体内部发展的一种需要。

(3) 区域经济梯度转移理论。区域经济梯度转移理论源自弗农提出的产

第 3 章 保险转型：市场发展与深化改革

品生命周期理论(弗农，1966)，该理论从客观实际出发，以不平衡发展规律为基础，主张条件好的地方较快地发展起来后，通过产业和要素从高梯度到低梯度转移，带动条件差的地方发展。与此类似的还有法国经济学家佩鲁在1950年提出的增长极理论：一个国家实现平衡发展只是一种理想，在现实中是不可能的，经济增长通常是从一个或者多个"增长中心"逐渐向其他部门和地区传导。日本著名经济学家小岛清在研究东亚地区发展中提出的"雁型模式"逻辑也与此类似。如下文将分析到，中国目前保险业的发展出现了区域的不平衡，这种不平衡的背后实际上也蕴含着区域经济梯度转移的学术观点。因为随着北京、上海等保险业发展程度较高的地区的产业专业化，同样能够辐射和影响到保险业欠发达地区的产业升级。

(4) 波特的经济发展四阶段理论。1990年，波特在《国家的竞争优势》中提出，一国的经济发展可以分为四个阶段，分别是生产要素导向阶段、投资导向阶段、创新导向阶段和财富导向阶段。在经济发展进程中，随着推动力量的变换，产业结构和集聚的要素类型都会发生相应的改变。概括来说，产业结构将从劳动、资源密集型转为资本密集型，进而演变为知识技术密集型产业。随着金融行业的技术革命，中国保险市场当前也出现了技术革新的新趋势，这种趋势恰恰说明了我国当前保险业深化改革的发展方向，即推动创新和技术发展，形成保险业可持续发展的原动力。

3.2.2 金融行业转型

关于金融行业的转型，目前主要有以下一些理论总结。

(1) 戈德史密斯的金融结构理论。该理论产生于戈德史密斯在1969年出版的《金融结构与金融发展》，首先提出了金融结构的概念并通过"金融相关比率"在内的八个定量指标衡量各国金融结构状况，以此揭示出金融发展、外部金融与经济发展之间的关系等方面的内容。

(2) 麦金农和肖的金融深化理论。这两位作者分别在《经济发展中的货币与资本》和《经济发展中的金融深化》中以发展中国家为研究对象,提出了"金融抑制理论"和"金融深化理论"。"金融抑制"是指政府过分干预金融市场,使得利率和汇率无法真实反映市场状况,导致资源配置的低效率的现象。针对这种现象,他们提出了"金融深化理论"的政策主张,即解除金融压制,减少对利率和汇率的人为干预。

(3) 赫尔曼、穆尔多克和斯蒂格利茨的金融约束理论。金融约束理论认为相比于完全的金融自由化,政府适当的干预是必要的。政府应通过利率控制等政策,保证金融体系稳定,提供健康稳定的宏观经济环境,采取适当的金融压制政策,实现更有效率的金融业深化。这一理论很好地解释了拉美地区经济失败和东亚经济的飞速发展的原因。

值得强调的是,许多金融业转型理论更多着眼于汇率、金融监管等专门视角,对保险行业的关注不够,而由于保险行业发展有着自身的规律和特点,所以除了一般的产业转型理论作为指导以外,更需要专门关注保险行业本身,从历史发展的数据和经验提炼保险行业转型的相关理论。

3.2.3 保险行业转型

保险的转型主要是由传统保险业向现代保险业发展,通过市场化、信息化引导保险企业进行创新,改变传统保险业包括产品设计、产品销售、承保核保、理赔定损等各个环节的模式,降低企业成本,扩大企业规模,推进产品革新等各个方面,来增强保险业的核心竞争力。

目前,我国保险业转型受到广泛关注,主要是源于保险业黄金发展期理论。黄金发展期理论说明的是一国人均国内生产总值与寿险需求之间的关系。国际经验表明,一国人均 GDP 达到 8 000—10 000 美元,寿险业进入黄金发展期。

有关寿险需求的实证研究成果都表明:收入与寿险需求之间呈正相关,即寿险需求会随着收入的增加而增加。人均收入提高时,人们会将更大部分收入投入保险(刘学宁,2012)。但是,随着收入水平的增加,寿险需求的增加程度却不相同,即弹性不同。根据瑞士再保险公司的研究,人均GDP在5 000—35 000美元的国家的保险支出增长最快。这些国家的消费者在保险保障方面的需求巨大,因此保险支出增速明显快于收入增长。

从图3-3可以看出,我国2015年人均GDP超过8 000美元,根据国际货币基金组织(IMF)预测,我国在2020年人均GDP将超过10 000美元。随着人均收入的增加,人们对保险的需求会显著提高。因此,在未来五到十年间,我国市场的保险深度、保险密度会保持快速增长的趋势,我国保险业将处于黄金发展阶段。

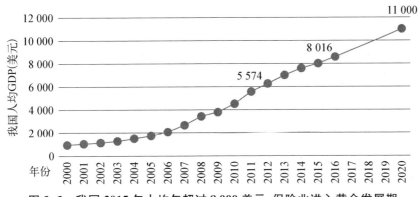

图3-3 我国2015年人均年超过8 000美元,保险业进入黄金发展期

资料来源:国际货币基金组织(IMF)

3.3 我国保险业转型的表现与特征

3.3.1 从"商业保险市场运行"到"保险服务国家发展"

保险业在宏观经济中发挥着越来越积极的作用,全面契合国家需求,服务于国家发展。保险是国民经济中的一个部门,也是金融体系"三驾马车"之一,为国家发展和人民生活提供了强有力的风险保障和经济补偿,是社会发展的"稳定剂"。近年来,保监会逐步放开保险资金的投资范围,在风险可控的前提下,提高保险资金入市比例,鼓励保险资金投放重大工程项目、投资医疗机构、参股商业银行和海外投资,实现保险资金的有效配置,成为国家发展的"助推器"。

首先,保险业推动和提高医疗保障水平,参与完善多层次养老保障体系改革。第一,城乡居民大病保险,由17家保险公司在全国28个省(自治区、直辖市)开展大病保险,覆盖人口8亿人,此项制度安排有效解决了"因病致贫""因病返贫"等问题;第二,保险机构大力发展商业健康保险,以此来满足基本医疗保障之上更高层次,更为差异化、多元化的健康保障需求;第三,保险业借助自身在风险管理、专业服务等方面的优势,参与到基本医疗保障的管理中,减少了不合理的医疗和管理费用支出,发挥保险社会管理方面的作用,有效提高了保障服务的质量和效率。

其次,在国家高度重视和政策大力支持下,我国农业保险快速发展,制度框架初步建立,农业保险覆盖面和渗透率较快提高,在抗灾减灾、保障农业稳定生产、维护国家粮食安全、促进农业结构转型、保障农民收入等方面发挥着越来越重要的作用。

再次,保险资金逐步成为我国经济建设的生力军,活跃在国计民生的重要工程领域中,促进经济提质增效发展。保险资金顺应国家经济结构转型,通过债券投资和股权投资多种方式,投入到带动实体经济发展和产业转型的国家重大项目和民生项目中,满足多样化的融资需求。同时,保险行业为科技型企业、中小企业和战略性新兴产业提供发展资金,满足小微企业的融资需求。

此外,保险业积极服务中国企业"走出去"战略,助力我国的国际化进程。保险主要通过两个层面发挥作用:一是承保业务,通过对外工程险、海外投资保险、进出口信用保险、货运险、人身险等保险对基础设施建设、海外投资并购、企业进出口业务、汇率波动等各方面的风险给予保障;二是投资业务,保险企业作为重要的机构投资者,将保险资金投放到基础设施、能源矿产、高新技术等重点领域。由于当今世界贸易保护主义盛行、中国贸易条件恶化、汇率波动增加等多重因素,中国近期出口出现疲软,通过出口信用保险等使得从事外贸的中国企业能够得到风险保障,获得更加良好健康的市场环境,推进外贸企业转型升级。

最后,保险业还积极配合国家当前社会经济发展的需要,积极发挥在"一带一路"建设中的重要作用。"一带一路"建设所需资金缺口巨大,而且主要投资于基础设施、能源矿产、农业等诸多方面,项目周期性长、所需资金量大,而保险资金恰恰有着得天独厚的优势。据保监会资料显示,截至2015年底,中国保险业总资产达12.4万亿元,有着巨大的资金实力,而且保险资金还具有成本低、期限长等优势,完全符合"一带一路"项目的融资需求。此外,"一带一路"沿线国家在能源方面有着禀赋优势,但是这些国家金融发展较为落后,资金不够充足,需要国际资本投入,而保险业通过海外投资可以满足这些国家的融资需求。另一方面,在"一带一路"建设的推动下,中国企业不断"走出去",在这一过程中会遇到资金不足的困难和风险管理的需求。保险业可以通过自身在风险管理方面的优势,为这些企业提供资金支持和风险保障,实现保险风险保障和资金通融的双重功能。

3.3.2 从"单一保险经营管理"到"综合金融混业发展"

越来越多的金融机构通过控股公司、相互参股、局部业务和产品交叉经营等多种方式加强机构内部合作,使得银行、证券、保险之间的边界被逐步打破,银行、证券、保险、信托、租赁和基金等金融业务交融发展。我国目前保险机构的混业经营体现在两个方向:一方面是保险公司(比如平安、安邦等)开始积极向其他非保险金融业务延伸,另一方面是以非保险起家的其他机构(如中信、光大、国家电网等)不同程度地参与到保险市场中,金融综合经营的发展趋势越来越明显。保险与其他金融机构的融合不仅直接表现为资本结构的结合,更因为这种资本结构的"渊源"加深了业务范围的相互支持。

保险行业近期在资本结构上出现两大趋势：其一是保险牌照的价值日益为资本所认同，原本来自地产、银行的资本也争相申请保险牌照并获批；其二是以中国平安为代表的原本深耕保险业的公司也在积极将影响扩展至银行、券商、基金等领域，综合金融趋势日益显著。

与此同时，从近期向保监会提出申请以及已经获准开业的新兴保险公司资金背景看，不难看出许多民营资本、实体制造业资本也纷纷涌入保险行业，希望在行业发展的浪潮中占得一席之地。从表3-1、表3-2所列示的2015年拟发起设立和刚刚成立保险公司的情况可以看出，保险业与其他金融领域的融合程度越来越高。

表3-1　2015年拟发起设立保险公司基本情况（不完全统计）

披露时间	拟设立保险公司名称	注册资本	发起公司	持股比例
2015年2月	前海再保险股份有限公司	30亿元	爱仕达集团	14.5%
			腾邦国际商业服务	10.0%
2015年2月	国宝人寿保险股份有限公司	15亿元	四川发展（控股）	19.9%
			川商发展	19.6%
2015年5月	海峡人寿保险公司	15亿元	泰禾集团	10.0%
			阳光城集团	13.0%
			华映科技	5.0%
			福建七匹狼集团	10.0%
			福建省能源集团	20.0%
			福建省机电（控股）	15.0%
			三明市财鑫投资	5.0%
			福建盼盼生物科技	9.0%
			泉州鸿荣轻工	5.0%
			博生医疗投资	5.0%
			上海豪盛投资集团	3.0%

(续表)

披露时间	拟设立保险公司名称	注册资本	发起公司	持股比例
2015年6月	信美相互人寿保险	10亿元	深圳市腾邦国际商业服务	5.0%
			北京博晖创新光电技术	4.5%
			深圳市新国都技术	5.0%
			汤臣倍健	5.0%
			蚂蚁小微金融服务集团	30.0%
			天弘基金	20.5%

数据来源：中国保监会

表3-2　2015年获批开业的保险公司（不完全统计）

批复时间	新公司名称	注册地址	注册资本	主要股东	持股比例
2015/1/30	合众财产保险股份有限公司	北京	2亿元	合众人寿保险	99.0%
				中发实业（集团）	1.0%
2015/2/15	上海人寿保险股份有限公司	上海自贸区	20亿元	览海控股（集团）	20.0%
				中海集团投资	16.0%
				上海电气（集团）	14.0%
				上海城投资产管理	14.0%
				上海外高桥资产管理	10.0%
				福州宝龙商业经营管理	9.0%
				上海陆家嘴金融发展	6.0%

(续表)

批复时间	新公司名称	注册地址	注册资本	主要股东	持股比例
2015/3/30	中路财产保险股份有限公司	山东青岛	10亿元	青岛国信发展（集团）	20.0%
				交运集团公司	18.0%
				青岛啤酒集团	15.0%
				青岛国信金融控股	15.0%
				青岛国际机场集团	10.0%
				青岛东亿实业	10.0%
				青岛市崂山区创业投资	10.0%
2015/3/27	英大保险资产管理有限公司	北京	2亿元	英大泰和人寿	
				英大泰和财产保险	
				国网英大国际控股集团	
2015/5/8	中原农业保险股份有限公司	河南郑州	11亿元	河南省农业综合公司	20.0%
				河南中原高速公路	18.2%
				河南省豫资城乡投资发展	14.6%

数据来源：中国保监会

3.3.3 从"传统资产负债管理"到"资产驱动负债管理"

保险公司，尤其是寿险公司的经营活动都是围绕着资产负债管理展开的：销售保单以获取保费收入，积累保险责任准备金，而后通过资金运用赚取投资收益,以保证有足够的现金流满足合同约定的保户利益的给付。资产负债管理是保险公司经营的起点,亦是终点。就资产负债管理的模式而言,主要有负债驱动资产和资产驱动负债两种类型。

在2014年以前,保监会对险资资金运用监管严格,加上我国资本市场发展尚未成熟,从而限制了保险公司投资配置的灵活度。因此在公司投资业务表现无差异的条件下,我国保险公司普遍实行以负债驱动资产的资产负债管理模式,即:销售保单的期限、要求收益率及风险性质决定了资产端投资决策偏好的模式。

而随着2014年4月保监会修订《保险资金运用管理办法》及一系列放宽险资投资渠道的规定出台,在监管层"放开前端,管住后端"的监管原则下,保险行业在资产配置差异化上逐步拥有更多灵活性和自主性。与此同时,我国正步入资本过剩的时代,社会长期投资回报率日渐降低,过去很长一段时间内对储蓄型和投资型保险产品产生较强替代性的银行理财产品等收益率在这一大背景下也持续降低。这种情况使得保险产品这一兼具保障和理财功能的金融工具吸引力增强。并且,目前股票市场上那些稳定成长、股息率较高、现金回报表现佳的蓝筹股的价值又普遍被低估。这一系列因素叠加在一起,使得保险公司开始有条件转变过去以负债驱动资产的资产负债管理模式,转而通过实行资产驱动负债的新策略,获得显著优于过去行业均值的超额收益。

采用资产驱动负债模式的多为非上市保险公司,较典型的公司有:安邦保险集团、前海人寿、富德生命人寿、华夏人寿等。这些保险公司在负债端均以银保渠道作为绝对销售主力渠道,几乎99%的保费收入均来自银保渠道。并且其销售的主力产品多为实际存续期不长于3年、首年退保即有退保收益的高现金价值产品,或结算利率高达7%左右的万能险产品。负债端短久期及高要求收益率的属性对公司的投资端提出了很高要求,因而这类公司多偏好以长期股权投资的形式投资权益类资产或进行海外并购。它们选择的标的多为估值水平较低且历史平均ROE较高且分红稳定的大市值银行、地产类公司。而随着这类低估值、高回报的蓝筹股标的日益稀缺,非上市保险公司也开始逐渐将眼光拓展至估值倍数稍高,但底层资产质量优秀的消费品或医药公司上。

虽然资产驱动负债的策略给安邦这样的保险公司带来了显著的业绩改善,但这一策略并不是无往不利的,它在改变整个公司运营模式的同时也带来了不可忽视的风险。综合看来,这一模式主要有三类风险需要引起重视:

其一是投资标的的质量风险。如前文所述,在长期股权投资策略下,公司对权益类投资的配置迅速提升,同时配置的集中度很高。这样的配置结构下最大风险在于一旦对标的长期经营判断出现失误,公司的长期 ROE 将不达预期。而被投资公司经营业绩出现问题,必然严重拖累保险公司的投资收益,这时由于保险公司持股数占标的公司股本比例较高,在短期内难以迅速止损变现。

其二是在长期股权投资策略下,保险公司虽然过滤掉了投资标的股价波动的风险,能够享受标的公司长期盈利的稳定收益,但是在持股期间只能预期每年有相对较少的稳定分红产生实际的现金流入,如果负债端的久期显著短于资产端,那么就存在期限错配造成流动性风险的严重问题。在极端情况下的集中性退保更是会让期限错配引发的流动性危机一发不可收拾。但在目前国内利率持续走低的大背景下,采用这一模式的保险公司又纷纷给出显著优于同期银行存款、理财产品的结算利率,以提高万能险为代表的产品的吸引力,因此一旦保险公司由于个体公司自身经营不稳、管理层动荡、负面消息发布等造成了购买万能险、分红险等追求收益类产品投资者的信心下降,保险公司又不能按照合同给予相应的高收益,极易出现大规模集中性退保。从这个角度而言,长期股权投资策略更适合负债久期较长的保险公司。

其三则是监管风险。保监会在 2014 年修订的《保险资金运用管理办法》及其通知文件中限制了股权投资比例不得超过险企上季末总资产的 30%(以自有资金投资保险类企业除外)。此后又进一步将符合一定条件的公司投资蓝筹股的比例放宽至总资产的40%。也就是说,总资产的40%是公司资产组合依赖股权投资的极限。与此同时,在监管文件中还指出:投资单一法人主体的余额,合计不高于本公司上季末总资产的20%(投资境内的中央政府债券、准政府债券和以自有资金投资保险类企业股权等除外);投资权益类资产的账面余额合计占本公司上季末总资产的比例高于20%需要向保监会报告。这就对保险公司投资单一上市公司股权做出了约束。

2015年7月,保监会针对蓝筹股投资出台进一步的政策,规定:"符合下列条件的保险公司,经报我会备案,投资单一蓝筹股票的余额占上季度末总资产的监管比例上限由5%调整为10%;投资权益类资产的余额占上季度末总资产比例达到30%的,可进一步增持蓝筹股票,增持后权益类资产余额不高于上季度末总资产的40%。(一)上季度末偿付能力充足率不低于120%;(二)投资蓝筹股票的余额不低于股票投资余额的60%。"对蓝筹股投资上限的放松和要求实际上传递出监管部门提倡保险资金投资于现金股利相对稳定、风险较低、大型成熟企业的信号,体现了引导险资进行较高收益、较低风险投资的目标。

资产负债管理策略模式的要点在于:在负债端通过销售短久期、高保证或高实际收益率的储蓄型保险产品迅速积累投资资产,而在资产端则配置低估值、稳定ROE的标的。这样的资产负债管理策略使得这些中小保险公司在2014—2015年投资表现显著优于传统大型保险寡头公司(表3-3)。

表3-3 寿险公司5年平均投资收益率排名

排名	公司	2015年总资产(亿元)	5年平均投资收益率
1	国华人寿	855	9.5%
2	安邦人寿	2 562	8.3%
3	交银康联	113	7.7%
4	百年人寿	362	7.4%
5	民生人寿	608	7.0%

(续表)

排 名	公 司	2015年总资产(亿元)	5年平均投资收益率
6	华夏人寿	2 624	6.8%
7	泰康养老	74	6.6%
8	中意人寿	554	6.3%
9	生命人寿	3 429	6.3%
10	和谐健康	888	6.1%

数据来源：瑞泰人寿

3.3.4 从"单一保险资金运用"到"资金注重渠道效益"

20世纪80年代复业初期，我国保险业的投资活动没有得到重视，资金运用甚至无法可依。这使得险资在80年代末期经济过热时参与了大量投机性的资金活动，如投资房地产、证券信托和发放商业贷款等，在经济热潮退却后形成了不良资产。这当然不是中国特有的现象，而几乎是当时整个东亚金融市场的共性。1995年，随着《保险法》的颁布实施，保险公司的投资活动才有法可依，但与之相伴的是资金运用方式严格受限，险企只被允许投资银行存款及政府债券等。不同于日本、韩国等东亚国家允许保险资金发放商业贷款，中国险企直到现在也不得参与企业的间接融资活动。20世纪末，保险公司逐步被允许投资企业债、公募基金及银行大额存单等品种，而中国保险公司的股票投资是在2005年才被允许的。随着保险行业的快速发展，监管层的思路也在不断调整以适应不断变化的新形势，2010—2014年，保监会对险企投资活动的限制加速放开，在"放开前端，管住后端"的指导原则下，2014年通过修订《保险资金运用管理办法》，确立了大类资产监管的思路，规定保险公司权益类资产的配置余额以总资产的30%为限，另类投资亦然。同时还把境外投资的比例限制提高至公司上季末总资产的15%。

在这样的监管背景下，2012年以前，我国的保险资金运用一直都以银行存款和债券投资为主:二者合计占投资资产总额的70%—80%,并且在2005年以前银行存款的投资占主导地位,近年有所下降。权益类资产及保单贷款的配置长期不足10%,其他各类资产的投资规模也很小。2012年以后,保监会集中发布了十余项保险资金运用新政策,进一步放宽投资范围和比例。2014年,随着资金运用管理规定的修订以及新一代偿付能力体系的落实,我国险资投资结构发生很大变化,主要体现在行业对权益类资产的配置比例迅速提升,替代了过去投资于银行存款、债券以及基础设施建设债权投资计划等固定收益类的资金:保险资金证券投资基金及股票投资的比重由2012年末的11.8%小幅上升至2015年末的15.2%;以信托、理财产品及不动产为代表的其他资产占比自2009年的2.3%提升至2015年28.7%。目前,保险公司已经成为金融业中投资领域最广的金融机构之一。

就投资收益率而言,我国保险公司在2014年以前的投资收益率平均约4.29%,与十年期国债收益率利差约1.15%。前文述及,我国保险业目前的发展程度与日本20世纪60—70年代接近,仍处于快速增长时期。之前我国保险业资金运用收益率偏低的主要原因在于保险资金不被允许投资于企业或政府机构贷款。在20世纪90年代至21世纪第一个十年期间,我国经济高速增长,企业融资需求旺盛,3—5年期贷款基准利率在90年代一度高于10%,在2001—2010年间,这一利率平均也有6.13%,2007年峰值时高达7.74%,而同期险资收益率除2007年外,其余年份均低于3—5年期贷款基准利率。2012年以后,随着监管对险资运用渠道的放宽,保险资金在拥有更多发挥空间后收益率显著改善:2012年时保险资金运用收益率仅为3.4%,与十年期国债收益率持平,此后持续增长至2015年的7.6%,与十年期国债收益率之间的差距逐步拉大至4.19%。

特别值得一提的是,随着经济全球化趋势的加强以及我国经济影响力的不断提升,险资走出国境也愈加频繁。以中国平安为首的保险资金自2007年始出海,至今已有多家保险公司加入海外投资的队伍中。保险公司的海外投资标的以权益投资和另类投资资产为主,在股权投资方面以能够与保险公司自身主业构成协同效应的银行、保险企业股权为主,而另类投资则涉及物业直投、基础设施建设投资以及少数自然资源的投资。在投资方式上,由于目前我国保险公司涉足另类投资和海外投资是 2012 年以后的事,缺乏相关管理经验以及当地资源,故多以委托投资为主,主动管理的投资案例较少。同时有日本保险业 20 世纪海外投资的经验教训在前,我国保险公司在海外投资方面相对谨慎。截至 2015 年底,行业海外投资的比重远低于监管限制的上限 15%。从日本、韩国保险公司投资的经验看,随着国内或区域内人口老龄化程度加剧,社会平均投资回报率逐渐下降,海外投资将逐步取代境内固定收益类投资,成为投资收益率的重要保证。

表 3-4　中国保险公司海外收购标的不完全统计

保险公司	海外投资项目
中国平安	惠理集团、美国富通集团股份、澳大利亚天然气项目股权、伦敦劳合社大楼、美国房地产基金股权
中国人寿	VISA 公司、10 Upper Bank Street 大楼
安邦保险	韩国东洋人寿股权、比利时 Fidea 保险公司、荷兰 VIVAT 保险公司、比利时德尔塔-劳埃德银行、华尔道夫酒店
阳光人寿	澳大利亚悉尼喜来登公园酒店、以色列凤凰金融控股公司
复星集团	葡萄牙保险、美国 Ironshore 保险、美国 MIG 保险、Hauck & Aufh User 私人银行、BHF-Bank、英国伦敦金融城 Lloyds Chambers 大楼、美国纽约曼哈顿 One Chase Manhattan Plaza 等

数据来源:公司公告及媒体信息整理

3.3.5 从"传统保险服务行业"到"网络经济金融创新"

互联网创新和大数据的应用给保险业带来了巨大的冲击和变革。在 2015 年,互联网保险实现跨越式发展,保费规模达到 2 234 亿元,同比增长 160.1%,保险渗透率达到 9.2%。其中,共有 61 家保险公司开展互联网人身险业务,全年保费收入达1 465.60亿元,同比增长315%,共有49家公司开展互联网财产险业务,全年保费收入达768.36亿元,同比增长51.94%。

互联网与传统保险行业相互融合相互渗透,既包括传统保险公司进行互联网实践,也包括互联网企业对传统保险业务的融合和发展。互联网对传统保险业的拓展主要体现在新增销售渠道、传统业务操作电子化和推动产品创新。

保险行业近年来呈现出借助互联网发展的趋势,一方面可以降低保险公司成本,另一方面也提高了自身的服务质量,改善了客户体验。通过电子化,客户可以在网上进行查询,提高保险信息的透明度;在核保和承保环节,对于一些核保要求不高的标准化险种,免去了线下核保的烦琐;对于保单变更,比如团体险增减客户名单亦可以通过互联网进行审核批单;在理赔环节,比如机动车保险,客户甚至可以通过上传的事故照片,进行保险的报案,也省去了保险公司对事故现场的勘察,实现理赔无纸化。与此同时,保险公司还可以借助互联网和大数据,提供给客户相关增值服务,比如代驾、体检、救援等,通过手机App进行预约,客户就可以享受到保险公司一系列的深度服务,提升自身体验。

此外,保险作为与数学密切相关的行业,互联网的推出与大数据的运用也使得近年来我国保险公司更多地通过大数据了解客户的行为特征,进一步了解其风险特征和保险需求。保险公司主要在互联网生态链保险、空白领域保险、技术驱动型保险三大领域进行金融创新。

第一,积极打造互联网生态链。所谓互联网生态链,主要包括保险企业、用户、产品、场景、合作平台等部分在内。在这个生态系统内,保险可以通过互联网突破时间、空间等各种界限,实现保险的分散,把一些传统保险不可保的内容变为可保。通过把碎片化的保险产品嵌入场景,使得客户意识到风险的存在,从而激发购买的欲望,同时,还可以衍生出许多额外的个性化的客户需求,推动保险产品的创新。

第二,中国保险公司在空白领域保险的创新远远高于其他国家。互联网保险发展至今，运费险、碎屏险、支付宝账户安全险、银行卡盗刷险、淘宝商户保证金保险等产品的出现，极大地满足了不同情景下的保险需求，填补了相关领域的空白。

第三，重视技术驱动型保险发展。传统保险产品同质化十分严重，同类产品的定价也差不多（比如车险等），越来越多的保险公司通过大数据和人工智能进行更好的精算和保险定价。以车险为例，国内保险公司开始通过车联网技术，对车况、路况、驾驶员驾驶习惯等内容进行实时捕捉和分析，再通过数据模型进行精算，就可以更好地为保险定价，实现差异化动态保费。目前，还有一些寿险公司，借助客户佩戴可穿戴式设备，对客户的生理体征和生活习惯进行采集，给予客户在饮食、行为等方面的推荐。已经有一些保险公司对利用大数据实现动态保费的方法进行尝试。

3.4 保险业深化改革的挑战分析

3.4.1 保险高速发展与区域发展水平不平衡

尽管我国在过去几十年间保险业保持着高速的发展，但是不同地区之间的保险深度与保险密度仍然存在着较大的区别。表3-5列示了我国2015年不同地区的保险业发展指标，从各省、自治区、直辖市保险深度和保险密度的比较中可以看出，各区域保险市场发展程度差异较大。以寿险保险密度看，北京、上海和深圳的人均保费支出可以达到3 000元以上[①]，而以省区市计，江苏、广东、福建及浙江等省份的人均保费支出在1 200元以上，但贵州、云南、广西等省份保险密度却不到500元/人，由此可见区域发展的差异，这背后当

---

① 由于区域保监局的统计口径仅含原保费收入，不包括万能险与投连险部分的缴费，故此处存在低估。

然也有经济基础差异的原因存在。

表 3-5 2015 年不同地区保险发展程度比较

地区	寿险（不含万能险及投连险规模保费）				财险			
	原保费收入（百万元）	原保费收入十年复合增速	保险深度	保险密度（元/人）	原保费收入（百万元）	原保费收入十年复合增速	保险深度	保险密度（元/人）
安徽省	42 557	13.0%	2.5%	693	27 335	21.3%	1.6%	445
北京市	105 923	12.5%	4.6%	4 880	34 466	15.1%	1.5%	1 588
福建省（不含厦门市）	43 195	15.0%	1.9%	1 251	19 926	17.4%	0.9%	577
甘肃省	16 659	14.9%	2.5%	641	9 030	19.5%	1.3%	641
广东省（不含深圳市）	150 150	16.2%	2.1%	1 384	66 532	16.9%	0.9%	1 384
广西壮族自治区	23 860	15.9%	1.4%	498	14 714	18.9%	0.9%	307
贵州省	12 385	14.5%	1.2%	351	13 395	22.8%	1.3%	380
海南省	6 997	20.3%	1.9%	768	4 428	20.8%	3.1%	486
河北省	76 361	14.9%	2.6%	1 028	39 950	20.3%	1.3%	538
河南省	92 860	16.3%	2.5%	980	32 016	21.0%	0.9%	338
黑龙江省	45 820	13.5%	3.0%	1 200	13 357	17.1%	0.9%	350
湖北省	60 538	17.4%	2.0%	1 035	23 824	19.8%	0.8%	407
湖南省	46 897	15.2%	1.6%	691	24 321	21.9%	0.8%	359
吉林省	31 075	15.9%	2.2%	1 129	12 057	20.1%	0.8%	438
江苏省	131 772	13.2%	1.9%	1 652	67 219	18.8%	1.0%	843
江西省	34 641	16.3%	2.1%	759	16 202	22.3%	1.0%	355

(续表)

地区	寿险(不含万能险及投连险规模保费)				财险			
	原保费收入(百万元)	原保费收入十年复合增速	保险深度	保险密度(元/人)	原保费收入(百万元)	原保费收入十年复合增速	保险深度	保险密度(元/人)
辽宁省	50 111	13.5%	1.7%	1 143	20 690	15.8%	0.7%	472
宁夏回族自治区	6 231	14.6%	2.1%	933	4 101	19.8%	1.4%	614
青岛市	15 088	14.0%	1.6%	1 659	9 323	16.7%	1.0%	1 025
厦门市	8 500	17.0%	2.5%	2 202	6 136	19.8%	1.8%	1 590
山东省(不含青岛市)	106 972	15.7%	2.0%	1 197	47 376	18.6%	0.9%	1 197
山西省	42 718	15.3%	3.3%	1 166	15 955	15.5%	1.2%	435
陕西省	39 570	16.5%	2.2%	1 043	17 675	19.4%	1.0%	466
上海市	76 977	9.8%	3.1%	3 187	35 540	12.9%	1.4%	1 471
深圳市	43 300	18.7%	2.5%	4 017	21 455	14.3%	1.2%	1 990
四川省	84 587	14.9%	2.8%	1 031	42 144	16.2%	1.4%	514
天津市	27 806	13.5%	1.7%	1 797	12 028	16.3%	2.4%	778
新疆维吾尔自治区	22 447	12.2%	2.4%	951	14 296	17.0%	1.5%	508
云南省	23 341	14.5%	1.7%	492	20 119	19.0%	1.5%	424
浙江省	68 166	13.3%	1.6%	1 231	52 542	17.1%	1.2%	949
重庆市	35 865	17.9%	2.3%	1 189	15 593	20.5%	1.0%	517

数据来源:中国各地保监局网站

不仅不同地区保险深度与保险密度不同,各地之间的市场竞争程度也存在着较大的差异。在对各地区进行市场容量测算的同时,我们亦对不同区域的产、寿险市场竞争格局及程度进行了不同角度的评估。

首先,我们以政府经济部门常用的"赫芬达尔—赫希曼指数"(HHI)[①]来初步评估每个地区的市场竞争状况。根据 HHI 的编制规则,若 HHI 指数低于 10%,则视该市场为充分竞争市场;若该指数介于 10%—18%之间,则将该市场划为低度寡占市场;若该指数大于 18%,则将对应市场视为高度寡占市场。

基于此,经我们测算发现:针对人身险市场,从 HHI 指数的变化趋势来说,全国所有区域的市场竞争程度都在显著提升,且在 2014—2015 年各市场的竞争程度提升速度加快(HHI 指数降幅增加)。就具体静态的竞争程度而言,我国寿险市场整体目前处于低度寡占的区间,竞争性较强(2015 年 HHI 平均 12.6%)。从各区域现有市场竞争程度(HHI 指数)看,北京市(3.3%)、上海市(7.6%)、辽宁省(8.5%)、四川省(8.7%)和湖北省(9%)是进入壁垒相对较低、竞争度极强的市场;广西壮族自治区(21.5%)、宁夏回族自治区(19%)、甘肃省(18.8%)、厦门市(17.6%)和福建省(不含厦门市)(17.2%)是寡占程度和进入壁垒还比较高的市场。从市场竞争程度的动态变化(HHI 变化幅度)看,江西省(-45.1%)、安徽省(-33.1%)、河南省(-32.1%)、湖南省(-29.9%)、山西省(-29.3%)的竞争程度提升最快。

将视线切换至财产险市场,同样就 HHI 指数的变化趋势而言,除江苏省(HHI 在过去十年间增加 2.3%)外,我国其他所有区域的财险市场竞争程度都在提升(其余区域财险市场 HHI 在过去十年间平均降低 10.8%);而以具体静态的竞争程度来说,财产险市场的寡占性较强(市场整体的 HHI 仍有 19.9%);若就现有市场竞争程度(HHI 指数)看,上海市(12.3%)、青岛市(12.5%)、山东省(不含青岛市)(13.7%)、河南省(13.8%)和天津市(15.9%)

[①] 赫芬达尔—赫希曼指数是一种测量产业集中度的综合指数。它是指一个行业中各市场竞争主体所占行业总收入或总资产百分比的平方和,用来计量市场份额的变化,即市场中厂商规模的离散度。

是进入壁垒比较低的市场;宁夏回族自治区(42%)、新疆维吾尔自治区(34.4%)、江西省(24.5%)、福建省(不含厦门市)(23.5%)、海南省(23.2%)是进入壁垒还比较高的市场;最后,从市场竞争程度动态变化(HHI变化幅度)的角度论,山西省(-30.5%)、贵州省(-24.9%)、广西壮族自治区(-22.1%)、安徽省(-20.5%)和吉林省(-19%)的竞争程度提升最快。

其次,我们从20世纪90年代即已建立的中国人寿、中国平安、太平洋保险、人保财险以及中国太平等超大型保险集团的视角,观察这些保险公司在2006—2015年间的市场份额变化情况。

结果表明,在人身险市场上,中国人寿的市场份额在过去十年间萎缩了24%左右,其中,该公司在江西省、黑龙江省、河南省、安徽省以及山西省的市场份额被竞争对手蚕食最严重,而在北京市、天津市及上海市的市场份额尚能基本维持昔年水平。平安人寿在全国的市场份额同期也略有下降,不过降幅甚微,全国平均约3%左右,其在宁夏回族自治区、青岛市、上海市以及吉林省的市场份额下降较多,而在黑龙江省、河南省、湖南省及山西省则还有上升。太保寿险与平安寿险情况类似。三大寿险寡头合计原保费收入占市场总体比重在十年间由约76%下降至45%左右,尽管仍为巨头,但不难发现市场竞争激烈对它们造成的深刻冲击。

在财险市场上,人保财险的市场份额在过去十年中下降了近15%,太保财险基本维持不变,而平安财险则实现了市场份额正增长10%。三大财险公司合计市场份额在过去十年间由70%略降至64%左右。这也侧面印证前文HHI指数评估中财险市场整体寡占程度显著高于寿险市场的结论。

3.4.2 保险发展水平与经济发展阶段不匹配

中国经过改革开放三十余年来的持续高速发展,自2010年开始GDP总量已经超越日本,成为仅次于美国的世界第二大经济体。然而,相对于经济的发展水平,中国保险业无论是总体水平还是人均保险拥有水平,都和中国目前的经济体量不相适应。

根据保监会数据,截至2015年底,我国全国保费收入达2.4万亿元,保险深度为3.69%,保险密度为1766.49元/人。保险深度和保险密度是衡量保险业发展情况和成熟程度的重要指标。保险深度是指全部保费收入与GDP的总额的比率,该指标可以反映出保险业在国民经济整体中的地位。保险密度是指统计区域内常住人口平均保险费的数额,该指标反映了该地区保险行业的发展程度,同时反映了该地区居民保险意识的强弱。

通过保险深度和保险密度这两个指标,可以判断我国保险业发展的整体情况,比较我国与世界发达国家保险业水平的差距。从数据上看,我国保险规模上升至全球第三位,但与此同时,保险深度和保险密度仍远低于世界发达水平。图3-4列示了2015年主要国家保险深度的数据。2015年全球保险深度为6.23%,美国、日本、英国、德国分别达到7.28%、10.82%、9.97%、6.24%,而我国保险深度仅为3.69%,位列全球第40位,与世界平均水平仍有较大差距。这表明我国保险业发展相对落后,保险对国民经济的贡献较小。在保险密度方面,2015年全球人均保费支出为621.2美元,发达市场人均保费支出为3440美元。其中,美国、日本、英国和德国2015年的保险密度分别为4095.9美元、3553.8美元、4358.5美元、2562.6美元,而我国在同期保险密度仅为280.7美元(图3-5所示),处于全球第53位,与发达国家差距达10

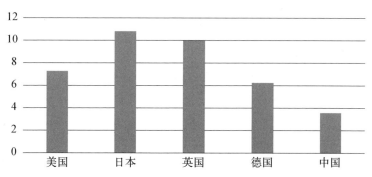

图3-4 中国与发达国家保险深度情况比较(2015年)

数据来源:Sigma(2016)

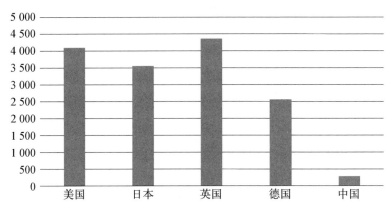

图 3-5　中国与发达国家保险密度情况对比（2015 年）

数据来源：Sigma（2016）

倍以上，这表明中国保险业发展水平较低，同时国民保险意识薄弱①。

另外，保险业目前在服务社会经济发展方面，存在愿望与现实的冲突。以农业保险为例：首先，我国农业保险覆盖面十分狭窄，农民投保率较低，主要受益者为农业龙头企业；其次，供给主体单一，由于农业保险存在高风险、高费用、高赔付等特点，因此我国农业保险基本由专业政策性保险公司承保；再次，农业保险相关法规建设落后，在美国和日本等国家，均有关于农业保险的法律法规，普遍具有强制性，而在我国这方面内容基本处于空白；最后，地方政府寻租现象严重而且监管缺位。

另一个例子是出口信用保险。我国出口信用保险存在保险覆盖面窄和保险业务发展结构不均衡等问题。首先，我国出口信用保险覆盖率为 10%，而发达国家这一数据往往在 20%—30% 之间，差距明显。一方面，由于我国部分企业风险意识不强，导致投保率较低；另一方面，由于我国从事国际贸易的企业主要集中在劳动密集型的制造业，这些企业为提高在国际市场的竞争力，降低产品价格，压缩成本，不得不减少对于保险的投入；再有就是我国中小企业对信息资源重视不足，忽略了保险带来的增值服务。其次，从业务发

---

① 本节基础数据来源：Sigma（2016）。

展来看,我国出口信用保险业务主要集中在短期,中长期业务增长相对滞后,而发达国家市场的情况正与此相反。究其原因是由于国家对中国出口信用保险公司的管理体制和定位造成的。一般来说,短期的出口信用保险业务可以视为商业保险,而利润低、风险高的中长期出口保险,则作为国家政策性保险。但我国目前把出口信用保险机构划为普通商业保险机构,未将短期业务和长期业务进行独立核算、考评,这一公司治理模式有待改进。

对于家庭和企业财产保险,则出现了供给与需求的双向不足。首先,企业和家庭缺乏风险意识,认为风险发生的可能性不大,并且对国家存在较强的依赖性,加之保险公司营销宣传力度较小,造成需求不足;另一方面,财产保险不能与市场需求配套,从而造成了有效供给不足,在设计保险产品时,没有对实际风险和需求进行充分考虑,忽略了其中的差异性,定价没有针对性,同时地震、盗窃等除外责任共同造就了财产保险的供给不足。我国是自然灾害频发国家之一,但巨灾保险在灾害补偿中所占的比例严重不足。巨灾保险目前面临着如下几大问题:首先,是财政补贴压力巨大,巨灾保险制度的建设需要财政资金的支持,但目前各级政府尤其是地方政府不具备相应的财政补贴能力。其次,巨灾保险风险管理技术基础薄弱,存在精算问题,主要由于目前国内数据基础较为薄弱,给产品开发带来巨大的困难。最后是投保人风险意识不足,购买意愿和能力较弱,由于灾害频发地区经济发展水平较低,投保人缺乏资金,加之长期以来的救灾方式,投保人希望由国家买单,没有参保意愿。

3.4.3 综合金融发展与银保混业经营不匹配

金融领域主要包括银行、证券和保险三大行业,但其中银行业总资产比重占到了中国金融业总资产的九成左右。据证监会统计,截至2016年10月,我国基金公司及其子公司资金管理规模达到26.24万亿元,证券公司及其子公司资金管理规模达到16万亿元,私募证券投资基金和私募股权投资基金的资金管理规模达到

7.3万亿元。我国保险业的总资产规模同期约13.8万亿元,少于基金证券业。另外,正如前文述及的,我国保险业总资产占银行业总资产的比重至2015年尚不足7%,在"银行+证券基金公司+保险"为主构成的金融业中,整体占比不足5%。保险业在过去的发展中,在大金融领域相较于银行业、证券业而言其重要性远远不足。究其原因,一方面是因为我国保险业发展落后,民众的保险意识淡薄;另一方面也由于保险公司过多强调经营,忽略了服务国家经济社会、服务国计民生,增强其在大金融行业中的重要作用。

在现代社会中,保险的经济补偿、资金融通和社会管理三大功能是其他金融、证券无法替代的作用。经济补偿是保险最基本的功能,是保险区别于其他行业的最根本的特征。资金融通功能是在经济补偿功能基础上发展起来的,是保险金融属性的具体体现,也是实现社会管理功能的重要手段。正是由于具有资金融通功能,保险业才成为国际资本市场的重要资产管理者,特别是通过管理养老基金,使保险成为社会保障体系的重要力量。现代保险的社会管理功能是保险业发展到一定程度并深入到社会生活的诸多层面之后产生的一项重要功能。社会管理功能的发挥,在许多方面都离不开经济补偿和资金融通功能的实现。同时,保险社会管理功能逐步得到发挥,将为经济补偿和资金融通功能的发挥提供更加广阔的空间。不过,目前保险业在整体金融服务业中所能发挥的积极作用还十分有限,有待进一步发展。

保险投资对宏观经济的促进作用表现在两个方面:一是提高储蓄向投资转化的规模,二是提高储蓄向投资转化的效率,从而促进金融深化,最终对经济增长做出贡献(谭朵朵,2011)。孙祁祥和朱俊生(2008)认为,保险业发展对国民经济的发展起到的积极作用主要表现在:促进资源得到最优配置,提高经济效率;为其他部门经济的发展提供大量资本;增加厂商的竞争力,扩大产品市场;促使科技转化为现实的生产力;促进国际贸易的发展;为经济发展创造稳定的社会环境;提供大量的就业机会等。在中国,保险资金发挥以上作用,同样有待进一步提高。

银行保险当前在中国的发展也遭遇尴尬境况。一方面,我国过去保险业的飞速发展离不开银行保险渠道的贡献。目前银保业务已经成为我国寿险业举足轻重的营销渠道之一,仅2015年便有超过20家保险公司银保收入占总保费的80%以上。然而,银行保险在拉动我国保险业保费收入的同时,近年来也因为销售误导、违规经营等问题使保险行业声誉受损。

我国当前银行保险的发展出现了分化,类似中国平安、中国人寿等"第一军团"保险公司纷纷减少银行代理网点,增加其他营销渠道的投入;同时,中小保险公司对银行保险趋之若鹜。在《关于规范中短存续期人身保险产品有关事项的通知》出台以前,许多寿险保险公司甚至出现了银保销售的怪圈,通过"借新债还旧债"的模式销售高收益银保产品。这种模式的隐患就是:如果保险公司的保费收入无法填补现金流缺口,保险公司就会出现财务困境。这一表象实际上已经说明了银行保险在资金运用上的低效率。

随着保险业与金融行业的进一步融合,银保渠道将在未来一段时间里仍然成为寿险公司保费收入的主要来源之一。保险公司应该更加重视这一来源,除了注重该渠道所能带来的保费收入增长以外,还必须重视对获取保费的价值再创造,提高公司的经营效率。此外,财产险保险公司也应该重视银保销售渠道,获取优质客户,实现银行与保险业的优势互补。

3.4.4 保险产品创新与传统保险监管新挑战

长期以来,我国保险业发展重规模轻效益、重销售轻产品,使得保险创新虽然在过去有所发展,但是仍然无法达到相应的水平,互联网保险还有待发展。

传统的保险运营有五大环节:保险的设计开发、产品的销售、核保和承保、出险理赔、保险给付。传统保险的销售主要通过保险公司直销、保险经纪人、保险代理人等渠道,进入20世纪90年代,电话销售模式兴起,而如今互联网的浪潮又给保险销售提供了新的渠道。以互联网保险销售的主体划分,主要有以下五类:第一种是保险公司自建的官网平台,客户可以通过保险公的官网平台了解保险产品,根据自身需求自主选择相应的保险产品;第二种是保险公司与电子商务企业平台合作,把产品放到这些平台上,通过细分市场,精准营销布局销售网络,比如投放在淘宝等平台的运费险;第三种是通过网络兼业代理,比如通过银行或其他理财平台等,售卖以投资性质为主的互联网保险产品;第四种是通过专业中介代理,比如中民保险网等,这种销售形式类似于保险超市,提供多家保险公司多样化的产品和服务,方便进行产品咨询、对比和筛选,专业化较高;第五种是通过第三方互联网公众平台,对接场景销售,贴合客户需求,实现精准营销,这种形式可能会在未来互联网销售中占据主导地位。但目前国内通过互联网销售的保险品种较为单一,保险产品也比较简单,比如:航意险、车险等相对标准化的保险产品,以及保障性不强、核保要求较低的分红险或投连险等。

总体而言,目前互联网保险发展迅猛,机遇与挑战共存。一方面,互联网保险的发展不能偏离保险本质,应以保险保障功能为基础,实现风险分摊、风险转嫁等风险管理功能,体现保险的核心价值。另一方面,互联网作为创新发展的主体力量,正成为引领时代发展的重要引擎,"互联网+保险"模式需要发挥其自身优势,更好地推动保险业发展和革新,推动供给侧改革,服务于国家经济发展。

金融行业产品创新和金融衍生品不断更新使分业经营的金融边界被打乱,并由此造成对传统保险监管的挑战。我国近期"余额宝"的案例可用来说明分业监管下金融创新对金融监管范围的挑战。余额宝的诞生是借助于中国人民银行监管的第三方支付平台,并且通过证监会监管的公募基金通道,主要投资于银监会监管的银行协议存款等领域。余额宝的发行涉及了中国人民银行、证监会、银监会,但由于是创新产品,在成立之初并没有受到上述监管部门太多的关注,客观上形成了监管真空地带。随着余额宝迅速发展成为国内规模最大的货币基金,不同的金融监管机构意识到一旦余额宝出现兑付风险,不仅会对金融市场造成冲击,同时会侵蚀金融消费者的个人利益,因此支付宝又从无人监管变成多头监管,这在一定程度上降低了金融监管的效率。余额宝实际上也涉及保险经营,比如其2014年推出的"用户专享权益2期"实际上是一款由余额宝和珠江人寿共同销售的万能险产品,按照功能监管的理念,保监会应当参与到对余额宝的金融监管中。

我国近年来保险产品创新取得了重大的突破。一方面,众多银行、邮政、基金组织以及其他金融机构与保险公司合作,通过共同的销售渠道向客户提供保险产品和服务;另一方面,保险公司也向客户销售除了传统寿险以外的包括投资连接保险、分红保险等创新型产品,进一步增加了机构监管的难度。除此以外,保险业与互联网的结合也对现有保险监管提出挑战,许多不具备保险产品经营资质的互联网平台销售保险产品,"抗癌公社""壁虎互助"等多个并未获得保监会审批的平台致力于成立相互保险公司并开始进行类保险产品推广等等,形成了我国当前保险机构监管的盲区。

3.5 深化保险业改革的思考与建议

3.5.1 "新常态"推动保险业改革

随着我国进入改革深水区,"三期叠加"的风险将会显现特殊性和复杂性,保险业所独有的风险识别、防范和控制将会在改革中发挥优势,保险业应当主动适应经济新常态的形势和要求,以供给侧结构性改革为主线,顺应改革趋势获得更大的发展空间。为适应经济新常态,保险业工作重点应围绕以下几个方面:一是提高保险供给的质量和效率;二是有效配置保险资金,服务国家发展;三是推进服务民生;四是做好风险防控。

第一,保险业要优化自身结构,提升服务质量。保险供给应以需求为导向,提高产品创新能力,在产品研发上加大投入,创新产品驱动保险业发展,做到产品多元化、个性化,以改变目前保险产品同质化、单一化严重的问题。做好"以产品为中心"向"以客户为中心"转变,满足人民群众日益扩大的多元化消费需求。同时,应对实际风险和需求进行考量,凸显保险需求的差异性,优化保险要素配置,做到与市场配套,对产品进行更为合理的定价,从而提高保障范围和保障程度。

第二,新常态下保险资金运用需要配合国家投资导向,适应"偿二代"监管体系,做好经济发展的"助推器"。目前,国内外经济形势复杂多变,存在诸多不确定因素和潜在风险,"负利率"降低金融市场的投资回报,同时伴随着资产荒,对保险资金久期结构和收益保证都提出了严峻的考验。因此,保险资金在信贷和债券投资之外,应在风险可控的前提下,提高入市比例,加大保险资金海外投资,鼓励保险资金投入科技型企业、小微企业、战略性新兴产业,支持保险金投资国家重大项目和民生项目,从而实现保险金在全球范围内的有效配置、风险分摊和保险资金获取稳定回报的能力。

第三,保险业还要发挥社会管理功能,把保险资源配置到服务广大人民生活的地方去。保险业应主动担当,关注和抓住社会的痛点和盲区,在服务开发与资源投入上兼顾社会贫困现象和底层人群,提高农业保险、大病保险等政策性保险的供给和质量,保障人民生活,逐步实现全面小康社会。

第四,保险行业必须坚守"保险姓保",做好风险防控工作,发挥经济发展"稳定器"作用。保险的风险识别、风险保障和风险管理,是保险业存在的核心价值,在国民经济中发挥着不可替代的作用。保险公司应以"偿二代"为契机,提高自身监管水平,优化自身资产与负债关系,实现保险机构转型,进一步保证资产充足率,保证保险市场安全稳健运行。

尽管保险新常态为我国保险业发展带来了新的发展机会,但是也要求保险行业谨慎对待和分析新常态给保险带来的机会和挑战(周华林,2015),认真管理风险,积极运用新常态,从而推动行业的发展。

3.5.2 参与国家层面建设,助力行业发展

保险业的转型与深化改革,必须在推进国家层面建设的背景下才能够取

得巨大的发展。中国企业"走出去"战略、"一带一路"倡议、自贸区建设等等，都为保险行业发展提供了巨大的机会。以"一带一路"倡议为例，尽管"一带一路"所经国家的保险业发展地区差异大、发展水平低，而且"一带一路"沿线地区存在许多挑战保险原理的不可保风险，但"一带一路"建设仍然为我国保险业提供了巨大的发展机遇。由于"一路一带"途经的地区保险的发展水平普遍较低，需求空间很大，"中国制造"将在"一带一路"的推进下走出国门，我国保险行业同样迎来了难得的"走出去"的发展机会。

中国目前海外承包工程额 1 400 多亿元，在外员工 30 多万，随着基础设施建设和劳务的不断输出，其附属的工程险和人身险等险种也迎来了走出国门的良机。前文已经提到，"一带一路"沿线国家的保险发展水平普遍较低，空间很大，我国保险业应当抓住当前绝佳的历史机遇，积极布局海外保险市场，在承揽境外工程较为集中的地区设立营业性机构，从而伴随"一带一路"的春风扎根在沿线国家之中，建立起全球化的服务网络。这是我国保险业"走出去"的关键一步。

在"一带一路"所经国家存在潜在的不可保风险，险资在利用保险资金参与"一带一路"基础设施建设中需要认真对待。比如就哈萨克斯坦、吉尔吉斯斯坦、塔吉克斯坦、巴基斯坦等周边国家相关的基础设施项目而言，这些国家一方面发展水平相对较低，预计未来发展仍有上升空间，另一方面所在地区和经济环境也存在着诸多不确定因素。因此，保险机构一方面可以利用自己的风险管理优势为相关机构或项目提供风险管理服务，另一方面也可独立设立基础设施债权投资计划进行投资，充分发挥保险业的风险管理专长。总之，保险业在参与国家层面建设的过程中，必须正视挑战，迎接发展机遇。

3.5.3 金融改革优化产业升级

保险业作为金融行业的"三驾马车"之一，在整个经济运行中扮演着越来越重要的角色，保险资金已经成为资本市场三大投资者之一。与其他金融行业相比,保险业除了具有资金融通作用之外,还具有风险分摊和经济补偿等特点,这也是保险业的核心价值。随着我国金融行业改革和发展程度不断提高,金融一体化程度逐步加深,表现出明显的综合运营趋势。一方面,随着"新国十条""偿二代"等政策的发布,保险资金的运用逐步放开,使得保险资金向其他金融业务延伸;另一方面,其他非保险金融机构也不同程度渗透到保险市场当中。

未来,保险行业应该进一步依托保险资金规模大、期限长、成本低等优势,为"一带一路"建设等提供资金支持。通过信用保证保险,化解科技创新、产业升级、出口贸易等风险,推进融资模式和征信机制创新,助力小微企业、科技企业,解决融资难、融资贵等突出问题。

保险行业还可以补齐社会保障和政策性保险的短板,发挥社会"稳定器"的作用,避免"因病致贫""因灾返贫"等问题的发生,利用自身风险识别、转移和管理的能力,参与到社会治理当中,帮助政府化解宏观经济运行中的潜在风险,使得国家安全稳健度过改革阵痛期。

当前,国内外经济形势存在着诸多不稳定因素和潜在风险,中国经济下行压力巨大,金融机构风险增大。保险业应利用自身优势,防范区域性系统风险的发生,维护金融秩序,保障金融市场稳健运行。

3.5.4 "十三五"保险业转型发展

保监会于 2016 年 8 月 23 日印发《中国保险业发展"十三五"规划纲要》(以下简称《纲要》),主要明确了"十三五"时期(2016—2020 年)我国保险业的指导思想、发展目标、重点任务和政策措施,是"十三五"时期保险业科学发展的宏伟蓝图,是全行业改革创新的行动纲领。"十三五"时期我国保险业的发展目标是建成现代保险服务业,由保险大国向保险强国转变。为达成《纲要》制定的目标,应从以下五方面入手:

(1)加快建立和完善各项保险制度,推动保险业创新,提高保险服务国家社会经济发展的能力。制定相关的基础制度和法律法规,加快形成配套的政府和财政支持体系,完善保险市场的准入和退出机制、监管制度等,并促进巨灾保险、农业保险等的建设。

(2)鼓励商业保险参与社会保障体系,提高人民生活保障水平。在"十三五"期间,应加大商业保险参与社会保障体系的力度,利用商业保险差异化、多元化的特点来丰富社会保障体系的层次,弥补社会保险的保障力度不足。

(3)鼓励保险资金服务实体经济发展,起到社会增长的"助推器"作用。"十三五"期间,应发挥保险资金规模大、成本低、期限长、来源稳定等优势,创新保险资金运用方式,契合国家需求,服务国家发展。具体包括:鼓励保险公司通过债券投资方式参与国家重大项目和民生项目;鼓励保险公司通过为科技型企业、中小企业和战略性新兴产业提供发展资金,服务国家产业布局和结构转型;鼓励保险公司在全球市场进行多元化配置,从而实现分散风险、获取稳定收益等。

(4)进一步鼓励保险企业"走出去",扩大在全球市场上的布局,提高我国在世界经济中的影响力。一方面,发挥保险资金的特点参与到"一带一路"建设中去,服务地缘发展。另一方面,在风险可控的前提下,加大保险业对外投资,开拓全球保险市场。同时,还应该为我国从事国际贸易和投资的企业提供风险保障,减少企业在国际市场竞争中的后顾之忧。

(5)在"十三五"期间,更需坚持"保险姓保",确保"险企不险",完善保险市场体系,加强保险业三支柱监管体系,保障市场安全稳健发展,守住风险底线。

第4章

经济增长：保险行业发展与贡献

改革开放40年来,关于金融发展与经济增长间关系的研究引起了较多的关注。越来越多的经济学家利用各种方法对多个国家和地区进行研究,结论显示金融发展与经济增长存在显著的正相关关系,即一国经济发展程度越高,其金融发展水平也就越高。但已有的研究大都侧重于银行、债券和股票市场与经济增长之间的内在联系,而关于保险市场发展与经济增长内在联系的研究较少。

保险业作为金融机构总体的一部分,其在整个经济中起到的作用与其他金融服务业同样重要。尤其是近几年来,保险业作为储蓄转换为投资的渠道,所起的作用越来越重要,保险公司已成为资本市场的三大机构投资者之一。而且保险业除了具备金融中介的功能以外,还有特殊的保障功能:风险转移和经济补偿。

保险业对经济发展所起的风险转移和补偿作用主要体现在以下三点:首先,保险业利用大数法则可以达到转移风险的目的,提高个人与企业的债务稳定性,同时减少不确定的风险带来的经济损失,达到促进消费、提高生产效率的目的。同时,保险业还起着资源分配和积累生产资本的作用。保险公司将投保人预先缴纳的保费投入到资本市场,在与其他金融中介机构(银行、券商等)资本竞争的过程中赚取较为稳定的资本利得。这种资本间的竞争提高了资源分配的效率和资本积累的效率。另外,保险的存在还可以减少交易费用、提高流动性、促进规模经济的形成,从而提高金融系统运行效率。比如有些保费收入可用于信用贷款,这既可以创造流动性,又可以把大规模资金投入到新的行业。

从相对的角度,经济的发展又会进一步促进保险行业的发展。首先随着经济的增长,风险因素逐渐增多,各种风险之间的关系会变得复杂,如果不注重防范和控制风险,将对经济体造成一定的冲击,阻碍经济持续增长。其次,人均收入的增减变化会直接影响保险业的发展,这对确定保险业务发展规模、险种结构都起着十分重要的作用。最后,从保险的需求方面看,经济越发展,社会生产规模越大,创造的价值越多,所需要保障的社会财富越多,社会各方面对保险的需求也就越大,这种需求必将刺激保险业的发展。

4.1 金融发展与宏观经济增长

对金融发展与宏观经济增长的关注是保险业与宏观经济增长相关研究的前期研究。正是因为金融发展与经济增长的关系备受学术界的关注,后期才有学者逐渐关注金融业发展"三驾马车"之一的保险业对宏观经济增长的影响。

包括 Walter Bashot(1873)、Hicks(1969)、Goldsmith(1969)、Greenwood and Jovanovic(1990)、Schumpeter(1991)等学者认为金融发展推动了经济的增长,不过也有 Van Winbergen(1983)、Buffie(1984)等学者认为金融发展会抑制经济增长①。Gurley 和 Show(1995)认为金融市场是经济活动的中心,金融服务的数量和质量可以为经济增长率提供解释。

早期关于金融与经济关系的研究基本停留在宏观分析上,注重定性分析。20世纪90年代以后随着计量经济学科的发展,这一领域的研究逐渐以定量分析为主流。Ross Levine(1993)系统性地构建了影响经济增长的相关因素,建立了新的度量金融发展水平的指标,指出金融发展和经济增长存在统计意义上的相关性。另外还有 Levine 和 Zervos(1998)、Rajan 和 Zingales

---

① 持这种观点的学者的主要依据是金融体系的发展减少了国内实体经济可能得到的信贷额度,即金融中介存在与国内实体经济竞争的局面,导致了社会出现信用萎缩,降低社会投资和生产率。

(1998)、Arestis 等(2001)分析了股票市场与经济增长的关联关系。

由于金融业"三驾马车"的特征和属性存在重大差别,后期的研究更多集中在比较研究金融行业中保险、银行业和证券业对经济的不同影响。Boon(2005)考察了商业银行、证券市场和保险市场这三大因素对新加坡经济增长的促进作用。作者发现,对商业银行来说,长期和短期范围内,银行贷款都对经济增长有所贡献。对证券市场来说,GDP 的增长短期内促进了证券业的发展,而证券市场资本对国家的长期资本结构有一定影响。对保险业来说,长期来看保险业的资金总额增加能促进经济增长;并且无论从短期还是长期看,保险业的资金都会影响资本结构。Adams 等(2005)的分析方法与 Kugler 和 Ofoghi(2005)相似,他们以 1830—1998 年瑞典的数据为样本,在分析中加入了银行借款的因素,发现在 19 世纪,银行借款的作用强于保险业,并且是促进经济增长重要的因素;而在 20 世纪,保险业才是促进经济增长更强有力的因素。

国内也有大量的学者研究金融与经济发展之间的联系。谈儒勇(1999)实证检验了中国金融业发展与经济增长的关系,认为国内银行业对经济增长起拉动作用,而股市对经济增长影响有限。李广众(2002)通过采用不同的均衡金融发展水平和经济增长的指标与谈儒勇(1999)的研究作比较,认为银行业对经济增长的影响不明显,而股票市场的发展则不利于经济增长。近年来这一命题的研究更加集中,林毅夫(2003)、卢峰和姚洋(2004)、王景武(2005)、方先明等(2010)、贾清显和王岳龙(2010)、林珏和杨荣海(2011)、刘纯彬和桑铁柱(2011)、王勋等(2011)都通过时间序列和面板数据分析了金融业发展对经济的影响。由于本部分文献梳理只是对保险业与宏观经济增长这一命题研究背景的交代,所以还有大量的相关文献在此不作详细分析。

4.2 经济增长对保险业的影响

经济增长与保险业之间的关系涉及一个问题的两个视角。从下文的分析可以看到许多学者既研究保险业对经济增长的影响，也同时研究经济增长对保险业的影响。不过，两者的内在机理完全不同：经济增长对保险业的影响更多体现为由上而下的影响，即从宏观经济整体对内部产业之间的关联影响；而保险业对经济增长的影响是由下而上的，即通过一个行业的发展影响整个宏观经济。正是基于这样的区别，有必要将这两类文献进行分别分析，从而梳理出其内在的逻辑。

学术界在讨论经济增长对保险业的影响时往往考虑了寿险和非寿险的不同性质和作用。自20世纪末开始，伴随着生产力的进步，非寿险业作为转移风险、保障生产的重要金融工具，其影响力得到了越来越多的关注。Beenstock等(1988)利用12个国家和地区1970—1981年的横截面数据分析，研究了非寿险与GNP、收入水平和利率的关系。结果表明，保费与利率和GNP存在相关性。尽管保险的边际消费倾向随着人均收入的提高而上升，在长期呈现增长的趋势，但研究发现，保险消费并不受经济周期和收入变动的影响。Outreville(1990)同样分析了非寿险保费与宏观经济的关系，并且得出了相似的结论。他利用1983年和1984年55个发展中国家的横截面数据进行回归，考察了GDP、保险的费率与其他宏观经济指标对非寿险保费的影响①。研究发现M2以及GDP这两个变量对非寿险保费的影响显著，但是其他的解释变量并没有显示出同样显著的作用。而作为样本的55个发展中国家存在保险需求不足的问题，因而影响了保险业的发展。Browne等(2000)建立了宏观经济因素、机动车辆与责任保险保费的面板数据样本，分析了1986—1993年影响OECD国家保费的因素。研究发现，收入因素和法律制度因素与保险消费有正相关关系，而损失率和个人财富与保费负相关。他指出，收入影响保险消费，而风险厌恶程度与保险消费具有负相关关系。Zou和Adams(2004)研究1997—1999年中国的非寿险市场，研究结果表明，财务杠杆较高的企业和资本密集型企业的非寿险保险消费

---

① Outreville的研究发现，GDP每增长1%，会带来超过1%的非寿险需求增加。

第4章 经济增长：保险行业发展与贡献

倾向更大，而带有国有化背景的企业非寿险保险消费倾向相对较小。加强管理或增加外资的所有权都是促进非寿险业增长的因素，而企业的规模对非寿险保险消费具有反向作用。

相比非寿险，寿险除了风险转移的功能，同时兼具一定的储蓄功能，与经济增长的关系相当密切。Hakansoon(1969)、Campbell(1980)、Truett Dale 和 Truett Lila(1990)、Browne 和 Kim(2004)等人的研究证明了一国的收入水平是影响寿险投保水平最重要的因素。Outreville(1996)研究了寿险保费与 GDP 及其他经济因素的关系。他以 1986 年 48 个发展中国家的数据为样本进行分析，得出的结论与他 1990 年所做的非寿险与宏观经济的研究结论有所不同：他发现无论是实际利率还是 M2/GDP 都与寿险保费收入没有显著的相关关系，只有收入弹性与寿险保费收入的关系同先前在非寿险研究中得出的结论比较一致。Beck 和 Webb(2002)利用横截面和时间序列分析保险业与宏观经济的关系，以寿险的保险深度、保险密度、储蓄比例和 GDP 作为因变量，实际利率、通胀率等作为解释变量进行回归分析。通货膨胀、银行业的发展和老人的独立生活率等因素都对 GDP 有很大影响。他们发现，寿险占私人储蓄的比率随着储蓄率的升高而下降，其中可能的原因是：相对于寿险方面的投入，人们更偏好将额外的收入投入到其他储蓄部门。

国内学者对保险业与经济增长的研究主要集中在分析经济增长如何影响保险业，并且基本上认同经济增长促进保险发展这一结论。林宝清(1996)、孙祁祥和贲奔(1997)、肖文和谢文武(2005)、梁来存和胡扬赞(2005)等人认为，在外部条件不存在重大差异的情况下，保费收入与国民生产总值、保险密度与人均国民生产总值具有正向相关的关系，并且保险业的迅速发展完全取决于经济的快速增长。卓志(2001)、吴江鸣和林宝清(2003)认为，国内生产总值的快速增长是影响寿险消费的主要因素。徐为山和吴坚隽(2006)认为，经济增长对寿险业的引致作用要明显高于对非寿险业的引致作用。

4.3 保险业对经济增长的影响

4.3.1 理论研究

Taub(1989)在保险与经济增长的研究中认为,当处于经济增长阶段的行为人面临异质性随机生产率冲击时,类似于保险赔款的收入补贴将促进投资,加速经济增长。Skipper(1997)认为保险行业对经济增长的影响是多方面的,具体包括保险推动了商业贸易的发展、有效转移风险、提高了财务的稳健性、促进储蓄转化为投资、减少社会成本并提高了社会资本的配置效率。Harold(1998)分析了保险业提高金融体系的稳健性、减轻政府社会保障负担、推动贸易与商业的发展、提高储蓄的流动性、有效转移风险和提高风险管理效率、提高资本的配置效率等积极作用。

栾存存(2004)从保险业增长角度、肖志光(2007)运用保险需求理论、郑伟等(2007)从中国保险业长期增长潜力的角度,分别论证了保险业作为国民经济发展的"助推器"和"稳定剂"的功能。史丽媛(2011)通过储蓄率、投资转化率和资本边际生产率3大要素分析了保险业对经济的推动作用。

许多宏观经济学的理论模型为解释保险业对宏观经济增长的影响提供了理论支持。因此,国内外许多学者借助宏观经济学的理论模型,辅以实证检验的方法探讨了保险业对宏观经济增长的影响。Webb 等(2002)利用索洛-斯旺模型,研究金融行业对经济增长的影响。他引入了保险业和银行业因素,并将保险业细分为寿险和非寿险两块。研究结果表明,金融中介在经济增长中的作用是显著的。深入考察金融业的各部分,发现银行和寿险两部门对 GDP 的影响显著,而非寿险的影响较弱。他发现,若将寿险或非寿险与银行结合起来作为整体,其对 GDP 的影响最显著。

随着研究的深入,学者们对保险的作用认识更加全面,研究发现保险的风险转移作用和保险资金的投资都对经济增长有推动作用。Haiss 和 Sümegi(2008)以内生增长模型为理论依据,利用 1992—2005 年 29 个欧洲国家的面板数据分析保险业对经济增长的影响。他们将保费收入的影响分解为寿险和非寿险两个部分,分别考察其对经济增长的作用,并且在分析保费的基础上,考察保险公司作为机构投资者,其投资资产对经济增长所产生的作用。研究发现,保险业风险转移和投资资产都对经济增长具有促进作用,从而呼吁保险业应当得到更多的关注。

国内学者庞楷(2009)运用与 Webb 等(2002)相同的方法,通过 1994—2007 年的数据建立中国的经济增长模型,发现通过控制投资增长、财政支出、贸易出口和教育等变量,财产保险深度对经济增长具有显著的正向影响,但是人身保险深度对经济增长的影响却不显著。吴洪和赵桂芹(2010)修改了 Webb 等(2002)只考虑保险业与银行业的局限性,综合考虑了银行、证券和保险三大金融部门,利用动态面板广义矩估计方法,实证考察了我国省级面板数据所揭示的保险发展与经济增长的非线性关系。研究显示:我国目前的保险业在经济中等和较差的地区对经济的促进作用较为显著;非寿险业则在经济水平较高地区具有显著的经济促进作用。此外,保险业与银行业之间存在显著的替代关系,保险和证券业间交互关系不显著,金融产业关联有待改善。蔡华(2011)以 Solow(1956)增长模型为基础进行改进,假设技术进步与经济体制、经济开放度、信息和知识等因素相关,实证结果显示,在中国人寿保险和财产保险对 GDP 的增长有贡献作用。

除了运用索洛-斯旺模型以外,谢利人(2007)[①]从柯布-道格拉斯函数出发,建立经济增长的模型,对保险发展与经济增长的关系进行实证分析,得出财产保险市场的发展对经济增长具有负面的作用,而人身险保险市场的发展对经济增长具有正向的推动作用。周海珍(2008)以 Lucas 内生增长模型为理

---

① 该文与相同作者于 2006 年在《求索》上发表的文章《保险发展与经济增长关系的实证分析》在研究方法、研究数据和研究结论方面均为一致。

论基础,从分析保险业提高储蓄投资转化率的角度出发进行实证检验,发现保险业的发展对我国经济增长发挥了积极的推动作用,但是在当前情况下作用较弱。刘晴辉(2008)在内生经济增长框架内分析了财产险和人身险促进经济增长的机制,研究发现我国的实证数据支持保险业发展形成储蓄结构效应这一结论,即流动性资产的持有减少而非流动性资产投资增加,从而促进经济增长。赵善梅、李勇和庞玉峰(2009)运用两部门模型分析了保险业发展对经济增长贡献的传导机制,证明保险业发展不仅直接促进了经济的增长,而且对于非保险部门还存在间接的溢出效应。

4.3.2 实证研究

上一部分对理论研究的分析中实际上包含了那些在宏观经济理论框架下的实证文献。还有许多关于保险业与宏观经济增长的研究直接从实证方法入手来研究问题,这些方法包括两个学科的方法,即计量经济学和统计学。

许多学者通过协整理论建立向量自回归模型(VAR)、误差修正模型(ECM)和Granger因果关系检验等方法研究保险业发展对经济增长的影响。Ward和Zurbruegg(2000)运用误差修正模型(ECM)对9个OECD国家1961—1996年的保费和GDP进行分析,利用Granger因果关系检验考察两者间的关系。他发现,日本和加拿大的保险市场对GDP有单向作用,意大利的保险市场与GDP存在双向互动关系,而其他国家的样本回归结果并没有显示出两者间的单向或者互动关系。Park等(2002)主要关注保险深度、GNP和其他社会因素的关系。他们对39个国家1997年的横截面样本进行回归,发现GNP、社会稳定程度和经济的自由化程度之间有显著联系。对于保险业来说,宽松的监管环境更有利于发展,这与Kong和Singh(2005)的结论一致。Kugler和Ofoghi(2005)关注1996—2003年英国的保险市场,研究保费和经济增长间的长期关系和Granger因果关系。Johansen协整检验结果表明,保险业和经济增长间存在长期一致性关系;Granger因果关系检验的结果表明,

第4章 经济增长：保险行业发展与贡献

长期来看保险业是经济增长的 Granger 原因，而寿险、责任保险在短期内并不能促进经济增长。

Davis 和 Hu(2004)采用了不同的变量设置方法进行分析。他们的回归中，将人均产出设为因变量，年金资产和人均资本存量设为解释变量。他们选择 1960—2003 年 18 个 OECD 国家和 20 个东方国家和中东国家。结果表明，年金资产和人均资本存量都对人均产出具有正向作用。协整检验表明，年金资产和人均资本存量与人均产出存在长期单调一致的关系。另外，他们的研究发现，相比 OECD 国家，在东方国家和中东国家中，上述关系更为显著。Maurice 等人在 Ward 和 Zurbruegg(2000)研究的基础上分别研究了不同国家保险对经济增长的影响，其研究结论表明英国保险业发展是经济增长的 Granger 原因。Arena (2006)建立了 GMM 模型，分析了 1976—2004 年 56 个国家的面板数据。他分别将总保费、寿险和非寿险保费作为因变量，单独进行回归，并且包括了证券市场和银行信贷的因素。研究发现：总保费、寿险保费和非寿险保费都能促进经济增长；寿险的作用在高收入国家更显著，而非寿险的作用在所有国家中都是重要的促进经济增长的因素。Krishna(2008)研究了印度的保险业发展与保险业改革对经济增长的影响。研究显示保险业发展推动了经济的增长，并且两者之间存在长期均衡关系，虽然保险业改革对经济增长的影响有限，但改革频率的提高对经济增长有积极的促进作用。

国内学者也运用计量经济学的理论方法对保险业是否影响经济增长作了大量的实证研究，但是得出的结论却大相径庭。表 4-1 梳理了国内学者就这一命题所作的相关实证研究。

表 4-1　国内运用计量经济学理论研究保险发展对经济增长的影响的主要文献和结论

作　者	使用方法	研究对象与数据	主　要　结　论
饶晓辉和钟正生(2005)	受限制 VAR (VECM)	中国 1990—2005 年的实际 GDP 和总保费额	保险发展不是经济增长的原因，经济增长才是保险发展的原因

(续表)

作　者	使用方法	研究对象与数据	主　要　结　论
曹乾和何建敏(2006)	VAR与ECM	中国1980—2004年（名义值和实际值）GDP和保费收入	保险业发展不是经济增长的Granger原因
胡宏兵(2007)	均衡修正模型	中国1999—2007年的GDP和保费收入	保险发展长期上不是经济增长的Granger原因，但短期内对经济增长是比较弱的Granger原因
钱珍(2008)	VAR与脉冲响应函数	中国1980—2006年保费收入、存款储蓄余额、通货膨胀修正后的GDP	无论长期还是短期保险业发展对经济增长的影响都较弱，此外两者也不存在螺旋式上升
张连刚和李兴蓉(2008)	OLS	成都市1992—2006年的GDP和保费收入	成都市的经济增长没有促进保险业发展，但是保险业发展推动了经济的增长
巴圣哲(2008)	向量误差修正模型VEC	新疆维吾尔自治区1990—2006年的GDP和保费收入	经济增长是保险收入增加的原因，但是保费收入的增加并不是经济增长的原因
高树棠和周雪梅(2009)	OLS	甘肃省1991—2007年的GDP和保费收入	甘肃省的保险发展是经济增长的Granger原因
胡宏兵和郭金龙(2010)	Bootstrap仿真方法	中国1980—2008年（名义值和实际值）的国内生产总值和保费收入	保险发展与经济增长具有双向因果关系，即保险业发展能够促进经济增长
王海霞和范淑芳(2010)	OLS	内蒙古自治区2000—2007年12个盟市的GDP、保费收入、投资、人口、保险机构数和年度效应	内蒙古保险市场发展与经济增长是相互促进的，不过经济增长对保险市场发展的积极作用更加明显
葛美连(2010)	ADF单位根检验	山东省1991—2008年的GDP和保费收入	山东省保险业发展与经济增长互相促进

国内也有许多学者采用统计学理论方法来检验保险业发展对经济增长的影响。卓志(2001)利用服务经济统计法进行分析,统计得出人身保险对宏观经济增长具有显著贡献。不过他的研究没有说明保险业对经济增长的贡献度及其变化趋势。王锦良和温秀青(2008)也采用服务经济统计法检验了哈尔滨市金融保险发展对经济增长的贡献作用。其结论认为在直接贡献上金融保险的发展比较滞后,但是从长期贡献上看保险深度指标与经济增长呈正相关的作用。任善英(2011)借助于灰色关联分析法分析青海省保险业发展与青海相关领域的关联度,各项关联系数均表现为财产保险保费收入对经济的影响大大超过人寿保险保费对经济的影响,青海省财产保险对经济的保障作用与关联作用都很强。

此外,运用投入产出统计工具来研究保险业发展对经济增长的关联影响也被许多学者所采用。Thomann 等(2005)利用德国 1997 年投入产出表分析了保险业在总共 72 个行业中的关联影响,发现保险业是其他行业增长的重要因素。张道奎(1998)利用 1987 和 1992 年的价值型全国投入产出表,考察保险业在国民经济中的地位和作用,其主要结论是保险业对国民经济的影响越来越重要。王震颖(2004)以 1997 年和 2002 年上海市 42 个产品部门的投入产出表为主要工具,从投入使用结构和产业关联度角度对上海市金融保险业进行分析,认为金融保险业发展是上海不可或缺的基础性产业,而且金融保险业发展具有自我拉动的能力。满姝雯(2006)根据上海市 2004 年投入产出表分析了上海金融保险业的投入产出对上海市产业经济的影响,认为上海金融保险业发展拉动了出口产业的发展,行业内部协作程度较高。罗军(2008)运用 2002 年中国 42 个部门的投入产出表,从投入结构、使用结构、增加值和产业关联角度对我国金融保险业的状况进行分析,结果显示我国金融保险业对经济发展的拉动作用比较弱,属于强制约力、弱辐射力的产业[①]。刘洋和张

[①] 罗军的这一研究值得再次探讨,因为这个结论与运用相同方法进行研究得出的结论正好相反。

岩(2008)以浙江省2002年42个部门的投入产出表为分析对象探讨金融保险业发展对经济的影响,发现金融保险业的发展与其他行业息息相关,金融保险业发展能够带动高科技行业的进一步发展。田贯川(2011)运用1990年、1995年、2000年、2002年、2005年和2007年我国投入产出表的数据分析了金融保险业与其他行业的关联影响,其研究表明中国金融保险业对其他行业发展的需求拉动力较小,而供给推动力较大。

4.4 我国保险业与经济增长实证研究

4.4.1 变量的选择与模型的建立

为了弥补以往研究中的不足,我们首先将保险业分为寿险业和非寿险业分别进行考量。同时考虑到各地区发展水平不同,经济增长对保险业发展的影响程度也不同,因此,根据学术界对经济带的普遍划分标准,将我国31个省、自治区、直辖市(港澳台地区资料暂缺)分为东、中、西部进行研究,即:东部地区(北京、天津、河北、辽宁、上海、江苏、浙江、福建、山东、广东和海南);中部地区(山西、吉林、黑龙江、安徽、江西、河南、湖北、湖南);西部地区(四川、重庆、贵州、云南、西藏、陕西、甘肃、青海、宁夏、新疆、广西、内蒙古)。

对于保险行业的发展水平,我们选择保费收入来衡量。而人均GDP则用来作为衡量一省(区、市)经济发展水平的指标。同时,为了控制保险产品受物价水平的影响,我们还在解释变量中加入了各省区市消费者物价水平(以1997年为基年)这一变量。同时,各地的失业率作为衡量经济景气程度的指标之一也被放入了解释变量中。

估计模型如下:

$$\Delta Y_{i,t} = e + \beta_0 \Delta Y_{i,t-1} + \beta_1 \Delta GDP_{i,t}$$

$$+\beta_2 \Delta INF_{i,t} + \beta_4 \Delta UER_{i,t} + \varepsilon_{i,t}$$

其中，$Y_{i,t}$ 分别用 TP(total premium，总保费)、LP(life insurance premium，寿险保费)、NLP(nonlife insurance premium，非寿险保费)来衡量。$GDP_{i,t}$ 为人均 GDP，$INF_{i,t}$ 为通胀率，$UER_{i,t}$ 为失业率。所有数据均来自《中国统计年鉴》(1997—2011 年)。

4.4.2　研究方法

鉴于以往研究的不足，我们采用动态 GMM 的方法，这种方法的好处是通过差分或者使用工具变量能控制未观察到的时间和个体效应；同时还使用前期的解释变量和之后的被解释变量作为工具变量克服内生性问题，因此所得到的参数估计量比其他参数估计方法更合乎实际。考虑到计量方程的特征，我们选用系统 GMM 估计方法。关于滞后阶数的选择，我们采用 Hendy 等(2004)提出的从一般到特殊的动态建模方法，选取各变量的一个较大的滞后阶数进行回归，如果系数显著并且能通过各项整体有效性检验，则保留该滞后项，否则则剔除。我们检验的结果是滞后一期具有更好的稳健性，因此计量模型中被解释变量和解释变量的滞后期阶数选择为 1。

4.4.3　实证结果及分析

表 4-2 列出了对全国各省区市的面板数据 GMM 分析的结果。分析结果表明，人均 GDP 与保费收入呈正向关系，即人均收入越高，保费收入越高，保险发展越好。这一关系在以总保费和寿险保费为被解释变量时尤为显著。而滞后一期的人均 GDP 与保费收入呈负相关，产生这一结果的原因是保险产品作为一种特殊的金融产品，既有与其他商品一样的消费品属性，也有其特

有的避险功能。当本期经济形势较好(人均收入增加)时,对保险的需求也增加,这体现了保险产品作为一个正常商品的属性。当本期经济形势不好(比如由于一些意外事件如地震、火灾等使人均收入下降),消费者在下一期对保险产品的需求就会增加,以减少未来可能发生的风险给自己带来的损失,这体现了保险产品的避险属性。整体来看,这说明保险业在整个经济运行中既有助推作用又有稳定作用。

另外,比较人均 GDP 对寿险业保费和总保费的影响系数可以看到,寿险业的系数接近保险业整体系数的两倍。这说明相对而言寿险业的发展更易受到人均收入水平的影响。这与实际情况也是相符的。由于寿险险种具有一定的投资属性,当人均收入升高时,对寿险险种的需求也会增加。

表 4-2 全国各省区市实证分析结果

	TP	LP	NLP
L.TP	0.985*** [0.000]		
L.LP		0.963*** [0.000]	
L.NLP			0.904*** [0.000]
GDP	0.340*** [0.003]	0.660** [0.035]	0.044 [0.884]
L.GDP	−0.337*** [0.002]	−0.636** [0.030]	0.016 [0.962]
INF	0 [0.930]	−0.002 [0.680]	0.005 [0.239]
L.INF	0 [0.925]	0.001 [0.805]	−0.007 [0.227]
UER	0.001 [0.912]	−0.002 [0.799]	0.002 [0.832]

(续表)

	TP	LP	NLP
L.UER	−0.002	0.005	−0.009
	[0.811]	[0.700]	[0.584]
_cons	−0.025	0.039	0.209
	[0.766]	[0.799]	[0.569]
N	416	416	416
AR(1)-p 值	0.055	0.06	0.238
AR(2)-p 值	0.344	0.122	0.258
Sargan test-p 值	0.204	0	0.677
Hansen test-p 值	1	1	1

注：＊＊＊表示在1%水平上显著

表4-3、表4-4、表4-5分别列出了对我国东部、中部、西部子样本分析的结果。可以看出：就保险业总保费收入而言，人均GDP对保费收入的正影响程度为东部＞中部＞西部，这与我们的预期相符。在经济越发达的地区，风险因素越多，因而人们对于保险的需求也越大。对于东部地区，人均收入上升1单位，保费收入上升0.64个单位。而对于中部地区，人均收入上升1单位，保费收入上升0.481个单位；对于西部地区，人均收入上升1单位，保费收入上升0.363单位。这说明了我国保险行业在各地区发展的不均衡现象。在东部发达地区，保险行业起步早，发展完善，民众投保意识强烈，对保险产品需求高。而在中西部欠发达地权，保险行业起步相对较晚，发展不够完善，民众投保意识不足，对保险产品的需求不高。

分险种来看，东部地区人均GDP对寿险保费收入的影响与全国的数据结果相一致，即人均GDP的提高对寿险保费的影响大于对整个保险行业保费的影响，也就是说，当收入提高时，人们会显著增加对寿险险种的需求。而在中部地区和西部地区，人均收入的增长对寿险保费的这种正向影响并不显著，反而对于非寿险保费有较为显著的正影响。这表明，在中西部地区,对于非寿险险种的需求较易收到人均收入水平的影响。这是因为对于投保意识并不强烈的欠发达地区,短期的、保费较低的非寿险险种,或许是相对较好的避险选择。

表 4-3 东部地区实证分析结果

	TP	LP	NLP
L.TP	0.998***		
	[0.000]		
L.LP		1.001***	
		[0.000]	
L.NLP			0.986***
			[0.000]
GDP	0.640**	0.842***	0.321
	[0.027]	[0.000]	[0.687]
L.GDP	-0.219	-0.33	-0.386
	[0.742]	[0.666]	[0.271]
INF	0.003	0	0.004
	[0.579]	[0.975]	[0.146]
L.INF	-0.001	0.001	-0.002
	[0.858]	[0.890]	[0.434]
UER	0.014	0.022	-0.001
	[0.163]	[0.199]	[0.930]
L.UER	-0.016	-0.027	-0.001
	[0.129]	[0.149]	[0.853]
_cons	-0.048	0.134	-0.167
	[0.767]	[0.589]	[0.154]
N	150	150	150
AR(1)-p 值	0.021	0.029	0.004
AR(2)-p 值	0.43	0.344	0.038
Sargan test-p 值	0.111	0.142	0.573
Hansen test-p 值	1	1	1

注:***表示在1%水平上显著

表4-4 中部地区实证结果

	TP	LP	NLP
L.TP	0.998***		
	[0.000]		
L.LP		1.001***	
		[0.000]	
L.NLP			0.986***
			[0.000]
GDP	0.481**	0.009	0.611***
	[0.029]	[0.995]	[0.004]
L.GDP	-0.512*	-1.185**	-0.313
	[0.080]	[0.028]	[0.123]
INF	0.003	0	0.004
	[0.579]	[0.975]	[0.146]
L.INF	-0.001	0.001	-0.002
	[0.858]	[0.890]	[0.434]
UER	0.014	0.022	-0.001
	[0.163]	[0.199]	[0.930]
L.UER	-0.016	-0.027	-0.001
	[0.129]	[0.149]	[0.853]
_cons	-0.048	0.134	-0.167
	[0.767]	[0.589]	[0.154]
N	150	150	150
AR(1)-p值	0.021	0.029	0.004
AR(2)-p值	0.43	0.344	0.038
Sargan test-p值	0.111	0.142	0.573
Hansen test-p值	1	1	1

注：***表示在1%水平上显著

表 4-5 西部地区实证结果

	TP	LP	NLP
L.TP	0.989***		
	[0.000]		
L.LP		0.990***	
		[0.000]	
L.NLP			0.873***
			[0.000]
GDP	0.363*	0.336	1.854*
	[0.060]	[0.136]	[0.066]
L.GDP	0.066	0.596	−1.648
	[0.687]	[0.135]	[0.254]
INF	0	0.005	0.011
	[0.816]	[0.193]	[0.341]
L.INF	0	−0.007*	−0.016
	[0.736]	[0.053]	[0.258]
UER	−0.001	−0.002	0.019
	[0.925]	[0.832]	[0.615]
L.UER	0.014**	0.015*	0.007
	[0.040]	[0.055]	[0.749]
_cons	0.061	0.414	0.525
	[0.672]	[0.258]	[0.482]
N	154	154	154
AR(1)-p 值	0.014	0.006	0.207
AR(2)-p 值	0.992	0.056	0.189
Sargan test-p 值	0.02	0	0.893
Hansen test-p 值	1	1	1

注：***表示在1%水平上显著

4.4.4 结论及政策建议

本章通过对全国 31 个省、自治区、直辖市及东、中、西三个地区子样本的人均 GDP 与保费收入关系的研究,得出以下结论:

(1) 总体而言,当期人均 GDP 越高,保费收入越高,即民众对保险的需求越大,这体现了保险产品作为消费品的属性。而当期人均 GDP 较低时,下一期保费收入会增加,说明在经济形势不好的情形下,保险产品还具有避险和保障功能。

(2) 分地区来看,经济水平发展越高,人均 GDP 对保费的正向影响越大。这说明我国保险行业在不同地区的发展还不够均衡,发达地区的投保意识要强于欠发达地区。

(3) 在东部地区,寿险保费收入受人均 GDP 的影响较显著。而中、西部地区,非寿险保费收入受人均 GDP 的影响较为显著。这对于我国保险公司在不同地区实施不同经营战略有一定指导意义。对于保险市场相对发达的东部地区,保险公司可专注于开发新的具有储蓄和投资功能的寿险险种;而对于保险市场不够完善的中、西部地区,开发一些与日常生活相关的、短期的非寿险险种或许是打开这些地区保险市场的突破口。

第5章

城镇建设：休戚相关 推动共同繁荣

40年改革开放创造了中国城市奇迹,也为保险业发展带来需求与机遇。中国保险业发展与城镇建设休戚相关,双向互动:保险业的良好发展能够促进城镇化的进程,发挥其特有的社会保障、风险管理功能;反过来,城镇化水平的提高也会拉动该地区对保险的需求,从而带动保险业的进一步发展。

5.1 城镇化进程与保险业发展

从"九五"计划开始,城镇化建设一直是我国各级政府的工作重点,中国共产党的十八大更是从高层面全方位地论述了城镇化建设的重要性,提出了促进工业化、信息化、城镇化、农业现代化同步发展和"城镇化质量明显提高"的战略目标。中央政府也尤为重视新型城镇化的发展,李克强总理曾多次指出,要将推进新型城镇化发展作为未来一个时期的工作重点。

进入21世纪以来,伴随着城镇化进程的不断推进,保险业的发展也蒸蒸日上。自2001年至2013年,我国保费收入由1 996.1亿元增至17 222.2亿元,保险密度由156.40元/人增至1 265.7元/人。城镇化水平快速提升,城镇基础设施建设不断完善,城乡经济和社会结构也发生了重大变化。与此同时,人口密集度和价值集中度的增加产生了新的风险格局,保险业作为社会保障和风险管理机制,也在城镇化进程的推动下迅速发展。城镇化对保险业发展的影响可以从非寿险和寿险两个方面来看。在非寿险方面:(1)由于城镇化往往与工业化相伴而生,城镇化所带来的基础设施建设的增加和汽车数量的增多大大提升了社会对财产险的需求;(2)随着教育文化水平的提高、法律法规的健全以及消费性社会的发展,针对商品和服务提供者所提起的诉讼变得更加频繁，这使得责任保险的作用越来越大。在寿险方面：(1)人口密集度的增加以及生活方式的改变使健康险和寿险的需求增加；(2)在我国人口老龄化的背景下，社保体系面临的压力将使商业养老险更加受到重视和欢迎；(3)随着金融体系的不断完善和人均收入水平的提高，寿险产品除了发挥保障功能外，理财型寿险产品对财富保值增值的功能将越来越受到大众的认可。

另一方面，在城镇化带给保险行业机遇的同时，保险业在城镇化过程中也发挥着重要的作用。保险作为市场化的风险转移机制和社会互助机制，在统筹城乡发展、完善社保体系、提高保障水平、辅助社会管理等方面具有明显的优势，因此保险业对中国的城镇化建设也起到了显著的推动作用。

目前，已有文献分别证实了金融在城镇化过程中提供资金、促进产业转型的作用和城镇化对金融发展的促进和带动作用，却未有研究同时探讨金融发展与城镇化的双向互动关系。另外，现有研究多关注于整个金融体系的作用，强调保险——这一特殊的既有保障功能又能提高资金利用效率的金融中介——与城镇化互动关系的实证研究较少。因此本章将侧重研究保险业发展与城镇化进程的互动机制，这不仅将为保险资金参与我国城镇化建设提供政策上的建议，而且将为保险业在新型城镇化背景下发展战略的制定和选择提供一定的参考。

本章以我国 35 个大中城市 2001—2013 年的数据为基础，构建联立方程模型，利用 3SLS 方法探究了保险业发展与城镇化的互动机制，主要有以下几个创新之处：(1)不同于现有文献对金融业与城镇化互动关系的探索，本章主要研究了保险业与城镇化之间的互动机制；(2)多数研究城镇化的学者在进行实证分析时，仅采用人口城镇化率作为城镇化水平的考量指标，而我们认为城镇化不仅意味着人口密集度的增加，更意味着产业的升级和财富的聚集，因此为了更加全面地考量城镇化水平，在本章中分别采用了人口城镇化率、产业城镇化率和空间城镇化率作为城镇化水平的指标；(3)在实证方法上，我们采用了三阶段最小二乘法，相比于以往文献常用的二阶段最小二乘

第5章 城镇建设：休戚相关推动共同繁荣

法和其他单方程估计方法，这一方法对于参数的估计更加系统和有效。

5.2 文献分析

金融业和城镇化之间的关系研究最早起源于 R. I. Mckinnon 和 E. S. Shaw 提出的金融深化和金融抑制理论。他们认为，发展中国家落后的金融体制和低下的经济效率束缚了经济发展，经济的停滞又造成融资渠道的狭窄和货币资金的紧缩，从而制约金融的发展，形成金融与经济发展相互制约、相互促退的恶性循环。此后，Basant（1976）、Maxwell（1978，1980）、Galbis（1997）等对这一理论进行了补充和发展，更加注重金融体系通过信息生产而有效配置资源的功能。这为我们的研究提供了理论基础。

随后，国外学者进一步就金融与城镇化某一方面的关系进行了实证研究。这些学者认为金融业通过促进基础设施建设，最终推动经济的发展。Stopher（1993）强调金融对城市化进程中交通建设的重要作用，Brueckner（1997）和 Kim（1997）探究了金融对基础设施建设的促进作用，且对具体融资方式与投资收益进行了讨论。Cho，Wu 和 Boggess（2002）探讨了城市化进程中金融支持对土地投资与开发的作用。Chang 和 Miao（2004）指出城市化进程中金融体系为水力资源建设提供了巨大资金并支持其发展。遗憾的是，这些国外这些研究都只片面强调了金融发展对基础设施建设的作用，而缺少一个整体上描述金融业和经济发展之间关系的框架。

根据中国实际情况，国内不少学者们从理论和实践两个角度出发，从整体上对金融部门与城镇化的关系进行了一些探讨。蒙荫莉（2003）、张宗益和许丽英（2006）、邓德胜（2008）等均得出城市化与金融发展存在互动关系的结论。伍艳（2005）和郑长德（2007）认为金融中介的发展与城镇化进程之间内含着一种互动机制。伍艳（2005）认为长期存在的金融抑制现象导致我国城镇化率始终滞后于工业化率，城镇集约化程度和城市基础设施水平较低，因而需加快利率市场化改革、优化金融市场结构、发展中小金融机构和建立市场主导型的资本形成机制。为了进一步发现金融业在哪些具体方面影响城镇化进程,不少学者通过实证模型得出了一些重要结论。黄勇和谢朝华(2008)分别利用不同的分析指标,采用非结构化的向量自回归模型,发现我国银行贷款和城镇化建设之间存在直接因果关系,银行贷款对城镇化建设具有重要的支持效应,证明了金融发展有力地支持了我国的城市化进程。郑枚和傅强(2008)以重庆市为例,研究发现金融业的发展是影响城镇化率的重要因素,保费收入、存款余额、贷款余额以及金融机构的现金收入的增加都促进了城镇化率的提高。牛启春和刘翔(2008)借助1980—2007年中国西部地区数据,利用误差修正模型,发现从长期看金融发展能够促进城镇化,但在短期内金融发展对城镇化没有影响。而梁彭勇、梁平、任思慧(2008)则从区域的角度研究了金融发展与城市化的关系,指出中国金融发展与城市化二者之间的关系呈现出明显的区域差异,长期而言,东部、中部和西部地区金融发展都没有促进城镇化。孙浦阳、武力超(2011)从供给和需求两个层面探讨金融发展对城市化进程的影响,并强调金融支持城市化作用的发挥与政府治理水平密切相关。赵峥(2012)构建了金融支持与城市化的评价指标体系,并且运用历史数据分别从人口城市化、产业城市化、空间城市化三个方面对金融支持我国城镇化进程进行了实证分析,发现金融支持与我国的城镇化进程存在长期的均衡关系。

在研究金融业和城镇化关系的过程中,不少学者逐渐发现城镇化与保险业的发展或许存在着更加密切的关系,因此国内不少学者对城镇化和保险业的关系进入了深入研究。徐志峰、温建波(2013)认为人们的财富在城镇化过程中逐渐增加,而在财富积累的基础上人们对保险的需求也随之上升,因此城镇化会有利于保险业的发展。杨汇潮、江生忠(2014)用ECM模型得出结论认为城镇化率越高,对保险密度深化的促进作用越明显。同时,保险业的发展尤其是商业保险在近年来的发展保障了人们基本的生活需要,出现了社区一体化的养老医疗保险体系。老年人的赡养问题以及许多城镇化过程中间出现的问题都能很好地通过购买保险达到避险的目的。柳立(2013)利用时间序列进行回归,得出城镇化率每增加1%、保险密度将增加4.8%的结论。此外,刘丹(2014)的实证结果也证明城镇化进程和保险业的发展存在显著的正相关关系,并且研究发现城镇化率每提高1%,保险密度会增加63.246元/人。臧志谊、景鹏(2015)认为,城镇化与保险业的关系经历了从低度协调向高度协调的转变,并且在中西部和东部形成了两个异化的区域,对比来看,东部地区城镇化和保险业的协调程度也高于中西部地区。

综合现有研究,可以初步发现城镇化和保险业发展之间存在一定的相关关系,城镇化提高了人们的财富水平和保险需求,而保险业的发展也有助于城镇化进程中的社区风险管理、保障城市安全。但是前人研究仍存在一定的缺陷:一方面,以往学者更多研究城镇化和保险业发展之间的单向影响关系,而忽略了双向影响关系;另一方面,前人文献中运用的模型比较简单,多是OLS模型或者时间序列数据,鲜见用面板数据进行回归,结果缺乏可信度。而本章中运用了3SLS模型,并且搜集了2001—2013年诸多指标的面板数据,对城镇化进程和保险业发展的互相影响机制进行了深入探究。

5.3 保险业与城镇建设互动的机制分析

城镇化和一般变量不同,缺少一个统一的指标来衡量。就单一经济而言,一个地区城镇化进程应当会导致一个地区人口密度的增加(Mills 1972),因此可以用一定区域内人口密度的变化来衡量城镇化的进程。而根据Robert Lucas(1988)和Paul Krugman(1991)的理论,城镇化进程也将带来企业的集聚效应,因为企业将得益于规模效应、劳动力分工以及外部性。除此以外,还有学者提出比传统农业和工业回报率更高的特殊行业和服务业的发展也能从一定程度反映城镇化的进程(Glaeser和Mare,1994)。而中国正处于城镇化进程的成长期,因此,用单一的指标并不能全面有效地度量中国的城镇化水平。对此,与以往文献仅使用人口城镇化指标不同,我们参照赵峥(2012)的城镇化评价指标体系,分别从人口城镇化、产业城镇化、空间城镇化三个方面对我国城镇化与保险业发展的互动机制进行实证分析。其中,人口城镇化由城镇人口比重(非农人口/总人口)来衡量,产业城镇化由第三产业占GDP比重衡量,空间城镇化由地均GDP来衡量。

公认衡量保险业发展的指标有保险密度、保险深度和保费收入。保费收入作为一个数值绝对量,受通货膨胀因素影响较大,因此不宜考虑。保险深度是保费收入和GDP之比,但由于城镇化指标中已经将GDP水平考虑在内,为避免GDP这一变量导致的线性相关性无法剔除,因此也不予考虑。最终选取保险密度作为衡量保险业发展的指标。

根据我们的假设,人口城镇化指标、产业城镇化指标以及空间城镇化指标与保险密度之间应当存在着显著的正相关关系。

一方面,保险业将有效加快城镇化进程。从人口城镇化指标来看,保险业的发展将有效改善人们的投资—消费结构,为人们的跨期消费提供更多的选择,例如私人养老保险年金计划、税延型养老保险产品的推出。从产业城镇化角度来看,保险作为企业管理风险、规避风险的重要工具,服务于企业自身的发展战略。随着中国实行"走出去"的发展战略,信用保证保险的设计和改善将有效地帮助企业提高业务能力和实力。从空间城镇化角度来看,保险业也能通过投资基础设施建设来促进经济增长和国内生产总值的提高。

另一方面,城镇化进程也将给保险业发展带来新的挑战和机遇。从人口集聚效应来看,人口密度的集中将给保险业提出更高的风险管理水平要求。可能面临的城市管理问题包括越来越多的人将通过健康保险管理自己的健康风险、利用养老保险实现老有所养等。从企业集聚效应来看,更多相同类型的企业聚集在一起进行信息的分享,提出经营过程中遇到的风险管理问题,例如信用风险。而保险业则可以抓住这一空间分布特征,进行成本更低的实地调研,开发出新的符合企业风险管理需求的产品,从而通过产品创新来推动保险业发展。从地均产值角度分析,保险业作为高端的服务业,应当产生比传统农业、工业更高的附加价值,因此也应当会得益于空间城镇化的发展。

5.4 我国保险业与城镇建设研究设计

现有文献在探究金融发展与城镇化关系时,多侧重于二者单向的关系,即研究金融发展水平对城镇化水平的影响。为了深入研究保险业与城镇化的互动机制,我们将建立联立方程模型来探究二者的关联,使用的估计方法为三阶段最小二乘法(Three Stage Least Squares,3SLS)。

计量经济学领域针对联立方程的估计方法主要有单方程估计法和系统估计法两大类[①]。单方程估计法在对模型进行估计时,不考虑其余方程对某一方程的约束,仅对该方程进行单独估计,没有充分利用其余方程中关于该方程的约束和其他相关信息,只利用了有限信息。而系统估计法在估计每一个方程时都充分利用了所有方程的约束和信息,它是对联立方程模型中的所有方程同时进行估计,同时决定所有参数的估计值。3SLS法作为一种系统估计方法,可以同时确定联立方程模型的参数,获得一致且渐进有效的估计量,所以我们采用了三阶段最小二乘法对联立方程组进行估计。

5.4.1 实证模型的构建

1. 影响城镇化水平的指标构建

城镇化表现为城镇人口的集中、城镇产业结构的优化以及城镇空间形态

---

① 常见的单方程估计法主要包括普通最小二乘法(OLS)、间接最小二乘法(Indirect Least Squares,ILS)、工具变量法(Instrumental Variables,IV)、二阶段最小二乘法(Two Stage Least Squares,2SLS)和有限信息最大似然法(Limited Information,Maximum Likelihood,LI/ML);系统估计法主要包括:三阶段最小二乘法(Three Stage Least Squares,3SLS)、完全信息最大似然法。

上的扩大与价值集聚。因此,与以往文献仅使用人口城镇化指标不同,我们参照赵峥(2012)的城镇化评价指标体系,分别从人口城镇化、产业城镇化、空间城镇化三个方面对我国城镇化与保险业发展的互动机制进行实证分析。其中,人口城镇化由城镇人口比重(非农人口/总人口)来衡量,产业城镇化由第三产业占GDP比重衡量,空间城镇化由地均GDP来衡量。

现有研究城镇化水平影响因素的文献中,金营(2003)发现城镇化水平的迅速提高与人均GDP的快速增长相伴;赵新平和周一星(2002)认为城镇化初期的根本动力主要来自工业化;曹广忠、王纯洁、齐元静(2008)发现城镇化水平受到城乡收入差距、城镇失业率、交通干线路网密度、海港吞吐量、外商直接投资等因素的影响;刘彦随、杨忍(2012)则探寻了固定资产投资、离中心城市距离、人口密度对城镇化水平的影响。一般来讲,城市的人均财政支出越多,表明其向居民提供的公共服务越多,越有利于人口聚集,人口城镇化水平也相应越高。出口贸易规模越大,则该地区创造的就业机会越多,对农村人口的吸引力也越大,从而越有助于提高人口城镇化水平。

因此,综合现有文献的研究结果及考虑到数据的可获得性,我们选择以下主要变量作为影响城镇化水平的因素:工业化水平、财政支出水平和出口贸易总额。

2. 影响保险业发展水平的指标构建

保费收入、保险深度和保险密度是衡量保险业发展水平的主要指标。杨汇潮、江生忠(2014)研究发现城镇化率越高,对保险密度深化的促进作用越明显。杜菲(2013)实证分析得出结论认为,城镇化率和保险密度存在显著的正相关关系,但是和保险深度的相关度较低。由于我们所采用的变量多为各指标水平值与GDP之比,并且保险深度也是统计区域内保费收入占GDP之比,因此可能会由于存在共同因子GDP而具有共线性。为尽量避免GDP变量导致的共线关系,我们选用保险密度指标。保险密度是统计区域内常住人口平均保险费的数额,与GDP存在较小的共线关系,所以我们选用保险密度这一指标来衡量保险业的发展水平。

影响保险业发展的因素主要有经济活跃程度、储蓄存款和通货膨胀率。首先,一个地区保险业发展的水平受到该地区经济发展水平的制约。此外,地区的经济开放度也将影响到该地区保险业的发展,一般而言,经济开放程度越高,该地区对保险的需求就越大,对保险服务水平的要求也越高。国内外的大量研究表明:储蓄存款的增加对保险业的发展具有双重影响,即收入效应和替代效应。一方面,储蓄的增加意味着居民收入水平的提高,尤其是可支配收入水平的提高,这对保险业的发展具有促进作用,即收入效应;另一方面,在居民可支配收入一定的情况下,储蓄的提高意味着其替代了部分具有投资功能的保险产品,即替代效应。除此以外,通货膨胀率也会影响保险业的发展。通货膨胀率较高时,居民当期的货币购买力将会减弱,从而增加对跨期投资的需求,而保险作为重要的金融产品,人们对保险投资的需求也将随之上升。

综上所述,在影响保险业发展的诸多因素中,我们主要选取以下变量作为影响保险业发展的因素:外商直接投资额(FDI)、城乡居民储蓄存款年底余额、CPI指数。

3. 联立方程模型

基于上文对于各变量影响因素的分析,我们构建联立方程模型如下:

$$ur_{it} = \alpha_0 + \alpha_1 \, pcip_{it} + \alpha_2 \, ind_{it} + \alpha_3 \, fiscal_{it} + \alpha_4 \, exp_{it} + \varepsilon_{it} \quad (1)$$

$$pcip_{it} = \beta_0 + \beta_1 \, ur_{it} + \beta_2 \, fdi_{it} + \beta_3 \, sav_{it} + \beta_4 \, cpi_{it} + u_{it} \quad (2)$$

其中,ur_{it}为城镇化水平指标(分别以人口城镇化率、产业城镇化率、空间城镇化率衡量),$pcip_{it}$为保险业发展水平指标(以保险密度衡量),ind_{it}为工业化程度指标(以规模以上工业总产值占GDP之比衡量),$fiscal_{it}$为财政支出水平指标(以财政支出水平与GDP之比衡量),exp_{it}为经济开放程度指标(以出口贸易总额占GDP之比衡量),fdi_{it}为经济活跃程度指标(以外商直接投资占GDP之比衡量),sav_{it}为储蓄水平指标(以城乡居民年末储蓄额与总人口之比衡量),cpi_{it}为物价水平(以消费价格指数CPI衡量),ε_{it}和u_{it}为误差项。

方程(1)主要用来研究保险业发展水平对城镇化进程的影响,方程(2)主要用来探究城镇化水平对保险业发展的作用。

5.4.2 数据来源

研究的样本数据选自全国 35 个大中城市,时间区间为 2001—2013 年。数据来源于《中国统计年鉴》《城市统计年鉴》和《中国保险年鉴》。

表 5-1 列出了样本 35 个大中城市在 2001 年—2013 年 13 年间的年均 GDP(亿元)、年均总人口数(万人)和年均总保费收入(亿元)。根据 2014 年国务院印发的《关于划分城市规模标准的通知》,常住人口 50 万以上 100 万以下的城市为中等城市,常住人口 100 万以上即可称为大城市,在我们所选取的 35 个大中城市中,各年总人口数均在 60 万人以上,GDP 均在 100 亿元人民币以上,总保费收入均在 3.2 亿元人民币以上。由各城市的年均 GDP、年均总人口和年均总保费收入可以看出,所选城市均具有 GDP 较高、人口规模较大以及保费收入较多的特点,符合我们在选取研究对象时对于"大中城市"的定义。

表 5-1 35 个大中城市基本数据

城　　市	平均GDP(亿元)	平均总人口(万人)	平均总保费收入(亿元)	城　　市	平均GDP(亿元)	平均总人口(万人)	平均总保费收入(亿元)
北京市	10 305.5	1 510.6	496.3	贵阳市	894	367.3	21.1
成都市	3 671.3	1 097.2	142.8	哈尔滨市	2 308.3	974.8	52.7
重庆市	4 689.5	2 837.0	151.3	海口市	418.5	144.7	10.9
大连市	3 338.1	574.3	89.4	杭州市	3 944.7	665.8	118.2
福州市	2 181.3	626.5	37.9	合肥市	1 578.5	498.5	27.8
广州市	7 217.2	763.9	224.9	呼和浩特市	1 090.8	248.6	16.4

(续表)

城 市	平均GDP(亿元)	平均总人口(万人)	平均总保费收入(亿元)	城 市	平均GDP(亿元)	平均总人口(万人)	平均总保费收入(亿元)
济南市	2 531.8	614.3	68.2	石家庄市	2 264.5	968.5	242.1
昆明市	1 453.4	559.7	34	太原市	1 148.3	358.6	31.8
兰州市	755.8	316.4	18.6	天津市	5 312.7	1 134.3	138.9
南昌市	1 378.4	468.9	31.9	乌鲁木齐市	803.7	211.5	35.2
南京市	3 324.2	604.2	108.7	武汉市	3 289.0	808.9	77.6
南宁市	1 097.1	609.1	19.1	西安市	1 915.8	783.1	70.9
宁波市	3 204.4	569.2	75.9	西宁市	359	211.8	8.5
青岛市	3 512.4	766.4	80.2	银川市	426.9	153.4	13.4
厦门市	1 368.5	167.9	36.1	长春市	2 113.7	739.5	80.8
上海市	12 180.6	2 008.7	408.4	长沙市	2 496.8	629.2	35.9
深圳市	6 113.7	296.5	87.9	郑州市	2 385.2	726.2	54.9
沈阳市	3 098.4	713.1	76.1				

5.5 我国保险业与城镇建设实证结果

本章首先使用stata12.0软件对数据进行了初步的OLS检验。随后,采用三阶段最小二乘法(3SLS)模型对保险业发展与城镇化进程之间的互动关系作了更进一步的探究。

5.5.1 描述性统计分析

表5-2列出了联立方程模型中所有变量的描述性统计分析结果。pcip代

表保险密度(保费收入除以总人口数),用于衡量保险业的发展水平;popurb、indurb、spcurb 分别代表人口城镇化率、产业城镇化率、空间城镇化率,用来从人口密集程度、产业结构升级和财富聚集三个角度来衡量城镇化水平,其中人口城镇化率由非农人口占总人口之比得出,产业城镇化率由第三产业增加值与 GDP 之比得出,空间城镇化率由 GDP 与该市土地总面积之比得出。

表 5-2 变量描述性统计分析

变量	变量解释	样本数	均值	标准差	最小值	最大值
pcip	保险密度(保费收入/总人口,单位:万元/人)	363	0.13	0.18	0.01	1.12
popurb	人口城镇化率(非农人口/总人口)	417	0.53	0.14	0.10	1.08
indurb	产业城镇化率(第三产业增加值/GDP)	455	0.51	0.10	0.32	0.84
spcurb	空间城镇化率(GDP/土地面积)	455	0.37	0.63	0.01	5.94
fisexpgdp	财政支出/GDP	363	0.13	0.06	0.04	0.43
exptgdp	出口贸易总额/GDP	423	0.32	0.27	0.01	1.94
cpi	CPI(以 2001 年为基年 =100)	455	118.41	8.64	99.20	138.43
pcsav	人均储蓄额	455	9.21	10.67	0.81	89.47
indgdp	规模以上工业总产值/gdp	455	1.23	0.48	0.24	2.39

变量的样本数不相同是因为一些变量存在缺省值,我们并未使用平均值或回归的预测值来代替缺省值,而是使用 Stata 软件进行系数估计时,自动将变量缺省的样本删除,这样更能反映事实。

为检验解释变量之间的共线性,进一步采用 VIF 方差扩大因子进行检验,结果见表 5-3、表 5-4。

表 5-3 方程(1)解释变量相关性检验

变量	变量解释	VIF
cpi	CPI(以 2001 年为基年＝100)	2.44
pcsav	人均储蓄额	7.67
indgdp	规模以上工业总产值/GDP	6.55
popurb	人口城镇化率(非农人口/总人口)	1.36
indurb	产业城镇化率(第三产业增加值/GDP)	4.67
spcurb	空间城镇化率(GDP/土地面积)	6.78

表 5-4 方程(2)解释变量相关性检验

变量	变量解释	VIF
pcip	保险密度(保费收入/总人口,单位:万元/人)	1.34
fisexpgdp	财政支出/GDP	4.45
fdigdp	外商直接投资/GDP	6.78
exptgdp	出口贸易总额/GDP	9.76

如表 5-4 所示,在 10% 显著的条件下,当 VIF＞10 时才认为存在高度共线性。因此本模型选取的变量不存在严重多重共线性问题,具有一定的参考价值。由于 GDP 在 fisexpgdp、fdigdp、exptgdp、indgdp 中已经纳入考量,而人口对模型回归的影响在方程(1)中体现为人口城镇化率,在方程(2)中体现为保险密度,因此人口和 GDP 这两个变量也已被纳入考量。

5.5.2 固定效应模型回归结果分析

我们首先选用普通 OLS 方法对数据进行初步的单方程估计。由于样本数据为面板数据,因此我们首先在面板数据的固定效应模型和随机效应模型中进行选择。经过 Hausman 检验后,我们发现,无论是方程(1)还是方程

(2),都无法拒绝原假设,因此两个方程均适用于固定效应模型而非随机效应模型,故在下文中选择固定效应模型进行估计。

表5-5列出了应用固定效应模型对方程(1)的估计结果。在方程(1)中,城镇化水平为被解释变量,保险密度为解释变量。当以人口城镇化率作为城镇化水平指标时,保险业发展水平对人口城镇化率有显著的正向影响,工业化水平对人口城镇化虽有正面影响,但是影响并不显著。财政支出水平对人口城镇化率有正向影响,这符合我们之前的猜测,即当一个城市财政支出水平较高,社会公共福利较好时,它对人口的吸引力就会较大,从而汇集更多的人口到该市居住、工作和生活。此外,出口贸易水平对人口城镇化率也有正向的影响,然而并不显著。

表5-5 方程(1)固定效应模型估计结果

被解释变量	方程1		
	popurb	indurb	spcurb
Hausman 检验	0.764 9	0.458 2	0.279 5
解释变量			
pcip	0.061 4	0.075 3	0.734 0
	[1.89]*	[2.45]**	[5.97]***
indgdp	0.032 8	−0.024 8	0.065 4
	[0.54]	[−2.12]**	[0.83]
fisexpgdp	0.681	−0.1 85	0.783 2
	[2.57]***	[−0.83]	[2.12]**
exptgdp	0.024 3	−0.075 2	0.372 5
	[0.37]	[−0.52]	[5.01]***
_cons	0.489 2	0.796 3	−0.183 5
	[19.52]***	[36.78]***	[−3.35]***
R-sq	0.046 2	0.106 5	0.364 1
P值	0.000 0	0.035 9	0.000 0
obs	295	302	302

注:*号代表显著性,*表示$p<0.1$、**表示$p<0.05$、***表示$p<0.01$,分别代表在10%、5%、1%的水平上显著

第5章 城镇建设：休戚相关推动共同繁荣

当以产业城镇化率作为被解释变量来衡量城镇化水平时，保险业发展水平（保险密度）同样对城镇化水平有正向显著的影响。然而，与对人口城镇化率的影响不同，工业化水平对产业城镇化率产生了负向的显著影响。这一结果乍看与前文的猜测和理论推断互相矛盾，可是如果我们仔细探究产业城镇化率和工业化水平的指标构建过程便不难发现，产业城镇化率是以第三产业占GDP之比来衡量的，工业化水平是以规模以上工业总产值占GDP之比来衡量的，因此二者存在着一定的互相替代关系，所以工业化水平对产业城镇化率的影响为负。此外，财政支出水平对产业城镇化率有负向的影响，但是不显著。出口贸易水平对产业城镇化率也有负向的影响，但是也不显著，这里不作过多讨论。

当以空间城镇化率作为被解释变量来衡量城镇化水平时，保险业发展水平指标——保险密度对城镇化水平仍然有正向的显著影响，说明保险业对城镇化进程有着推动作用。此外，工业化水平也会对空间城镇化率产生正向的显著影响，这表明工业化程度的提升会促进地均产值的增加，进而促使财富的集聚。与对人口城镇化率的影响一样，财政支出水平同样也会对空间城镇化率产生正向的影响。出口贸易水平对空间城镇化率也会产生正向的显著影响，表明一市经济越开放，其地均产值也越高。

表5-6列出了以固定效应模型对方程（2）进行估计的结果。当以人口城镇化率作为解释变量之一衡量城镇化水平时，城镇化水平对保险业发展水平会产生正向的显著的影响。外商直接投资也会显著影响到保险密度，对保险业发展水平起到促进作用。人均储蓄额也会对保险业发展水平产生正向的显著影响，这体现了在储蓄对保险的收入效应和替代效应的博弈之间，储蓄的收入效应更为明显。

当以产业城镇化率作为解释变量之一来衡量城镇化水平时，各解释变量的系数和显著性并未有太大变化。产业城镇化率同样也会对保险业发展水平产生正向的显著影响，外商在直接投资对保险密度会产生显著的正向的促进作用；人均储蓄额依然会对人均保费收入产生正向的显著的影响。此外，CPI水平的变化也能够部分解释保险密度的波动。

表 5-6　方程(2)固定效应模型估计结果

被解释变量	方程 2		
	pcip	pcip	pcip
Hausman 检验	0.764 7	0.836 8	0.802 3
解释变量			
popurb	0.185 8		
	[3.03]***		
indurb		0.397 6	
		[3.75]***	
spcurb			0.190 1
			[7.02]***
fdigdp	0.578 3	0.501 5	0.487 5
	[3.87]***	[3.09]***	[2.12]**
pcsav	0.020 6	0.045 7	0.030 5
	[6.93]***	[5.02]***	[5.98]***
cpi	0.083 5	0.070 2	-0.012 1
	[1.95]**	[1.85]**	[-0.76]
_cons	-0.109 3	-0.248 2	-0.025 4
	[-3.78]***	[-5.12]***	[-0.32]
R-sq	0.699 1	0.725 6	0.587 1
P 值	0.000 0	0.000 0	0.000 0
obs	340	362	302

注：*号代表显著性，*表示 p＜0.1、**表示 p＜0.05、***表示 p＜0.01，分别代表在 10％、5％、1％的水平上显著

在表 5-6 的第三列，当以空间城镇化率作为衡量城镇化水平的指标时，城镇化水平依然表现出对保险业发展的正向的显著的带动作用。同时，外商直接投资、人均储蓄额也会对保险业的发展产生显著的正向影响。

从初步的固定效应模型估计结果我们可以看到，保险业的发展水平能够正向促进城镇化的进程，同时，城镇化的进程也会带动保险业的发展。然而，正如前文所说，基于普通 OLS 的面板数据固定效应模型得出的估计结果是有偏的，因此在本章的下一小节，将采用三阶段最小二乘法对联立方程模型进行系统的

估计,以更加准确地探寻保险业发展和城镇化进程二者之间的互动关联。

5.5.3 三阶段最小二乘法回归结果分析

对上文中建立的联立方程模型进行 3SLS 回归,得到实证结果如表 5-7 和表 5-8 所示。

表 5-7 列出了方程(1)的三阶段最小二乘法回归结果。在方程(1)中,当以人口城镇化率作为被解释变量时,保险密度对城镇化水平的影响依然是正的而且显著的影响。然而与上一节普通 OLS 的回归结果相比,工业化水平、财政支出水平和出口贸易水平的显著性有所下降。在表 5-7 的第二列,当以产业城镇化率衡量城镇化水平时,保险密度依然对城镇化水平有正向的显著影响。工业化水平对产业城镇化率有负向的显著影响,这与上文 OLS 的结果一致,这是因为工业化水平的衡量指标与产业城镇化水平的指标在设定上存在着一定的替代性,所以二者有负向的相关关系。表 5-7 的第三列报告了以空间城镇化率为被解释变量时的回归结果。与前两列回归结果一致,保险业的发展水平依然会对城镇化进程产生正向的显著影响。此外,出口贸易水平也对空间城镇化率有正向影响,这体现了经济的开放程度增加、出口贸易额的扩大有利于价值的积累,从而促进空间上的城镇化。

表 5-7 方程(1)三阶段最小二乘法回归结果

被解释变量	方程(1)	popurb	indurb	spcurb
解释变量	pcip	1.387 9	1.587 3	4.032 4
		[3.52]***	[6.01]***	[5.28]***
	indgdp	0.087 4	−0.089 2	0.073 6
		[0.38]	[−1.89]**	[0.74]
	fisexpgdp	−0.351 0	−0.107 6	0.432 2
		[−0.84]	[−0.37]	[1.85]

(续表)

被解释变量	方程(1)	popurb	indurb	spcurb
	exptgdp	0.083 2	0.010 3	0.376 5
		[0.38]	[0.46]	[4.67]***
	_cons	0.445 7	0.534 6	−0.193 2
		[13.96]***	[29.53]***	[−2.81]***
	R-sq	−0.376	−1.785 2	0.084 6
	Chi2	38.21	45.87	167.00
	P值	0.000 0	0.000 0	0.000 0
	obs	294	301	301

注：*号代表显著性，*表示 $p < 0.1$、**表示 $p < 0.05$、***表示 $p < 0.01$，分别代表在10%、5%、1%的水平上显著

从表5-7中可以看出，保险密度对人口城镇化率、工业城镇化率以及空间城镇化率存在显著的正面影响，这表明较为发达的保险行业确实会促进城镇化，在城镇化过程中起到风险管理、资金支持的作用。

表5-8列出了方程(2)的三阶段最小二乘法回归结果。在表5-8的第一列，人口城镇化率作为内生的解释变量。回归结果表明，人口城镇化率对保险业发展水平有显著的正影响，此外，人均储蓄额对保险密度也有正向的显著影响，这与前文在固定效应模型中得出的结论是一致的，即在对保险产品的需求上，储蓄的收入效应大于其带来的替代效应。表5-8的第二列中，产业城镇化率作为内生解释变量来衡量城镇化水平。同样的，产业城镇化率也会对保险业的发展产生正向的显著的反应。这表明，作为第三产业之一的保险业，产业结构的升级将有利于保险行业的进一步发展。其他第三产业将对保险业产生正向的推动作用。表5-8的第三列报告了以空间城镇化率放入方程(2)后的回归结果，回归系数显示，空间城镇化率对保险业发展水平同样也会有正向的显著影响。同时，当把空间城镇化率放入模型中时，人均储蓄额对保险业发展水平的正向影响再一次变得显著，这一结果再次印证了前文

所说储蓄对保险需求的收入效应大于其替代效应。

表 5-8 方程(2)三阶段最小二乘法回归结果

被解释变量	方程(2)	pcip	pcip	pcip
解释变量	popurb	0.296 4		
		[10.67]***		
	indurb		0.543 2	
			[14.89]***	
	spcurb			0.087 5
				[19.65]***
	fdigdp	0.018 3	-0.006 9	0.120
		[0.11]*	[-0.02]	[0.465]
	pcsav	0.010 1	0.028 5	0.015 3
		[4.96]***	[1.79]	[3.95]***
	cpi	0.000 6	0.000 3	0.000 7
		[0.98]	[0.36]	[0.79]
	_cons	-0.186 3	-0.236 7	-0.034 5
		[-1.76]	[-2.56]	[-0.98]
	R-sq	0.474 2	0.390 1	0.480 2
	Chi2	376.5	459.13	403.52
	P值	0.000 0	0.000 0	0.000 0
	obs	294	301	301

注：*号代表显著性，*表示 $p<0.1$、**表示 $p<0.05$、***表示 $p<0.01$,分别代表在10%、5%、1%的水平上显著

总结而言,我们从表 5-8 的结果中看到,三种方式衡量的城镇化水平同样也会对保险密度产生正向的影响。这意味着,对于保险行业来讲,城镇化带给保险业的机遇远远大于挑战和困难。城镇化的不断推进,将扩大该地区对保险产品的需求。此外,储蓄水平和经济活跃程度(外商直接投资)也会对保险密度产生正向和显著的影响,意味着一地经济越发达,经济活动越活跃,

对保险的需求也越高。

考虑到中国保险业的结构特点,寿险业一直在保险业中占据主要地位,而且城镇化进程中的基础设施和公共服务设施的建设也大多来自寿险资金,因此我们进一步研究了寿险业发展和城镇化之间的相关关系。用 life-pcip 代替 pcip 进行联立方程组回归,回归结果见表 5-9 和表 5-10。观察发现,用寿险业保险密度代替保险业保险密度后,寿险业对人口城镇化率、工业城镇化率以及空间城镇化率的正相关关系都有所提升,同时人口城镇化率、工业城镇化率以及空间城镇化率的提高也显著提高了寿险业的保险密度,推动了寿险业的发展,其中以人口城镇化率对寿险业的影响最为显著,这是由于非农人口比例的提高不仅说明了收入的相对提高,同时也意味着保险意识的进一步增强。

我们在表 5-9 和表 5-10 中用寿险业保险密度替代全行业保险密度进行了回归分析,结果发现寿险业和城镇化之间的正相关关系更加显著。这也从侧面说明了保险业主要是通过寿险资金来推进城镇化进程的。寿险资金主要投资于大中城市的基础设施和公共服务设施的建设,从而使得大中城市相对于小城市来说具有更高的规模效应,产生更强的集聚效应,从而推动城镇化进程。之后,凭借大中城市形成的城市空间群,更有效率地推动周边小城市的城镇化进程。

表 5-9 方程(2)三阶段最小二乘法回归结果

被解释变量	方程(1)	popurb	indurb	spcurb
解释变量	life-pcip	2.134 2 [5.24]***	1.894 3 [7.29]***	4.987 2 [6.04]***
	indgdp	0.052 1 [0.25]	-0.075 3 [-1.65]**	0.063 2 [0.53]
	fisexpgdp	-0.342 1 [-0.78]	-0.098 6 [-0.32]	0.387 6 [1.64]

(续表)

被解释变量	方程(1)	popurb	indurb	spcurb
	exptgdp	0.067 1	0.006 3	0.365 2
		[0.29]	[0.38]	[4.89]***
	_cons	0.502 1	0.589 2	-0.234 5
		[14.28]***	[30.12]***	[-3.02]***
	R-sq	-0.432 2	-2.763 1	0.096 5
	Chi2	36.24	44.21	167.32
	P值	0.000 0	0.000 0	0.000 0
	obs	294	301	301

注：*号代表显著性，*表示p＜0.1、**表示p＜0.05、***表示p＜0.01，分别代表在10％、5％、1％的水平上显著

表5-10 方程(2)三阶段最小二乘法回归结果

被解释变量	方程(2)	life-pcip	life-pcip	life-pcip
解释变量	popurb	0.639 8		
		[20.56]***		
	indurb		0.607 9	
			[16.78]***	
	spcurb			0.132 5
				[22.05]***
	fdigdp	0.028 7	-0.015 2	0.152
		[0.18]*	[-0.07]	[0.479]
	pcsav	0.006 1	0.032 8	0.020 3
		[4.63]***	[1.56]	[4.21]***
	cpi	0.001 3	0.000 7	0.000 9
		[1.78]**	[0.72]*	[0.88]
	_cons	-0.226 3	-0.286 4	-0.046 8
		[-1.89]	[-2.89]	[-1.23]*
	R-sq	0.589 2	0.402 3	0.509 2

(续表)

被解释变量	方程(2)	life-pcip	life-pcip	life-pcip
	Chi2	302.43	432.54	397.3
	P 值	0.000 0	0.000 0	0.000 0
	obs	294	301	301

注：*号代表显著性，*表示 $p<0.1$、**表示 $p<0.05$、***表示 $p<0.01$，分别代表在10%、5%、1%的水平上显著

由上述研究可以得出：保险业发展与城镇化水平确实有双向互动的正向关系。我们认为，中国近10年来城镇化进程取得的成就不仅归功于实体企业的逐步壮大和政府职能的有效发挥，而且离不开中国保险业的逐步成熟。虽然实体企业以及政府部门是城镇化建设至关重要的部分，但是可以发现保险业对城镇化的影响更加显著。保险业一方面发挥了风险管理和保障的功能，为经济运行保驾护航，另一方面也在努力解决城镇化过程中产生的新问题、新矛盾。因此，推动中国城镇化进程离不开中国保险业的发展。而另一方面，随着中国城镇化步伐逐渐加快，中国保险业也将迎来新的发展机遇。城镇化使得社会基础设施完善、行业集聚效应增强的同时，也对企业和政府的风险管理体系提出了更高的要求，因此社会各界不仅有能力去购买保险，更加有必要、有需求去购买保险，以达到风险防控的目的。因此，城镇化水平也将对保险业发展产生显著的正面影响。总而言之，保险业的发展将助力城镇化建设，城镇化进程也将会带动保险业的发展。

5.6 结论与建议

本章从城镇化的视角观察我国改革开放以来保险业的发展，以35个大中城市2001—2013年的数据为基础，构建联立方程模型，利用3SLS方法探究

第5章 城镇建设：休戚相关推动共同繁荣

了保险业发展与城镇化的互动关系。无论是采用固定效应模型还是三阶段最小二乘法，实证结果均表明，保险业的良好发展可以促进城镇化的进程，发挥其特有的社会保障、风险管理功能；反之，城镇化水平的提高也会拉动该地区对保险的需求，从而带动保险业的进一步发展。城镇化与保险业发展二者之间存在着互动的正向影响机制。

在加快发展现代保险服务业和全面推进新型城镇化的政策背景下，上述结论的得出对我国改革开放有着重要的参考意义。一方面，监管当局可以通过政策、法规上的改革，充分发挥保险资金期限长、存量大的优势，使之更多地参与到城镇化建设中来，推动城镇化进程。另一方面，我国保险行业也应充分利用城镇化带来的红利，把握住机遇，在为城镇化保驾护航的同时扩大自身的发展规模、提高自身的发展水平。保险行业在推进城镇化和加强民生保障方面，应充分利用城镇化进程中所蕴含的巨大内需潜力，不断拓宽保险行业的服务领域和范围，使保险业有力地服务城镇化建设。

对于我国保险行业如何应对新型城镇化的挑战、把握新型城镇化带来的机遇，本章提出如下建议：

（1）推广商业保险参与、社保经办管理的试点经验，完善城镇化进程中的全民医疗保障体系建设。随着城镇居民可支配收入的提高和新型医疗技术和医疗器械的改善，居民在医疗保障方面的需求和支出近年逐渐显现增长趋势。随着医疗成本的提高，城镇居民购买保险的需求也逐渐增长，因此保险公司可以通过积极发展具有吸引力的商业保险、拓宽商业保险的覆盖范围，迎来新的发展机遇。

（2）以保险机制提升城镇化进程中被征地农民的收入保障水平。城镇化进程中的重要一环便是城镇化用地的扩展，部分农业用地将会逐渐转变成工业用地或商业用地，因此被征地农民在短期内除了政府补助之外，存在缺少稳定的收入来源的可能性。因此，为稳步推动城镇化进程，保险公司可以跟政府合作，以相对合理的价格针对被征地农民设计新的保险产品，例如短期健康保险，来帮助提高这部分人群的风险抵抗能力，同时也提高保险公司的保费收入,除此以外,还能提高政府在城镇居民中公信力。

(3)加强银保互动机制建设,激活农村金融服务,为农业产业化及中小城镇的乡镇企业提供更多金融服务,增强其对农村劳动力的吸纳能力。随着城镇化进程的发展,原来乡村地区的居民将逐渐向城镇迁移,投资理财观念也会逐渐向多元化看齐。鉴于之前农村家庭主要投资于储蓄的特点,保险公司可以第一步通过银保合作,将保险产品和保险理念逐渐渗透到新城镇居民中,逐渐提高居民在保险投资方面的比重,更好地发挥保险的基本保障功能,推动保险业健康有序发展。

当然,本章由于篇幅和数据所限,对于城镇化与保险业发展互动关系的研究还存在着许多不足,对于二者互动关系的研究还有待进一步的挖掘。城镇化与保险的互动关系是动态复杂的,未来的改进方向可考虑将更多的不确定的经济因素纳入模型之中,以更加细致入微地探讨城镇化与保险的动态关联以及二者互相影响的传导机制。保险与城市发展密切相关,40年的改革开放经验再次证明,保险让城市更美好,城镇化也将推动保险业迎来更大的发展。

第6章

对外开放：奋勇前进的改革排头兵

中国保险业在改革开放40年的进程中,积极采用"引进来,走出去"的战略,大力开放保险市场,在对外开放中赢得保险业发展的良好机遇。中国保险业作为中国金融业对外开放的排头兵,在各个对外开放市场中大胆作为,例如作为中国加入WTO后首先对外开放的金融行业,中国保险公司开始尝试走出国门等等。本章共分四节:第一节将保险行业放在我国改革开放的大环境和大金融中考察它的对外开放;第二节分四个阶段回顾中国改革开放40年中保险业的对外开放历程;第三节从外资保险公司的组织结构、产品和营销渠道评述外资保险公司在中国保险市场的经营战略;第四节是关于中国保险企业"走出去",特别是回顾了2008年金融危机前后中国平安投资欧洲富通集团的案例,中国保险公司海外投资的不成功经验一方面说明中国保险业发展成为保险大国过程中的艰辛,另一方面也警示着我国下一步从保险大国到保险强国发展过程中的挑战与艰辛。

6.1 保险业对外开放

6.1.1 中国保险业对外开放的诉求

对外开放保险市场、引进国际保险集团是我国金融自由化的重要内容。保险业对外开放既是经济全球化背景下的必然趋势,也是推动本国保险产业发展壮大、推进本国金融产业深化的内在要求。

1. 保险业对外开放是客观需要

经济全球化与贸易全球化促使跨国公司保险需求国际化。随着经济全球化和贸易全球化的发展,世界经济日益成为一个不可分割的整体,与经济相伴随的风险没有国界的限制。世界各国生产者由于风险的无国界化,迫切要求保险业在全球范围内为其提供服务,尤其是跨国公司,对保险市场国际化的要求更为紧迫。对于跨国公司,母公司为了保障其外国分公司或子公司的财产、责任、员工生命的安全,往往愿意购买母公司所在国保险公司的保险商品。但是由于各国保险法的限制,母公司所在国常常不能跨国直接开展业务。在这种情形下,母公司所在国的保险公司必须通过设立境外分公司或子公司来为客户提供保险服务。

发达国家保险市场的饱和促使国际保险公司积极寻求拓展新兴国家保险市场的机会。自1990年以来,新兴市场寿险和非寿险的年增长率是发达国家保险市场的两倍,加入WTO之前中国的保险市场更是一片蓝海。与此同时,全球性保险公司母国的非寿险市场呈现饱和状态,并且随着行业承保能力的大幅度提高,市场价格战和市场份额的竞争愈演愈烈。此时,以中国为代表的新兴市场巨大保险需求恰好为全球性保险公司提供了一个占领新市场的绝佳机会,从而确保这些全球性保险公司未来的潜在利润以实现公司价值不断增长。

扩大保险业对外开放也是我国加入WTO的基本条件之一。《服务贸易总协定——金融服务协议》规定世界贸易组织的参加方必须遵守市场准入、国民待遇、最惠国待遇、透明要求和发展中国家的特殊待遇和保护性条款。在"入世"谈判的过程中,保险业成为我国金融业对外开放的第一站,为我国最终加入WTO做出了巨大贡献。

2. 保险业对外开放是内在要求

民族保险业的壮大需要引进外国保险公司的技术经验。外资保险公司的引进实际上是观念、技术和管理经验的一种间接引进。开放中国保险市场,引进外资保险机构,不仅是为了增加国内保险市场中的竞争对手,更重要的是为了增添进一步开发中国保险业务潜力的保险资源和活力,包括观念、技术和管理经验等等。外国资本进入陌生的中国保险市场,从投入期到盈利期一般需要较长的时间,这段时间正有利于民族保险企业学习借鉴并吸收消化国际保险同业的成功经验,从而完善自身经营机制、提高自身管理水平。

在引入外资保险公司之前,我国保险业由完全垄断到寡头垄断,总体上来讲竞争不足、活力不够。我国保险市场对外开放之后,日益激烈的竞争给民族保险业带来强大的外部压力和内部动力,激发它们为谋求生存和发展而走上改革创新的道路,从而增强自身的适应能力和竞争能力,尽快缩小与外资保险公司的差距。

保险市场对外开放也有利于提高我国保险公司分散风险的能力和承保能力。扩大保险市场开放程度是各家保险公司扩大经营规模、在国际范围内进一步分散风险的重要途径,它能使我国保险公司的经营更加适应大数法则对保险的内在要求。另外,在科技日新月异的今天,保险标的的价值提升很快,巨额标的的保险往往是一个国家或地区的保险公司无力独自承保的。为此,必须打开保险市场的大门,采用包括再保险手段在内的各种方法,让这些巨额风险在国际范围内进行分散和消化。

6.1.2 金融业对外开放的领头羊

我国保险业是金融业中开放时间最早、开放力度最大、开放步伐最快的行业(表6-1)。保险业是我国加入WTO以后第一个对外开放的金融行业。2004年12月11日保险业"入世"过渡期结束后,除了外资在寿险公司持股不得超过50%、不得经营法定限制的保险业务外,保险业已基本实现全面对外开放。

表6-1 保险业、银行业和证券业的入世条款对比

	保 险 业	银行及其他 金融服务业	证 券 业
加入WTO的过渡期	3年	5年	3年

(续表)

	保险业	银行及其他金融服务业	证券业
允许外资企业设立形式	非寿险：分公司、合资与独资子公司；合资公司中外资股比可以达到51% 寿险：外资持股比例不得超过50%	外资独资银行或外资独资财务公司、外国银行分行、中外合资银行或者中外合资财务公司	外国证券机构驻华代表处可以成为中国证券交易所特别会员 允许设立中外合资基金管理公司，加入时外资股份可以达到33.33%，3年内可以达到49% 允许设立中外合资证券公司，外资股比不得超过1/3
地域限制	过渡期满后无地域限制	过渡期满后无地域限制	—
营业范围	不能从事法定限制的保险业务	过渡期满后外资金融机构可以经营人民币业务，但需在中国开业3年以上，并且在提出申请前连续2年盈利	可以从事A股、B股和H股、政府和公司债券的承销和交易，以及发起设立基金

为什么保险业会成为金融业对外开放的排头兵？究其原因，这是由当时我国的国情和世界经济金融形势共同决定的。

首先，20世纪80—90年代我国保险业基础薄弱、国民保险意识淡薄。1980—1986年尚属计划经济后期，大众的商业化意识很淡，保险为何物只有复业后的两家保险公司员工知道，经济专业的大学生也未必清楚，因而和银行业、证券业相比，当时保险业的市场成熟度低、规模小。1992年邓小平南方谈话后，银行、证券、信托等成为金融市场上的活跃力量，保险业的呼声则很平淡。

其次，中资公司渠道的粗放扩张对保险行业形象造成了严重负面影响。1992年美国友邦公司登陆上海后，带来了全新的保险营销理念，让国民初步感受到保险的魅力。然而,由于中资保险公司急于占领市场主导地位,过度发展保险代理人,又没有足够的专业人员,也没有充足的时间及理论教材来系统培训营销员,加上中美文化差异,产生了"橘生淮南则为橘,生于淮北则为枳"的现象,严重影响了中国保险业的声誉。时至今日,不少国民对于保险仍然抱有负面偏见,其原因便根源于此。

最后,东南亚金融危机的爆发也影响了中国政府对于金融市场对外开放的态度。银行和资本市场在诸多国家的金融体系中都占据着举足轻重的地位,在中国更是占尽先机;而1998年东南亚金融危机更让中国政府认识到资本市场对外开放的重要性与风险性。在金融危机发生后至中国加入WTO谈判成功之间,国内学术界普遍聚焦于研究银行和证券市场与金融危机之间的关系,强调银行和证券业对外开放的风险,亦间接影响了政府的决策考量。图6-1展示了1998—2001年我国研究东南亚金融危机与金融业关系的学术论文数量,从中可以看出,关于东南亚金融危机与保险的研究相比于其他金融行业数量较少,也有另外的观点认为金融危机对保险业的冲击较小,因此没有引起当时学者的大量关注。多方面的原因造成保险业成为我国加入WTO后首先开放的金融行业。

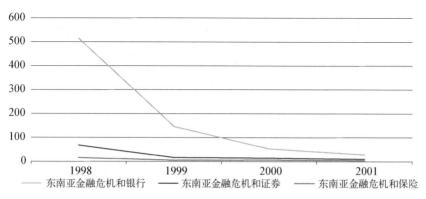

图6-1　1998—2001年国内研究东南亚金融危机与金融业关系的学术论文数量

数据来源:中国知网

6.2 改革开放40年中国保险业对外开放回顾

6.2.1 1980—1992年：中国保险业对外开放的准备阶段

1979年起，国务院陆续建立了深圳、珠海、汕头、厦门4个对外开放的经济特区。为促进经济特区的经济和保险业发展，1982年中国人民银行批准香港民安保险公司在深圳设立分公司。随后，中国开始允许外国保险公司设立代表处。截至1988年，美国国际集团（AIG）等10多家外国保险公司在北京设立了16家联络机构。

外资或外商代表处全称是"外国企业在华常驻代表机构"。通常，代表处起到的作用是代表母公司在某地进行相关的业务联络、来宾接待，加强母公司和当地企业、政府的关系合作，代表母公司处理在当地的事宜。外资或外商代表处并不是一个独立的法人机构，所以不可以进行直接的营利性质的商业活动。也正是由于这个原因，我国当时未设立外资保险机构相关的法律法规。

外国保险公司的代表处和联络机构的设立，在中国保险业的对外交流中发挥了积极作用，同时也有助于外国保险企业逐步了解中国保险市场，在一定程度上扩大了其母公司在国内的影响力，为未来在中国保险市场上开展业务奠定了基础。后期设立的保险行业相关法律中均规定，外资保险公司进入中国之前都需设立代表处满一定的年限。

6.2.2 1992—2001年底：中国保险业对外开放的试点阶段

1992年，国务院选取上海作为第一个保险对外开放的试点城市，标志着保险业的开放进入了试点阶段；同年9月，美国国际集团在上海设立美国友邦

第6章 对外开放：奋勇前进的改革排头兵

保险有限公司上海分公司，成为首家获批在中国经营的外资保险机构。作为首家在中国保险业特殊发展时期成立的外国保险公司，友邦也是目前国内唯一一家外商独资寿险公司。

1995年，保险对外开放试点城市从上海扩大到广州。随后，一批外国保险公司获准进入我国保险市场。这一阶段，共有来自12个国家和地区的29家外资保险公司在华设立了营业性机构。其中，中外合资保险公司16家，外国保险公司分公司13家。外资保险公司业务也得到了较快发展，保费收入从1992年的29.5万元增加到2001年的32.8亿元。表6-2展示了这一时期进入中国市场的外资保险公司。

表6-2 外资保险公司进入市场一览表

公 司 名 称	业务范围	经营区域	资本来源	成立时间
美国友邦保险公司上海分公司	人身保险	上海	美国	1992年9月
东京海上火灾保险公司上海分公司	财产保险	广州	日本	1994年7月
美国美亚保险公司广州分公司	财产保险	广州	美国	1995年9月
美国友邦保险公司广州分公司	人身保险	上海	美国	1995年9月
瑞士丰泰保险公司上海分公司	财产保险	上海	瑞士	1996年11月
中宏人寿保险公司	人身保险	上海	中加合资	1996年11月
美国美亚保险公司上海分公司	财产保险	上海	美国	1997年6月
安联大众人寿保险公司	人身保险	上海	中德合资	1997年5月
金盛人寿保险有限公司	人身保险	上海	中法合资	1997年5月
太平洋安泰人寿保险公司	人身保险	上海	中美合资	1997年10月
康联人寿保险公司	人身保险	上海	中澳合资	1998年4月
皇家太阳联合保险公司上海分公司	财产保险	上海	英国	1998年4月

(续表)

公司名称	业务范围	经营区域	资本来源	成立时间
美国丘博保险集团	财产保险	—	美国	1999年4月
美国恒康相互人寿保险公司	人身保险	—	中美合资	1999年4月
英国保诚保险有限公司	人身保险	—	中英合资	1999年4月
加拿大永明人寿保险公司	人身保险	—	中加合资	1999年4月

监管法律方面，中国人民银行于1992年7月发布了《上海外资保险机构暂行管理办法》，规定外资保险公司只能以合资公司的形式进入中国，并针对合资保险公司的设立条件、注册资本金、合资伙伴以及业务范围做出较为详细的规定，但未明确规定股权比例限制、分支机构设立限制等。因此，该管理办法整体上有不完善之处，仅做试点之用。

6.2.3 2001年底—2004年底：我国加入世贸组织后的三年过渡期

在我国加入世贸组织的谈判中，保险业的对外开放问题一直是各方争论的焦点。中国加入世贸组织开放保险市场的承诺主要有：

（1）企业设立形式：非寿险公司股权比例逐年放开，并且放开程度大于寿险公司。由表6-3可以看出外资非寿险公司在入市2年后便允许设立独资子公司，即无股权比例限制，而寿险公司始终维持着外资股权占比不得超过50%的限制。当时保险业的发展处于刚刚起步阶段，对外开放实际上给保险行业带来了巨大的压力和挑战。特定历史时期设立股权比例限制的目的有三：一是便于中方公司对外方股东的经验借鉴和相互磨合；二是避免外资公司独资可能对我国保险资源的不适应或者独占；三是便于我国政府对保险公司的监管。应当说，在"入世"开始阶段，股权比例的限制达到了以上效果。

表6-3　入世协定中关于合资保险企业设立形式的条款

时　间	非寿险公司	寿险公司	经纪公司
加入时	允许设立分公司和中外合资公司,合资股权占比可达51%	允许设立中外合资公司,股权占比不得超过50%,可以自由选择合资伙伴	合资经纪公司股权占比不得超过50%
加入后2年内	允许设立独资子公司,即无股权比例限制	—	—
加入后3年内	—	—	股权占比可达51%
加入后5年内	—	—	允许设立全资子公司

（2）企业业务范围：非寿险业务和经纪业务放开速度更快、程度更大。中国加入WTO时,允许外国非寿险公司提供没有地域限制的"统括保单"和大型商业保险；允许提供境外企业的非寿险服务、在中国外商投资企业的财产险、与之相关的责任险和信用险服务；加入后2年内,允许外国保险企业向中国和外国客户提供全面的非寿险服务,允许外国寿险公司向外国公民和中国公民提供个人(非团体)寿险服务；加入后3年内,允许外国寿险公司向中国公司和外国公民提供健康险、团体险和养老金/年金险服务。

（3）企业地域限制：中国加入WTO时,允许外国寿险公司、非寿险公司和保险经纪公司在上海、广州、大连、深圳、佛山提供服务；加入后2年内,允许外国寿险、非寿险公司和保险经纪公司在北京、成都、重庆、苏州、福州、厦门、宁波、沈阳、武汉和天津提供服务；加入后3年内,取消地域限制。

（4）营业许可证发放：中国加入WTO时,营业许可的发放不设经济需求测试或者数量限制。申请设立外资保险机构的资格条件为：第一,投资者应当为在WTO成员方超过30年经营历史的外国保险公司；第二,必须在中国设立代表处连续2年；第三,在提出申请前一年的年末总资产不低于50亿美元。对于保险经纪公司,年末总资产应当超过5亿美元;加入后1年内,总资产应当超过4亿美元;加入后2年内,总资产应当超过3亿美元;加入后4年内,总资产应当超过2亿美元。

(5)国民待遇限制:在商业经营方面,外资保险公司不得经营法定保险业务,例如交强险(后至2012年5月起放开),法定保险业务的限制对后来外资非寿险公司的经营业绩产生了严重影响。在强制分保方面,中国加入WTO时,外资保险公司必须将非寿险、个人事故和健康保险基本风险的所有业务向一家指定的中国再保险公司进行20%的分保;加入后1年,分保比例为15%;加入后2年,分保比例为10%;加入后3年,分保比例为5%;加入后4年,取消强制分保。

6.2.4　2004年底至今:中国保险业的全面对外开放阶段

从2004年底开始,除了外资产险公司不得经营法定业务、外资设立寿险公司必须合资且股比不超过50%等限制外,对外资没有其他限制。此外,在履行"入世"承诺的基础上,银行业和保险业监管部门还推出了一系列主动开放措施。例如,进一步放宽了外资市场准入条件;允许境外金融机构投资入股中资金融机构,以外促内推进中国金融业改革;允许外资设立和投资入股各类非银行金融机构,丰富外资经营业态;持续推进行政审批制度改革,提高外资营商便利度等。

同2004年相比,2017年整体上外资寿险和财险公司的数量和保费规模均大幅提升。其中,2004—2017年寿险公司数量和保费规模的复合增速分别为3.03%和24.13%(图6-2、图6-3);财险公司数量和保费规模复合增速分别为4.77%和19.18%。但是,从相对值来看,外资保险公司的经营情况却并不乐观(图6-4、图6-5)。其中,外资寿险公司的保费规模占整体寿险市场的比重持续下降;外资财险公司2017年保费规模也仅仅占比2%,13年来仅增加0.7个百分点,这表明外资保险公司在中国出现"水土不服"现象。

第 6 章　对外开放：奋勇前进的改革排头兵

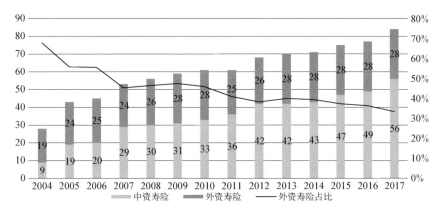

图 6-2　外资寿险公司数量及占比情况

数据来源：保险统计年鉴

图 6-3　外资寿险公司原保费收入规模及占比情况

数据来源：保险统计年鉴

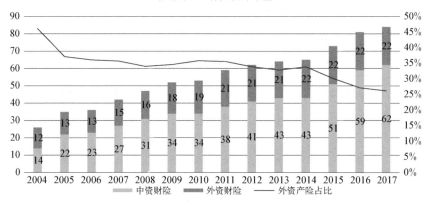

图 6-4　外资财险公司数量及占比情况

数据来源：保险统计年鉴

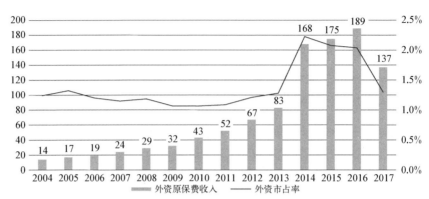

图 6-5 外资财险公司原保费收入规模及占比情况

数据来源：保险统计年鉴

6.2.5 40 年对外开放历程总结：收获与反思

从"入世"后我国保险行业的发展历程和现状来看，扩大对外开放的结果基本满足了我们的内在诉求，实现了技术经验的引进、市场竞争性的提高、行业规范程度的提升，并且在此过程中中资保险公司竞争力迅速增强。

经验借鉴方面，1992 年友邦将个人寿险营销模式引入中国，推动了我国保险代理人职业的迅速壮大和人身险保费的迅猛增长；产品创新方面，美亚财险于 2009 年投放了中国首个并购保证补偿保险，同年中德安联为满足客户差异化需求推出了定制化"超级随心"产品，外资保险公司的新型保险产品激发了中国保险市场的创新热情；技术引进方面，2003 年瑞士再保险公司与北京师范大学合作完成了《中国自然灾害系统图集》，收录近 500 年中国主要灾害的地理气象资料，为我国地震、洪水等巨灾保险市场提供了风险评估依据。事实证明，外资保险公司的引入从多个层面加速了我国保险行业的壮大。

尽管我国保险业在对外开放的过程中取得了显著的成绩，中资保险公司也取得了长足发展，但不可否认的是，在这个发展过程中，也存在一些值得我

第6章 对外开放:奋勇前进的改革排头兵

们反思的问题。

第一,中资保险公司:借鉴和学习停留在浅表层次,"形似"而非"神似"。

中资保险公司在向外国同行学习时,注意力往往集中在可以迅速扩大业务规模、实现增长的产品销售和设计等"显性"手段方面,在这些方面吸收国外先进经验的速度很快、力度很大,而对关系到长远发展的管理、服务等方面却有些着力不足。以个人代理为例,"入世"之后,中资公司纷纷借鉴个人营销模式,个人代理迅速成为中国保险市场最重要的销售渠道之一。据统计,自2014年至2017年,我国保险营销人员数量在短短三年时间内增长超过一倍,从325万人增长至807万人;但是,其产出效率却不高,同期个人代理渠道实现的保费收入占比不升反降,并且代理人人均保费规模也从23.56万元下降至16.19万元,下降比例达到31.3%。此外,我国保险营销人员脱落率长期居高不下。按照2017年数据,我国保险营销人员新增400万人、总计807万人,而2016年保险营销人员总计657万人,脱落率=(657+400-807)/400=63%,这意味着每年新增营销人员中有63%在同年离开保险行业(图6-6)。

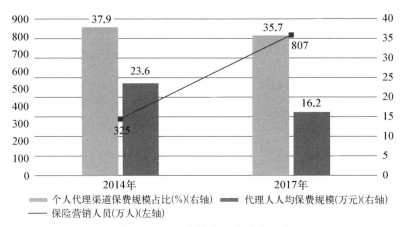

图6-6 保险营销人员产出效率低

数据来源:中国保监会

究其原因,不外乎两方面。其一,中资保险公司对个人营销模式的理解不深刻。在借鉴个人营销制度时,各公司在保费收入和市场份额的"指挥棒"

下，大多只是将其简单地诠释为以佣金制和严格的淘汰机制为基础的激励制度，将个人营销员看作简单的销售甚至"推销"的"利器"，在对代理人的管理上强调数字化的业绩表现和增员情况，却不重视质量；在培训上采取的也是"短、平、快"式的策略，注重说服技巧，却忽视了专业素养、职业道德等方面的培养，导致营销人员缺乏扎实的业务基础，服务质量难以保证。其二，在学习国外先进经验时，"移植"的成分居多，根据国情吸收改造的成分偏少，以至于个人营销制度与中国当前社会制度的诸多方面不能很好地匹配。譬如说，在中国社会保障制度尚不完善的条件下，无底薪的纯佣金制是否可以起到预期的激励效果？这些深层次的问题得不到解决，所谓的"学习"只能是"形似"而非"神似"。

第二，外资保险公司：数十年以来保费规模并未持续高速增长反而经营惨淡。

从人身保险角度看，外资公司市场份额虽然在长期内呈现增长的态势，但起落较大，且水平不高。其主要原因在于股权比例的限制：中国加入世贸组织以来，外资在中国人身险市场的商业存在只能采取合资公司的形式，且外资持股比例不能超过50%。

从实际结果来看，中国"入世"后成立的合资寿险公司，基本都采取了50%对50%的股权均分架构，这造成了控制权分立，导致决策成本高昂，一旦中外双方在经营理念和战略上产生分歧，不仅会限制外资寿险公司的市场拓展潜力，也会阻碍这些公司实现规模经济和范围经济，进而使公司的发展面临很多问题。

从财产保险角度来看，外资公司在产险市场份额偏低，其原因有二：

一是经营地域的集中。尽管2004年底开始外资产险公司的经营地域已经放开，但截至2011年底，大部分外资产险公司的经营地区仅为1～2个城市。主要原因在于外资产险公司开设分公司的成本比较高、监管更加严格，扩张步伐缓慢，而这与外资产险保费规模的增长缓慢形成恶性循环（图6-7）。

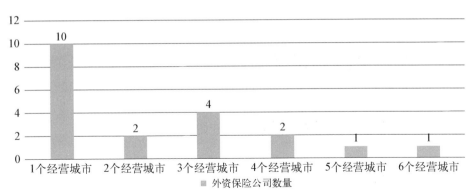

图 6-7　2011 年外资产险公司按经营地区数量分类

数据来源：保险统计年鉴

二是业务范围限制，无法涉足交强险①。一般而言，消费者习惯在同一家保险公司购买包括交强险和车辆损失保险等在内的机动车保险，以便于接受理赔等保险服务。而近两年数据显示，机动车辆保险占产险公司保费收入的 70% 左右，其中交强险部分占产险保费收入 18% 左右（图 6-8）。外资公司难以经营机动车辆保险，使其一方面丧失了很多业务空间，另一方面也失去了从车险客户中挖掘潜在的其他市场机会的可能，特别是难以争取那些希望"一站购齐"、在同一家保险服务提供商那里获取一揽子风险解决方案的客户。

除以上因素外，中西方文化习俗、风土人情等方面的巨大差异也使得外资保险公司对国内保险市场的特点理解不够深刻，甚至出现形势误判、决策错误。

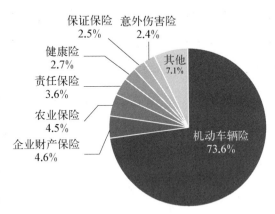

图 6-8　2016 年我国产险保费收入构成

数据来源：保险统计年鉴

---

① 交强险作为法定业务于 2012 年 5 月起开始对外资保险公司开放。

6.3 外资保险公司经营战略

6.3.1 外资保险公司的组织结构战略

（一）外资寿险公司的组织结构

我国"入世"协议规定外国寿险公司必须以设立合资公司的方式进入我国市场,且股权占比不得超过50%。因此,除友邦保险由于历史原因可以以独资形式运营以外,其余外国保险公司均以合资形式设立。表6-4列示了部分外资保险公司的股权结构。

从实际结果看,外资保险公司在中国设立合资公司时,大都倾向于选择非保险企业特别是以实业经营为主的中资大型企业集团作为合资伙伴。原因在于选择财力雄厚、具有良好商誉及/或具有国资背景的大型非保险中资企业作为合资伙伴,一方面外资公司容易获得企业实际经营权,例如中英人寿;另一方面可以在合资公司迅速获取客户资源、扩大影响力、树立良好形象等方面提供强有力的支持,例如中意人寿于2005年获得合资方中石油的200亿元保费的职工团体险大单。

表6-4 部分外资保险公司的股权结构

公司名称	股东及持股比例
友邦各分公司	美国友邦保险有限公司全资拥有
中宏人寿	中国对外经贸信托公司持股49%,加拿大宏利金融集团持股51%
太平洋安泰*	太平洋保险集团和美国安泰保险各持50%股份
安联大众	大众保险公司持股49%,德国安联保险集团持股51%
金盛人寿*	中国五矿持股49%,德国安盛集团持股51%

(续表)

公司名称	股东及持股比例
信诚人寿	中信集团和英国保诚集团各持50%股份
中保康联*	中国人寿保险公司持股51%,澳大利亚联邦银行持股49%
恒康天安*	天安保险与美国恒康人寿各持50%股份
中意人寿	中国石油天然气集团公司和意大利忠利保险集团各持50%股份
光大永明*	中国光大集团和加拿大永明金融集团各持50%股份
海尔纽约*	海尔集团和美国纽约人寿各持50%股份
首创安泰*	北京银行与荷兰国际集团各持50%股份
中英人寿	中粮集团与英国英杰华集团各持50%股份
海康人寿	中国海洋石油总公司与荷兰全球人寿保险集团各持50%股份
招商信诺	深圳市鼎尊投资咨询有限公司与美国信诺北美人寿保险公司各持50%股份

注：*表示该外资保险公司的中方合资股东此后出现了变动

然而,不少合资寿险公司在度过了短暂的蜜月期后,先后出现了"婚姻问题",许多公司的原股东甚至选择退出。合资寿险公司的"婚姻问题"与公司的组织结构存在很大关系。

首先,中外股东之间相互争夺管理权,内耗严重。董事长、财务部门负责人、人事部门负责人等通常由中资股东委派,而总经理、保险营销及管理等部门负责人由外资股东委派。由于合资寿险公司的外方股东往往有着多年保险经营历史,而中方股东大多从未涉足过保险业务领域,因此,双方在经营理念乃至文化背景等方面存在或大或小的冲突。然而在各持50%股权的背景下,谁也不能压倒对方,以致二者之间的矛盾不断加深和扩大。

其次,中方股东对于寿险经营的规律并没有足够清醒的认识,缺乏长期投资和经营的心理准备。很多中方股东对保险经营的规律缺乏应有的了解,再加上国资委对部分国字号中方股东的领导考核具有短期性,这使得不少中方股东过于看重短期内的保费规模和市场占有率,缺乏长期的持续经营理念。因此,当一些合资寿险公司在经营几年之后未能取得预期的目标时,合资寿险公司的中方股东往往不愿继续投入,甚至选择放弃经营、转卖退出。

(二)外资产险公司的组织结构:拒绝合资,选择"分转子"

根据"入世"承诺,2003年底之前,允许外资产险公司设立分公司或者合资公司,合资公司中外资股权占比不超过51%,实际中大部分外资产险公司都选择设立分公司而非合资公司;2003年底之后,则允许外国产险公司设立独资子公司,为此,我国于2004年5月明确规定了允许外资产险分公司在一定条件下转为独资子公司,随后大部分外资分公司均选择"分转子"(2004年之前的13家外资分公司中有11家选择转成子公司)。

为什么大部分外资产险公司拒绝合资,选择"分转子"? 其原因有二:第一,寿险合资公司的前车之鉴表明合资容易产生摩擦和内耗;第二,"分转子"能够大大降低外国产险公司开设分支机构的成本,我国在当时的《外资保险公司管理条例》和《外资保险公司管理条例实施细则》中规定:

——外国产险公司的业务经营范围只限于在分公司注册地,如果要跨地域经营,则需另外成立异地分公司,并增加不低于2亿元的营运资本。

——合资保险公司、独资保险公司以最低注册资本人民币2亿元设立的,在其住所地以外的每一省、自治区、直辖市首次申请设立分公司,应当增加不少于人民币2 000万元的注册资本。

——合资保险公司、独资保险公司注册资本达到人民币5亿元,在偿付能力充足的情况下,设立分公司不需要增加注册资本。

因此,转为子公司后开设省外分支机构所需的营运资本由2亿元降为2 000万元。

6.3.2 外资保险公司的产品战略

(一)外资寿险公司的产品战略

从产品结构来看,中资和外资公司寿险、健康险、意外险业务规模排序基本一致。就总体水平而言,外资寿险公司的业务结构更为均衡,健康险业务和意外险业务在业务总量中的占比基本要高于中资寿险公司的相应占比,但是长期来看中资寿险公司业务结构正朝均衡化发展(表6-5)。

表6-5 外资/中资公司寿险、健康险、意外险保费收入比例

	2004	2005	2006	2007	2008	2009	2010	2013	2016
外资	84:11:5	94:4:2	87:10:3	91:6:3	87:10:3	84:12:4	85:3:12	70:4:26	65:2:33
中资	89:8:3	88:9:3	88:9:3	92:6:2	93:5:2	93:5:2	93:2:5	73:3:24	64:2:34

数据来源:保险统计年鉴

外资寿险公司寿险业务中(不包括健康险和意外险)投资型寿险保费占比总体上与资本市场的收益率存在强相关性。从2005年开始,外资寿险公司开始加大对分红险、投连险等投资型寿险业务的销售力度,并逐年降低普通寿险业务的比重。随着2007年的牛市和2008年的熊市到来,投资型保险保费占比先升后降。2016年熊市期间投资型保费占比同样大幅下降(表6-6)。

表6-6 外资/中资公司普通寿险与投资型寿险保费收入比例

	2004	2005	2006	2007	2008	2009	2010	2013	2016
外资	49:51	22:78	18:82	9:91	13:87	17:83	14:86	20:80	54:46
中资	27:73	27:73	24:76	27:73	13:87	11:89	10:90	18:82	56:44

数据来源:保险统计年鉴

(二)外资产险公司的产品战略

从产品结构看,2012年之前受制于交强险业务限制,外资公司车险保费收入占比远低于中资公司。相应地,企财险、货运险、责任险这些非车险业务成为外资公司的保费主要来源。交强险业务自2012年5月1日开始放开对

外资财险公司的经营限制,2012年当年有2家外资财险公司获准经营,2013年扩大至7家,外资车险保费收入占比也随之开始迅速上升(表6-7)。

表6-7 外资/中资公司车险保费收入占比(%)

	2004	2005	2006	2007	2008	2009	2010	2013	2016
外资	7	10	2	6	3	7	7	33	56
中资	68	69	72	73	72	75	75	74	74

数据来源:保险统计年鉴

从产品创新方面来看,与外资寿险公司相似,外资产险公司凭借着外方股东的先进经验和技术,在责任险、货运险、工程保险等领域推出了一些创新型保险产品。比如,美亚保险先后推出针对商界高管的"董监事高管责任险"、针对大型国企的"并购补偿险"、针对商旅人士的"航班延误险"、针对拟上市公司推出"招股说明书责任险"等;安联保险不断谋求创新,先后推出"电影电视制作方保险""制作方错误和疏忽责任保险""临床试验责任保险""游艇保险"等新产品;太阳联合保险公司推出"可再生能源保险""水产养殖保险"等。这些都是本土产险公司尚未涉足的领域。

但由于目标客户大部分是在华外资企业,这些"舶来品"——所谓的创新产品大部分水土不服,例如美亚保险先后推出针对商界高管的"董监事高管责任险""并购补偿险"等,但市场反响却不大。

6.3.3 外资保险公司的营销渠道战略

就外资寿险公司而言,整体上渠道收入结构和中资寿险公司相差不大,这意味着未来渠道上的竞争将加剧。外资公司对个人代理渠道的依赖程度略微低一点,对专业中介依赖程度略微高。从变化趋势来看,外资保险公司对个人代理渠道依赖程度下降,对兼业代理依赖程度上升,中资公司则相反(表6-8、表6-9)。

表6-8 2010年外资/中资寿险公司各渠道保费收入分布(%)

	个人代理	专业中介	兼业代理	保险直销
外资寿险公司	39.59	5.14	48.74	6.53
中资寿险公司	43.94	0.52	50	5.54

数据来源：保险统计年鉴

表6-9 2016年外资/中资寿险公司各渠道保费收入分布(%)

	个人代理	专业中介	兼业代理	保险直销
外资寿险公司	29.18	3.73	59.54	7.55
中资寿险公司	46.94	1	45.35	6.71

数据来源：保险统计年鉴

但同时外资寿险公司则存在渠道结构的分化。由于受到公司传统、股东背景等因素的影响，不同的外资寿险公司对于不同营销渠道的依赖程度存在明显差异。表6-10以2010年为例分析了部分外资寿险公司各渠道保费收入的分布。例如中法人寿和招商信诺的中方股东为国有银行，保险销售完全依赖银保渠道，因而兼业代理保费收入占比达100%。

表6-10 2010年部分外资寿险公司各渠道保费收入分布(%)

	个人代理	专业中介	兼业代理	保险直销
友邦	83.62	0.41	13.56	2.42
中宏人寿	100	0	0	0
中法人寿	0	0	100	0
招商信诺	0	0	100	0
长生人寿	39.01	0	11.14	49.85
联泰大都会	10.4	0	34.77	54.83
海康人寿	10.81	30.26	49.3	9.63
金盛人寿	50.56	3.97	31.81	13.66

数据来源：保险统计年鉴

就外资产险公司而言,由于经营范围受限和区域活动范围过窄,既无必要也无能力去拓展多方面渠道。一方面,其业务范围主要集中于责任险、货运险、企财险等非车险业务,这些业务的需求弹性比较小,技术含量和专业要求比较高;另一方面,外资产险公司的经营区域还比较狭窄,这些因素使得外资产险公司在营销渠道的拓展上更多地依赖于本公司的直接销售部门、专业的保险代理公司和保险经纪公司,而对兼业代理机构和个人代理人的依赖程度比较低(除了美亚、安盟、利宝等少数几家外资产险公司)。

6.4 中国保险公司"走出去"

6.4.1 探索中的中国保险海外战略

只有"引进来",没有"走出去"的开放,不是真正的对外开放。"走出去"战略一直是中国对外开放战略的一个重要组成部分。保险业走向国际市场可以增强保险业在经济全球化背景下的竞争能力和发展能力,适应境外直接投资和为国际贸易服务的迫切需要,符合国家"积极参与全球经济治理和区域合作、积极创造参与国际经济合作和竞争新优势"的对外开放战略。

然而,到目前为止,中国的保险业尚未培养出国际知名品牌,虽有几家保险公司进入财富500强,但其海外业务却乏善可陈,缺乏国际影响力。国际化是未来中国保险业健康发展、成长壮大的必由之路,只不过这条路将漫长且艰辛,成功之前还会遇到很多坎坷和多次的挫败,但毋庸置疑的是,随着经济的全球化和中国对外开放的进一步深化,中资保险公司必须置身于国际舞台,走向国际市场,在经营好本土业务的同时,参与到更广阔的国际竞争中去。唯有如此,才能逐渐形成国际竞争力,才能培养出国际品牌,才能参与国际竞争规则的制定,才能在国际化市场中占据一席之地。

我国保险企业需要"走出去"的一个主要原因是保险产业对实业的跟进，保险企业需要为实业发展提供风险管理服务，为本国实业进入其他国家保驾护航，正如40年前外国保险公司迫切希望进入中国一样。在现代市场经济条件下，企业参与国际化竞争的过程中如果没有保险公司提供专业的风险管理服务，就如同缺乏护航的商船船队，其风险将会大大增加。

商务部统计数据显示，截至2016年底，我国对外直接投资存量超过1.3万亿美元，境外资产总额达到5万亿美元。2012—2016年间，我国对外承包工程完成营业额累计约7100亿美元，年均增长9%，目前我国已经成为世界主要的对外承包工程国之一。我国非金融类直接投资额也从2012年的878亿美元提升至2016年的1701亿美元，对外投资增速保持在两位数以上；其间累计派出各类劳务人员超过250万人，累计出国留学生总人数超过230万人。随着国内资本和劳务输出的规模和地域范围进一步扩大，迫切需要国内保险机构随之走向国际市场，支持、服务于中国企业在海外的各种商业活动，提供及时可靠的风险管理和保险保障服务。

从另一个方面看，中国保险业将外资保险引进来的一个目的是希望借此学习外资公司在经营战略、风险管理、公司治理、精算技术、产品创新、营销体制、人员培训等方面先进的技术和管理经验。但实际上，外国保险公司的核心技术中国是很难轻易接触到的，这就需要我国保险企业"走出去"到国际市场，到发达国家去学。比如就保险公司风险管理服务能力比较强的德国和韩国而言，保险公司为企业客户所提供的风险管理服务及其核心技术不到德国和韩国本土是很难学到的，受限于各种条件，德国和韩国保险公司在中国的分支机构的风险管理优势也很难发挥出来，很难为东道国提供具有鲜明特色的模板。

但必须指出的是，"走出去"的风险也是不容忽视的，特别是在国际政治经济环境不断发生剧烈变化的背景下，风险应是我国保险公司走向国际市场首要的考虑因素。保险行业内有平安投资富通巨亏百亿的案例，保险行业外则更多，如中国航油石油期货巨亏5.5亿美元、中国铁建投资沙特轻轨项目亏损41亿元人民币等。除了面临风险以外,中国保险企业"走出去"参与竞争还需要克服以下一些障碍。

1. 国际并购经验与国际化人才的匮乏

尽管兼并收购是海外拓展的一条捷径,但海外并购离不开投资银行等国际金融机构。一些国际金融机构表面上是实力雄厚、信誉卓著的金融组织,实际上其背后却是居心叵测、无所不为的"金融大鳄",以设计陷阱猎杀新兴国家的投资者为获利手段。保险企业"走出去"之前必须深入学习和总结国际并购的经验,否则就可能会付出昂贵的学费。与并购经验紧密相连的是国际化人才。以平安保险为例,虽然平安高层是国内保险业最优秀的管理团队之一,60%以上的高层人员都具有国际化背景,但在真正走向国际市场的过程中仍不免折戟沉沙,这表明中国保险业国际化人才积累仍然不足。

2. 海外拓展"本土化"问题

外资公司在我国发展缓慢与其本土化滞后有一定的关系。中国保险企业"走出去"之后也会遇到同样的难题,而且考虑到国外保险市场更加成熟、竞争更加激烈,"本土化"会更难实现。解决本土化问题的出路之一就在于向"引进来"的外资保险公司中的佼佼者学习,借鉴它们在中国实现本土化的经验。

6.4.2 案例:中国平安走出去投资富通集团的冷思考

(一)平安保险集团投资富通集团

2007年11月27日,中国保险巨头之一的平安保险集团吹响了进军海外的号角,斥资约18.1亿欧元从二级市场直接购买欧洲富通集团(Fortis Group)9501万股股份,折合约富通总股本的4.18%,一跃成为富通集团第一大单一股东。这一收购名噪一时,它不仅意味着中国保险公司首度投资全球性金融机构,也可能成为中国保险机构保险资金运用的经典创新。

第6章 对外开放：奋勇前进的改革排头兵

2008年3月19日，平安董事会审议通过《关于投资富通投资管理公司的议案》，同意投资富通投资管理公司吸收合并荷兰银行旗下资产管理公司（不包括某些非核心资产）后全部已发行股份的约50%。但最终由于市场环境及其他状况影响，这桩交易胎死腹中。2008年底，平安保险集团最终将持富通集团股份比例锁定在4.81%，共1.21亿股，总投资额达238.74亿元人民币。

随着富通集团在金融危机下被逐渐卷入其中，按照审慎原则和相关的会计政策，平安在2008年第三季度财务报告中对富通集团股票投资进行减值准备的会计处理，把在平安集团2008年9月30日净资产中体现的约157亿元人民币的市价变动损失，转入了平安集团的利润表中进行反映。2008年第三季度平安集团季度报表出现净亏损78.1亿元人民币，而上年同期实现净利润36.2亿元人民币。

平安集团对投资富通进行会计损失确认的同时，也是富通集团被国有化和分割的开始。2008年9月29日，富通集团宣布，荷兰、比利时、卢森堡三国政府为挽救富通集团达成协议，分别出资40亿、47亿和25亿欧元，购买富通集团在各自国家分支机构49%的股份，以增强富通集团的资本实力，三国政府同时为富通集团内各银行提供流动性支持。2008年10月，比利时政府控制了富通集团，以避免其陷入破产。同时在比利时、荷兰和卢森堡三国政府牵线下决定将富通的荷兰部门出售给荷兰政府，将比利时部分资产以现金加股票的方式作价200亿欧元出售给法国巴黎银行。根据协议，还将创建一个控股公司吸收富通的问题资产。

这一做法产生的后果是：根据交易协议，富通估价仅为每股1欧元（合1.29美元），远远低于2007年同期14欧元的股价。交易后的富通将给股东们留下一个穷困潦倒的控股公司，持有小规模的国际保险业务、现金和不良资产。因此这一决议遭到了股东们的激烈反对。2008年12月，比利时法院裁定富通的交易重组必须进行特别股东表决。而且，比利时调查法官怀疑时任比利时首相的莱特姆涉嫌秘密向法官施加影响。在公众压力下，莱特姆首相被迫于2008年12月辞职。2009年1月，比利时政府就交易重新进行谈判，允许富通保留在比利时银行和保险业务的股份。

2009年2月11日,富通集团股东大会在比利时布鲁塞尔举行。这次股东大会的主要议题是对比利时政府处理富通股权的议案进行表决。最后,中国平安投出反对票,在这次表决中共有42.99%的股东投票否决了荷兰政府购买富通在该国的资产;另有49.74%的股东否决了比利时政府收购富通银行,富通集团的股东们以微弱的优势否决了比利时政府作价200亿欧元将富通出售给法国巴黎银行的交易,迫使比利时政府不得不重新回到谈判桌前,这才有了3月7日达成的新协议:比利时政府将转让富通银行比利时业务75%的股权给巴黎银行。作为代价,巴黎银行将向比利时政府增发新股。富通银行还将出资13.75亿欧元收购富通保险25%的股份,以加强银保业务联系。由此,富通将转变为一家保险公司。

(二)富通分拆对平安的影响

针对3月份达成的协议,4月28日及29日,富通集团在比利时、荷兰两地举行股东大会。就在此次投票前夕,中国平安于4月26日再度发表声明,声称将对新出售方案投反对票。然而平安的努力未能阻止富通被分拆的命运。4月28日,比利时召开的富通股东大会以73%的票数通过了富通分拆协议;29日晚,在荷兰召开的富通股东大会又以77.65%的票数通过。这两次投票意味着法国巴黎银行仍将获得富通银行75%的股权,而富通银行将在法国巴黎银行融资担保下,以13.75亿欧元购买富通比利时保险公司25%的股份。

尽管先前富通国有化和分拆的历程一波三折,尽管富通分拆遭受多方争议,尽管先前召开的特别股东大会甚至因为有人向富通集团的前控股公司富通控股的管理层投掷鞋子和其他物品而一度被迫中断,但是在这次关于富通分拆议题的股东大会上股东们却以高于70%的票数同意富通分拆。从富通控股2008年度财务报表上公布的主要股东情况可以看出,平安作为富通的大股东,持股比率为4.81%,富通银行的持股比率为4.98%,其余的股东分布情况为:比利时和卢森堡占18%,荷兰占12%,英国占23%,德国占8%,剩下的30%股份由世界其他各地的股东拥有。由于股东大会实际上是各方利益集团的博弈,正当的市场竞争秩序也因此可能存在短期的市场失灵或者扭曲。从以上持股比例可以看出,平安虽然是大股东,但它同时也是来自亚洲的深入欧洲腹地孤军作战的富通股东,富通股东大会上孤掌难鸣的局面也显得容易解释。平安在整个过程中扮演着唯一一个反对富通分拆的机构投资者角色,平安的孤独由此可见,平安的无奈也令人心酸。

分拆方案通过以后,富通集团业务将由原来包括银行、保险和资产管理三个部分缩小成为仅剩下保险业务。平安集团先前拟通过购买富通股权与富通集团银行、保险和资产管理三大业务实现互补的计划彻底落空,而重组后富通集团的保险业务也未必能做到独当一面。

(三)平安海外投资的再思考

平安保险集团投资富通集团无疑已经被证明是一个失误的投资决策。鉴于平安在富通的投资大部分已被冲销,该公司在这桩投资上已没有多少可再失去的了。要想在同比利时政府的博弈中获取更大的经济利益,平安必须认真地分析比利时政府所面临的困境和他们解决问题的思路,据此找出切入点以提高自己在决策过程中的筹码。

除了在重组计划中尽可能地维护自己的投资利益,平安也可以适当地寻求比利时政府的经济补偿。根据我国 2005 年 6 月 6 日与比利时政府签订的《中华人民共和国政府和比利时—卢森堡经济联盟关于相互促进和保护投资的协定》中的相关规定,缔约各方承诺不采取任何征收和国有化措施,或任何具有直接或间接剥夺缔约另一方投资者在其领土内的投资的效果的措施。如果出于公共目的、安全或者国家利益的原因需要违背以上规定,则该国应当根据国内法律程序采取措施,而且措施不应该具有歧视性,并且应当同时给予赔偿。显然,富通事件中比利时政府根据相关保护投资协定应该给予平安相应的补偿。平安集团必须重视利用各项法律或者公司制度来维护自己的权利,比如通过运用股东诉讼制度中股东直接诉讼(股东直接诉讼是指股东为了自己的利益而基于股份所有人地位向其他侵犯自己利益的人提起的诉讼,此处侵犯自己利益的人包括股东所在的公司及董事或其他股东)和股东代表诉讼（股东代表诉讼是指当公司怠于通过诉讼手段追究有关侵权人员的民事责任及实现其他权利时，具有法定资格的股东为了公司的利益而依据法定程序代公司提起的诉讼）等工具为自己维权。尽管未来的路仍然很长，过程很复杂，但富通解体只是平安保险维权的开始，平安必须与有关当局保持接触以保护公司的合法权益。

此外，中国平安在2008年的财务报表中称，2008年的国际金融危机促使人们对全球经济、金融业的发展道路进行反思，如何平衡收益和风险，是伴随经营与投资活动的永恒课题。平安想从富通投资案中摆脱出来的急迫心情可以理解，但越是这个时候，越需要展现出自己的冷静和耐性，充分行使自己的权利。金融危机对中国企业来说既是挑战也是机遇。然而我们不能忽视许多中国企业的发展时间不长这一现实。由于大部分中国企业只有二十几年、十几年甚至更短的发展历史，与海外许多百年老店相比，它们不仅在自身产品、产业层面等方面还不具备世界范围的竞争力，更重要的是在管理经验、流程、资本、人才、制度和企业文化等更多层面上，不具备海外扩张的综合本领。贸然地进行海外并购，只会使企业陷入无法自拔的困境。中国金融企业一方面要抓住机遇，另一方面则要量力而行，客观实际地制定海外扩张战略，积极稳妥地实现海外扩张。

最后，看待平安海外投资的失败，不能仅仅关注金融危机下对投资组合的选择和投资策略的设计，实业界和理论界应该更多地关注中国保险业如何在全球经济中的定位、如何面对危机和在海外投资中的维权、如何使中国保险公司在国际金融市场上发挥更为积极的作用，这才是我们应该从平安投资富通事件中得到的深层次的启发。从这个层面上看，平安富通投资中股票投资减值准备227.9亿元的损失，是为中国保险业未来更好地进军海外资本市场而缴纳的高昂学费。中国保险企业在"走出去"的过程中势必会遇到困难，我们要冷静并做好碰壁的准备，这也是中国作为保险大国崛起或者说从保险大国到保险强国转变的必修课。

第7章

交易平台：中国保险交易所建设

2016年6月12日,我国第一个国家级、创新型保险要素市场——上海保险交易所在上海揭牌成立。上海保险交易所的成立是改革开放40年来中国保险业寻求创新之路、实现制度创新、谋求保险业跨越式发展的有益尝试。

7.1 上海保险交易所简介[①]

上海保险交易所于2015年11月获国务院批准同意设立,2016年6月12日正式开业,由原保监会直接管理。上海保险交易所是严格按照公司法组建的股份有限公司,由91家股东发起设立,首期注册资本22.35亿元,注册地位于上海自贸区,中文简称"上海保交所",英文简称"SHIE"。

上海保险交易所的经营范围为:为保险、再保险、保险资产管理及相关产品的交易提供场所、设施和服务;制定并实施相关业务规则;协助委托人选择保险经纪公司、保险公司、再保险公司等保险机构及办理相关手续;代理销售保险及相关产品并代理收取费用;提供保险、再保险、保险资产管理的支付、结算;提供信息安全咨询、信息技术外包服务,提供与保险、再保险市场相关的研究咨询、教育培训及数据信息服务;开展与公司业务相关的投资;法律法规允许的其他业务。

上海保险交易所以社会公众的保险服务需求和保险行业的经营管理需求为导向,按照"公司化、市场化、专业化"原则,围绕保险风险交易主线,搭建保险、再保险、保险资产等产品的交易平台,配套构建账户管理、资金结算、信

---

① 参见上海保险交易所官方网站:https://www.shie.com.cn/index.html。

息披露、市场咨询、运营系统、数据管理等一站式综合服务体系。目前,上海保险交易所已建立权责明确的公司治理架构,设立了办公行政、人力资源、财务管理、法律合规等支持部门,组建了专业的管理团队,全力保障各业务平台的建设和稳健运营。

上海保险交易所的目标是提高市场效率和发展普惠保险,建设创新型、智慧型的保险综合服务平台和保险基础运营平台,加强团队建设,提升自身创新能力,努力建设"立足上海、面向全国、辐射全球"的世界一流交易所。

7.2 中国保险交易所建立的意义

7.2.1 规范保险市场发展,改善保险行业形象

中国保险市场目前正处于阶段转型期,签约和履约质量都有待提高。中国的保险交易所将实行会员制,交易方式采取的是专业经纪人询价撮合成交。在交易所中,保险交易受到国家法律法规、交易所交易规则和政府监管部门等多方面的约束和监督,使得保险交易能够公开、公正和公平地进行,保险交易的缔约、履约质量将大幅度提高,这必将大大规范保险市场的发展。

在交易所交易的都是一些大风险、大额度、大项目和团体性的保险和再保险业务,而这些业务本身也是保险企业竭力争取的保险项目。在交易所交易这些保险项目,使得各保险企业竞争完全在阳光下进行,体现的是公开、公平、公正交易的精神。这一方面可以避免出现各保险企业竞相拉低保险费率进行不正当竞争的问题,使保险费率及交易费用都处于一个合理的水平范围内,有利于降低保险企业的经营风险,增强保险企业的盈利能力,提高中国保险业在国际保险市场的定价能力;另一方面将促使保险企业转变旧的经营模式和保险交易方式,创新企业经营管理,促进保险企业经营模式、销售渠道和保险服务创新机制的形成与发展,并进一步促进中国保险业与国际保险成熟

市场接轨,从而提高上海乃至全国保险企业的质量,同时也将极大地改变中国保险行业的形象。

7.2.2 保单转让交易有利于保护消费者的合法权益

寿险保单尤其是长期寿险保单具有一定的现金价值,随着投保人缴费年限的延长,现金价值也越来越高。在保险期内,保单的现金价值总是要低于保险到期的保险金额,特别是保单期限较长而缴费年限较短的保单,其现金价值甚至要低于投保人实际缴费金额。在保险期内投保人会因某种原因想退出保险;或者由于经济收入发生变化,无力再续缴以后期间的保险费;或者由于购买时并不真正了解所购买的产品,待了解后又后悔但过了犹豫期;或者购买了保险后投保人又需要将资金用于其他急需。在这些不同情况下,现在保单持有人分别可以有三种选择:一种是将保单向保险公司或银行质押,进行贷款来缓解自己的资金需求,但这要承担高额的利息支出;另一种是向保险公司退保,按照保单上列明的现金价值金额取回,以满足自己的资金需求,但这也要承担部分损失,甚至所取回的金额要低于投保人所实际缴付的金额;第三种是运用保险特有的技术,如采取保单"减额交清"方式,不再支付以后期间的保险费,而维持保单继续有效,但这将使保障程度降低,现时的资金需求仍有可能难以满足。这三种选择体现的都是保险企业单方面的意志,它难以体现保单的实际价值,保单持有人的利益难以得到充足保障。

长期寿险保单(包括分红型、投资型)拥有预期收益,保单还具有现金价值,因此应该可以进行自由转让,但由于缺少转让平台及转让机制,保单的价值难以真正实现。保险交易所设置的交易平台正是可以进行寿险保单转让,使保单持有人通过交易所提供的转让服务随时实现它的价值。一方面,它将使保险企业更多地开发有利于自由转让的新的寿险产品,进而使保险产品更加丰富,适应不同层次人们的需求。保交所的设立使得长期寿险产品不但是经济保障产品,还是一种投资产品,一种可以像银行理财类金融产品、证券类产品一样自由转让的金融产品;同时也促使保险企业对寿险产品的定价更加精确和合理,深刻地影响人们对于保险产品的认可度。另一方面,由于长期寿险产品的转让是公开、公正、公平进行,以市场交易的形式转让,在原有的方式之外又多了一种市场化的方式,使保单持有人多了一种获得既有保单合理现金价值的选择,而且还使原来错过了购买相应保险产品的消费者有了一个加入的机会,有利于切实保护保险消费者的合法权益。

7.2.3 打破保险地域限制

目前保险企业的业务范围受地域限制,例如在上海注册落户的保险企业只能在上海市境内从事保险业务经营,不能跨地域经营。就财产保险而言,唯有上海市境内的企事业单位、个人的财产才是上海保险企业的展业对象和保障对象;就人身保险而言,也只有上海市境内的人员才是上海保险企业各类人身保险的保障对象。因此,计算保险规模的深度与密度也无不以上海市的地区生产总值和人口总量作为参照值。由于上海市地域有限,作为一个城市,它是全国最大的城市,城市人口也仅次于重庆市;但作为一个省级行政区却不仅面积小,人口也远远低于河南、四川等人口大省,处于中等偏下的地位,在一定程度上制约了上海保险业的壮大和发展。近几年来上海市的保险费规模一直处于全国第五、第六位就是一个很好的说明。

由于交易所中保险和再保险产品交易的都是大型项目、团体类人身保险等,而且能够在交易所通过公开、公正、公平手段销售保险产品的都是会员公司,全国各地的投保对象都可以在交易所内通过交易平台购买到合适的保险产品,因此保险交易所的设立打破了地域界限,各地保险业务的发展不再局限在本地范围内,各保险企业也不一定需要在各地层层设立分支机构开展业务,基层分支机构的展业对象也可能因此更多的转向个人保险和相对小型的保险项目。因此,保险交易所的成立对全国保险市场格局、保险企业经营模式都会产生很大影响。另外,由于目前政府保险监管部门对保险业的监管是保险类别条线和区域监管相结合,保险交易所的平台交易打破了地域界限,这对于保险业监管也将产生重要影响。以上这些变化都将对中国保险业发展态势产生深远影响。

7.2.4 国家保险开放的重要抓手

2014年国务院《关于加快发展现代保险服务业的若干意见》("新国十条")中强调了保险业要积极改革创新、扩大开放的基本原则,这一基本原则的提出是在契合我国整体开放度提升的基础上对保险业提出的新要求。其中关于"加强基础建设,优化保险业发展环境"(第九条)重点提出要加强保险业基础设施建设,加快组建全行业的资产托管中心、保险资产交易平台、再保险交易所、防灾防损中心等基础平台。

中国保险业在践行"新国十条"的基础上进行了大力创新,上海、北京、成都和深圳等多地提出了建设保险交易所(中心)的设想。自2013年9月29日中国(上海)自由贸易区正式挂牌后,上海、天津、福建和广东等多地自贸区开始建设,势必需要保险业的保驾护航。我国贸易总量、航运吞吐量、金融交易量的快速扩大需要保险业根据自贸区改革的政策探索创新型、服务型的保险产品,建设新形式的保险组织,为在自贸区落户的中外资企业提供必要的风险管理手段,使自贸区的发展更加稳定、投资环境更加安全。基于自贸区试点的大环境,建设区域性的保险交易中心必将提高中外企业的资金安全系数,为进入自贸区的企业提供配套的中介、风险管控服务,提升现代保险服务业格局。

在国家层面,不仅自贸区的开放为保险发展提供了新机遇,习近平主席提出的"一带一路"倡议也要求保险业能够通过自身的"大格局"发挥积极的支持作用。"一带一路"倡议以经贸合作为基石,在基础交通建设、贸易与投资等方面与沿线各国友好合作、互利共赢,这使得保险资金大有可为。除了继续发挥资金融通功能、大力发展出口信用保险和境外投资保险外,"一带一路"倡议的提出也要求保险业建设区域性的保险交易中心,提高境内保险行业对"一带一路"沿线相关风险的承保能力,促进"一带一路"建设的良性发展。

因此,保险交易中心的建立是必要的。它能够通过提高保险业对内对外的开放水平,服务中国企业"走出去",吸引外资企业"走进来",成为保险业开放的有力抓手。

建设保险交易中心有其必然性,国内保险业近年来的发展也为建设保险交易中心打下了良好的基础。除了上文已经提及的"新国十条"鼓励险企加快发展再保险市场、充分发挥保险中介市场作用,对保险交易中心的建立产生了积极的政策推动之外,各地建立保险交易中心以创造社会效益和经济效益的意愿也十分强烈。区域性保险交易中心的建立可以通过保险公司的落地、保险资本的流入、保险保障功能的发挥,为当地创造极高的社会效益与经济效益。京、沪、蓉、鹏、渝五地均争相建申请立保险交易所。北京方面提出希望通过保险交易中心,侧重发展再保险与保单贴现业务,并降低保险公司交易成本,为客户提供自助选购保险的平台;上海与深圳则聚焦于交易原保险、再保险、保单转让、保险证券化的一体式保险交易中心,同时深圳还希望能够引进香港元素,借助粤港澳大湾区的概念发展保险交易中心;成都以巨灾保险为切入点提出着手设立保险交易中心;最晚提出建设保险交易所的重庆则倾向于通过运营平台和产品登记结算中心两大板块对接资产交易、机构间市场、电子商务和投融资项目四大平台,打造境内外的创新性一体化综合性金融要素市场。

7.3 中国保险交易所与国际保险交易所比较

上海保险交易所虽然是在借鉴国外各保险交易所的经验上成立,但是遵循了中国国情,探索出具有中国特色的保险交易中心。本部分按照不同的发展模式将劳合社、纽约交易所等不同的保险交易所分为"英式""美式"及"其他形式",以此来突出中国保险交易所与其他地区保险交易市场的差异。

7.3.1 英式保险交易所

英式保险交易所指的是以劳合社为代表的、包括纽约保险交易所等组织的一种保险交易所模式。劳合社脱胎于1688年劳埃德的咖啡馆,并于1871年正式成为一个保险社团组织。它以会员们组成的承保辛迪加为主体,通过劳合社认可的保险经纪人与客户接洽了解需求,再由保险经纪人与承保辛迪加中的承保代理人进行联系,确定该辛迪加的承保费率与承保份额,若未完全承保,则由该保险经纪人再到下一个辛迪加进行商谈,直至该保单被完全承保为止。在这一过程中,劳合社仅作为交易的场所,通过设立会员与经纪人门槛限制、保证金制度、辛迪加承保账册审查等方式管理市场风险。截至2014年6月30日,劳合社2014年前半年的税前利润为16.7亿英镑(合计20.9亿欧元),同比上涨21%,并在综合成本率、投资回报等方面有了更好的表现。

1980年纽约保险交易所在纽约金融区开业。其主要承保的三类型风险包括再保业务、美国之外的各类直保业务和被纽约自由贸易区拒保的其他国内保险业务。交易所以劳合社为模板,吸纳劳合社会员制度的精华,吸收国际上各类非股份制保险公司的加入,包括东京海上日动火灾保险公司、住友海上火灾保险公司、中国人民保险公司在内的许多国际性保险公司都曾加入过这一保险交易所。为和劳合社争夺国际市场,纽约保险交易所也设立了种种制度以规范分保、再保流程及风险控制,譬如与劳合社类似使用经纽约保险交易所认证的保险经纪人、成立保险辛迪加、设立保证基金等。但遗憾的是,过于注重保险市场份额的占据、过于重视保费的增长导致辛迪加组合承接了大量不良保单,过高的赔付率使部分承保组合走向破产边缘,这也导致了纽约保险交易所的大额亏损,最终于1987年宣布解散。

从英式保险交易所的状况来看,劳合社的成功主要来自以下几个方面:

(1) 悠久的历史传统。劳合社诞生于保险业初步成型的时代,在当时的保险界形成了一个保险人的联合体,使其具有良好的声誉并能承受较单一保险人更大的风险。在国际保险业飞快发展的年代,劳合社80%的业务来自海外,为它在全世界各地的扩张奠定了良好的基础。(2) 劳合社注重创新的品质。在劳合社诞生了世界上第一张盗窃保单、汽车保单、能源保单、飞机保单和责任险保单,与时俱进的创新和始终坚持面对面的沟通交流形式使劳合社始终能够成为各类创新保单的开创者和规则制定者,也使越来越多拥有个性化保险需求的机构和人士对劳合社青睐有加。(3) 众多的会员与庞大的资本。目前,劳合社拥有91个辛迪加组织,而这一数据在1999年时为122个,在1980年时为400个。尽管辛迪加数量明显减少了,但每个辛迪加的平均资本却从600万英镑跃至2.87亿英镑。众多的会员使得风险在辛迪加间的分摊变得更加有利,免除了风险过于集中的困境。而庞大的资本则是各辛迪加得以承保各类风险,乃至承保巨灾风险的保证,较大的资本量也使得劳合社有足够的容错率进行保单的创新。(4) 适时的改革。劳合社成立三百余年以来,一直在不断进行自我革新以保持活力。劳合社在20世纪曾经遭遇过累计亏损达80亿英镑的危机,但劳合社及时进行了改革,将新加入会员调整为有限责任制度,并允许接收有限责任的法人进入劳合社。又如劳合社在进入中国时,为了符合中国保险法中的相关规定,对其职能和规则做出一定改变。尽管劳合社历史中的部分特色逐渐淡薄并消失,但是不拘泥于历史和陈迹的特点使它得以持续在世界保险业中占据极为重要的地位。(5) 专业的经纪人和代理人。劳合社通过对保险经纪人的资格认证,确保了经纪人的进入门槛,使经纪人有足够的专业素养为投保人选择最适合的保险,也使得劳合社这一市场相当专业和有效率。

与此相对,纽约保险交易所的失败主要在于急于成长为足以与劳合社抗衡的保险交易市场,这使得纽约保险交易所在保费快速增长的情况下忽略了接收的保单的质量问题,最终导致入不敷出,无力继续承接保单。

总而言之,英式保险交易所这一模式是保险交易所的始祖。这一模式的交易主体一方是经过交易中心认证的个人或法人会员组成的保险辛迪加，一方是专业经纪人；其经营范围主要为保单分保和再保，接受含财产险、寿险、健康险等几乎所有类型的保单，其特征是"会员制"的交易与管理。劳合社计划将在2025年前使伦敦成为全球特殊风险和再保险的主要交易中心，并更加注重东南亚、中国、东欧和拉丁美洲等新兴市场。

7.3.2 美式保险交易所

美式保险交易所即平常所说的保险期货交易所模式，以纽约巨灾风险交易所为代表，并在美国芝加哥交易所、百慕大商品交易所等交易所存在着一定的同类产品，也有部分巨灾风险衍生品由保险公司通过SPV上市发行。不同于英式以分保为特点的形式，美式保险交易所在形式上与证券交易所更为相似，同时，纽约风险交易所也通过计算机技术为保险人提供线上的再保，以期降低保险人间的成本，并提高效率。来自CATEX的数据也显示，纽约巨灾风险交易所每年约发生55亿美元的保费和索赔额。1992年，美国芝加哥交易所首次推出巨灾保险期货，这种模式逐步发展，1994年，纽约设立巨灾风险交易所。与其说美式保险交易所交易的是传统意义上的"保险"，毋宁说其交易的是经过数值计量后的"风险"。美式保险交易所不出售保单，而是通过计算机交易的风险交换系统，对风险进行充分衡量后进行飓风、地震等巨灾风险的兑换，并可通过寿险债券内含价值证券化的方式，转移寿险中来自死亡率和长寿的风险。通过以上几种方式将保险风险转移到资本市场，这使这类交易所成为非传统风险转移的重要途径。尽管ISO巨灾期权和PCS巨灾期权在推出五年后由于交易量过低（PCS巨灾期权1999年交易量仅561件）而停止交易，但由SPV推行的巨灾债券却有了较大的发展。根据SwissRe的数据，1996—2003年巨灾债券交易总金额为134.99亿美元，而到2016年，这一数字很可能增长至300亿—440亿美元。

美式保险交易所的主要贡献是通过证券化方式扩大了保险业的承保容

量,并使其他机构都可以参与到对保险风险的交易中来,用资本为风险保驾护航,并通过飞速发展的计算机技术创新性地为巨额风险交换提供交易平台。

美式保险交易所的交易主体是非股份公司的保险人,其经营范围与针对几乎所有类型保单都可承保的劳合社模式不同,一般只接受财产险、意外险的巨灾证券化和寿险的证券化,在种类上较为单一,在承保能力上却有了大幅拓展。其基本特征可被概括为风险证券化。未来,美式保险交易所在继续使用互联网技术连接保险人与再保险人的基础上,将继续尝试创新各类保险衍生品,以更好地适应风险转移的需求。

7.3.3　其他形式保险交易所

其他形式保险交易所主要指的是有特殊目的、用于特殊方向的保险交易所,以美国医疗保险交易所为主要代表。医疗保险交易所是奥巴马"全民医保"计划的一个重要组成部分,美国作为一个社会保险发展程度不及其他发达国家、主要以商业保险覆盖保险需求的国家,拥有大量的无医保覆盖者。因此,该保险交易所的主要目的是针对无医保的4 600万人,强制其在各州"交易所"必须购买医疗保险,并在发生疾病时由健康维护组织"医疗之家"(medical home)进行初步诊断。截至2015年1月,医疗保险交易所通过搭建网站,并由各州自主建立交易所,已经覆盖了全美37个州,已有950万联邦居民申请医疗保险。

虽然医疗保险交易所名为"保险交易所",但其实质是社会医疗保险对全民的覆盖,其交易主体是交易所与普通民众,经营范围只局限于购买医疗保险,几乎不存在分保、再保、保险证券化等特征,与以上提到的保险交易所均有明显的不同。

7.3.4　保险交易所国际比较

上海保险交易所2016年6月成立,采用了英国劳合社、证券交易所和互

第7章 交易平台：中国保险交易所建设

联网科技相融合的方式,学习各类模式的先进之处,在经营范围、基本特征等方面对上述三种已有的保险交易所形式均进行了扩展。

上海保险交易所基本制度采用英国劳合社实行的会员制,交易方式采取的是专业经纪人询价撮合成交。各类保险交易受到国家法律法规、交易所交易规则的约束和政府监管部门等多方面的约束和监督,使得保险交易能够公开、公正和公平地进行,保险交易的缔约、履约质量将大幅度提高。

完成了扩展后的上海保险交易所经营范围为：为保险、再保险、保险资产管理及相关产品的交易提供场所、设施和服务；制定并实施相关业务规则；协助委托人选择保险经纪公司、保险公司、再保险公司等保险机构及办理相关手续；代理销售保险及相关产品并代理收取费用；提供保险、再保险、保险资产管理的支付、结算；提供信息安全咨询、信息技术外包服务,提供与保险、再保险市场相关的研究咨询、教育培训及数据信息服务；开展与公司业务相关的投资；法律法规允许的其他业务。

目前,上海保险交易所已建立权责明确的公司治理架构,设立了办公行政、人力资源、财务管理、法律合规等支持部门,全力保障各业务平台的建设和稳健运营。上海保险交易所遵循"公司化、市场化、专业化"的原则,以社会公众的保险服务需求和保险行业的经营管理需求为导向,围绕保险风险交易主线,搭建保险、再保险、保险资产等产品的交易平台,配套账户管理、资金结算、市场咨询、信息披露、数据管理、运营系统等一站式的综合服务体系。

上海保险交易所的发展目标是提高市场效率和发展普惠保险,建设创新型、智慧型的保险综合服务平台和保险基础运营平台,努力建设成为"立足上海、面向全国、辐射全球"的世界一流交易所。

以上几类保险交易所是目前保险交易中心的主要形式,其在交易主体、经营范围、基本特征、经营趋势等方面存在着较大的不同,简要归纳如表7-1：

表 7-1 保险交易所国际比较一览表

模式	典型代表	交易主体	经营范围	基本特征	经营趋势
中国模式	上海保险交易所	会员保险公司;专业经纪人	几乎承保各类风险、提供有关信息服务	围绕保险风险交易,配套综合全面服务	立足上海、面向全国、辐射全球
英式保险交易所	劳合社;纽约保险交易所	保险辛迪加;专业经纪人	几乎承保各类风险	分保与再保	特殊风险与再保险交易中心
美式保险交易所	纽约巨灾风险交易所	非股份公司保险人	巨灾财产险、意外险部分寿险债券	风险证券化	发展互联网技术,创新风险衍生品
其他形式保险交易所	医疗保险交易所	交易所普通民众	医疗保险	单一产品	扩大覆盖范围,服务美国医改

数据来源:根据公开资料整理

7.4 保险交易所的未来

7.4.1 中国模式的创新与推广

上海保险交易所的成立,为中国保险市场交易平台的建设积累了经验,也为下一步中国特色保险交易所的发展以及在中国其他地区创新提供了参考。除上海以外,北京、成都、深圳等地也均努力争取设立保险交易所。这些地区与上海保险交易所存在着不同的比较优势和特色。

京、沪、蓉、鹏、渝五地均在过去争建保险交易中心,五个地点覆盖东中西部,南北错落,就城市经济发展阶段而言都较为成熟,并均成为了区域性的经济中心,经济腹地覆盖较广。以下通过表格简要介绍五地建设的优劣及主要方向(见表 7-2)。

表 7-2 京沪蓉鹏渝五地比较

地点	优势	劣势	主要方向
北京	京津冀合作区中心,同时天津已正式成为自贸区试点地区;高校众多,科研机构云集;"一带一路"重要城市;政治中心,信息、政策资源丰富;保险公司总部较多	金融氛围较薄弱,金融创新较少	再保险与保单贴现业务的保险交易中心
上海	上海自贸区率先发展;江浙沪地区中心,经济发达;保险公司总部众多;高校众多,科研力量较强;金融聚集程度高,信息资源丰富;"新51条"对金融创新政策支持力度较强		原保险、再保险、保单转让、保险证券化的一体式保险交易中心
成都	西部经济中心;巨灾频发,保险需求旺盛	地方较为偏远,区域内经济发展不及东部沿海地区;险企总部较少	巨灾保险交易中心
深圳	毗邻香港,地理位置优越;已有7家创新型金融要素市场,经验较丰富;广东自贸区试点正式开展,有助于深圳金融创新发展;21世纪海上丝绸之路辐射作用较明显;前海作为国务院保险创新发展试验区,政策优势大	险企总部较少;科研力量不足	原保险、再保险、保单转让、保险证券化一体式保险交易中心
重庆	作为国务院保险创新发展试验区,政策优势大;中部经济中心	险企总部较少;地理位置较偏远;科研力量不足	"两大主体""四大平台"的创新性一体化综合性金融要素市场

7.4.2 与国际的进一步接轨

尽管上海保险交易所已经成为具有中国特色的保险交易平台,但是随着保险业的进一步开放,保险交易平台的进一步国际化也是交易市场发展和完善的重要保证。不管是英式保险交易所还是美式保险交易所,其模式都有一些共性,可供中国未来推动保险交易中心和成立保险交易市场参考。

(一)法规与政策支持

政府的开放式态度、法规与政策性支持和指导对保险交易中心的建立尤为重要。以1688年开始发展的劳合社为例,当年正值光荣革命,作为工业革命的开端,这一时期为劳合社的成立提供了制度的保障。劳合社的后续发展得益于1871年英国议会专门通过的《劳合社法》,这部法案在一百余年中参考克罗默、费舍尔和尼尔报告,先后修订了五次,劳合社的整体框架包括劳合社规章及权力自我管理等建设、组织结构和业务来源的调整都得益于《劳合社法》的指导,并在《劳合社法》的大框架下搭建了理事会、委员会等管理机构,使劳合社的自我管理体制更加严密。在指导中,英国监管当局也充分尊重劳合社本身的灵活性,指导、改革与适当的灵活度使得劳合社逐步成长为国际首屈一指的保险交易中心。

对未来中国保险交易中心的建设,政府需从长远目标着手,指导保险交易中心的建立并为其提供一定的支持。就目前而言,交易体量的增长离不开中外保险公司在中国境内的落地。目前中国境内仅有6家外资再保险公司及一家中资再保险公司,再保险公司数量较少。同时外资保险公司受政策限制,仅能通过与中资合作的方式设立保险公司,在某种程度上不利于保险交易中心国际化程度的提升和交易量的增长。在筹建保险交易中心的过程中,可通过引进或在试点自贸区内有限度地引进外资保险公司,扩大境内保险国际化程度,为保险交易中心的建立打下坚实的制度基础和市场基础。

(二)经济、金融环境的开放

17世纪的工业革命使英国的资本主义经济迅速发展,英国实力全面迅速壮大,成长为"日不落帝国",平均每个工人的生产率提高20倍,并成为"世界工厂"。经济的发展带动航运业得到了迅速的拓展,经济环境形势向好。而保险业正是发端于海上保险之中,英国伦敦作为全球保险业的发源地,航运

第7章 交易平台：中国保险交易所建设

吞吐量的快速提升对保险产生了大量的需求，才最终能够形成劳合社这类顶级的保险交易市场。

从美国的情况来看，20世纪90年代新经济潮流席卷美国，高新技术的运用使得劳动生产率有了大幅提升，通胀率与物价水平都处于历史低点，经济一片繁荣。在此基础上，自70年代开始的金融自由化有利地促进了金融环境的发展，科技的进步和电子计算机与网络的飞速发展共同为金融自由化提供了较好的技术基础，由此通过利率自由化、金融服务贸易自由化等方式产生了大量的金融创新。在90年代中期，美国占有世界三分之一的保险市场份额，成为占据保险份额最多的国家。自由的经济环境、快速进步的金融与科技、庞大的保险市场催生了纽约保险交易所和纽约巨灾风险交易所。

对中国而言，经济总量快速增长的同时经济环境日益开放，因此中国的保险市场需求也潜力深厚。未来，政府需要继续奉行"简政放权"的原则，引导内需与外需的提升，鼓励金融创新行为，提升国民保险意识，推动保险交易中心的发展，并支持未来成立的保险交易所大展拳脚。

（三）把握适当的机遇发展与改革

正如（二）中所述，劳合社的发展恰逢工业革命时期，保险业伴随资本主义经济飞速发展，单一保险人的承保能力不足以服务日益扩大的保险需求市场，因此产生了交换信息与分摊保单的交易场所。在三百余年的发展中，劳合社把握了每一次发展契机，将自身组织架构由个人会员为主发展为公司会员为主、会员责任由无限责任发展至有限责任，使其成为保险交易市场屹立不倒的经典。

纽约保险交易所和巨灾风险交易所不仅得益于美国20世纪90年代经济的高速腾飞，也和巨灾的爆发式增长有着密切的关系。据相关论文数据显示，美国历史上90%的最严重的灾害都发生在20世纪90年代以后，1989—1993年世界范围内的巨灾造成国际再保险公司损失巨大，也直接导致了各直保公司承保能力的下降。巨灾的频发也为建立分保、再保中心，转移传统保险风险提供了巨大的市场需求。为满足高承保能力这一基本需求，美国因此建立了两个保险交易中心。

就中国而言,上海自由贸易区和广东、福建、天津自由贸易区的试点、"一带一路"建设正是保险业发展的政策机遇所在,内外经贸的扩大往来使保险业能够更好地吸取国际保险交易中心管理经验,也能通过贸易量的拓展刺激保险需求的发展,可以说中国迎来了保险业发展的黄金期。

(四)专业化倾向

在技术、人员等方面,英式与美式保险交易所都有着明显的专业化倾向。对劳合社而言,其依赖专业的经纪人在客户与辛迪加代理人间游走,进行保单的分摊,专业的经纪人是劳合社市场兴旺和高效的重要原因。而对纽约巨灾风险交易所而言,其专业化主要体现在技术方面,使用专业的计算机交易平台连接巨灾债券购买者与证券化风险,体现出专注于以巨灾为切入点进行风险保障的特点。

针对目前保险市场专业化不足、险企销售人员整体素质不高的情况,保险监管部门除了继续整治中介市场的不良现象外,保险行业还应该增加与高校的联动,通过高校学生的高素质来改善保险市场乱象,提高保险市场效率,并通过高校较强的科研能力进行互联网在保险交易中心建设中的研究,使快速发展的互联网能够为保险业和保险交易所服务。

(五)注重创新

劳合社的创新主要体现在对险种和组织架构的改革上。劳合社突破传统的财产险和寿险范围,积极迎合市场需求,创造出了第一张汽车、飞机保单,并通过会员责任制的创新性改革,挽救了处于大量亏损中的劳合社经营情况。美式保险交易所的创新则主要体现在对保险理念的创新,不同于普通的保单覆盖风险暴露,将风险市场与资本市场相链接,创造出更大的承保空间。

中国政府在建设保险交易中心的过程中,应该积极鼓励险企内部的创新,并鼓励保险交易中心与境内高校建立产学研的一条龙机制,使高校的研究有的放矢、高校的创新能够为保险交易中心所用,真正服务实践,服务有特殊风险需求的人群,通过创新扩大保险交易中心的服务对象。

第8章

中国倡议："一带一路"与保险业发展

8.1 时代背景

当前,亚非国家的经济发展水平良莠不齐,它们大多数是发展中国家,基础设施建设水平较差,很多国家缺水缺电缺道路,以至于彼此之间交通受阻,基建方面有着巨大的发展空间。而我国经济在经历了多年的高速发展之后,产能过剩的问题愈发凸显。一方面,传统的核心出口国如美国、欧洲各国和日本的出口总量占比很高,但是增量空间不大;另一方面,中国周边的国家又有着巨大的基础设施需求,市场前景广阔。在这样的国际、国内环境下,习近平主席提出了"一带一路"的伟大倡议,在开辟新的出口市场的同时,拉动亚非国家基础设施建设与经济发展,实现中国自身与亚非沿线国家的共同发展。

在"一带一路"的建设中,我国保险业有着巨大的发展潜力。一方面,"一带一路"涉及我国企业"走出去"和大量的海外投资,这就不可避免地会遇到诸如政治风险、灾害风险等各类风险,而保险作为最重要的风险管理工具,可以将个体风险转化为集体风险来提高个体以及社会对风险损失的承受能力,中国保险企业将在"一带一路"建设中承担风险管理和控制的重要责任;另一方面,"一带一路"建设的重点领域是加强中国同周边国家基础设施互联互通建设,对长期建设资金的需求量大,而保险资金具有规模大、久期长且较为稳定的特点,与基础设施项目天然契合,这将给中国保险资金投资带来巨大的机会。

8.2 "一带一路"倡议与所经地区保险业发展情况

"一带一路"倡议最早出现的时间是2013年9月,习近平主席在访问哈萨克斯坦时提出了建设"丝绸之路经济带"的构想。同年10月,习近平主席在印尼参加APEC会议期间又提出建设"21世纪海上丝绸之路"的倡议。

具体而言,"丝绸之路经济带"分为三条线路:一条北线,北京—俄罗斯—德国—北欧;一条中线,北京—西安—乌鲁木齐—阿富汗—哈萨克斯坦—匈牙利—巴黎;一条南线,北京—南疆—巴基斯坦—伊朗—伊拉克—土耳其—意大利—西班牙。

而"21世纪海上丝绸之路"则以泉州为起点,横跨太平洋、印度洋,历经南海、马六甲海峡、孟加拉湾、阿拉伯海、亚丁湾、波斯湾,涉及东盟、南亚、西亚、东北非等相关国家。

从世界地图看,"一带一路"连接了亚太经济圈和欧洲经济圈,被认为是"世界上最长、最具有发展潜力的经济大走廊",而途经的地区保险的发展水平普遍低于世界平均水平。

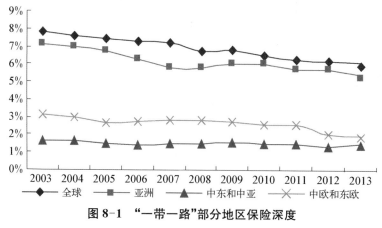

图8-1 "一带一路"部分地区保险深度

资料来源:Wind

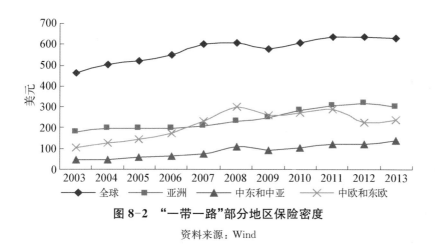

图 8-2 "一带一路"部分地区保险密度

资料来源：Wind

从图 8-1、图 8-2 中我们可以看出，"一带一路"途经地区的保险发展水平普遍低于世界平均水平，尽管整个亚洲 2013 年的保险深度为 5.4%，略低于全球平均水平的 6.1%，然而保险密度却仅有世界平均水平 632 美元/人的一半，仅为 303 美元/人。具体到其中的地区差距更为巨大，2013 年中东和中亚的保险深度为 1.5%，而中欧和东欧的保险深度为 2.0%，它们的保险密度分别为 140 美元/人和 234.8 美元/人，与世界平均水平相距甚远。再细分至各国的保险发展水平差距也十分明显。Sigma 统计的 34 个国家中，有 10 个国家的保险密度低于 100 美元/人，巴基斯坦的保险密度甚至仅为 8.8 美元/人；有 17 个国家的保险深度低于 2%（表 8-1）。可见其中部分国家的保险业普及程度和发展水平都十分低下。

表 8-1 "一带一路"所经部分地区的保险密度与保险深度

国 别	保险密度（美元/人）			国 别	保险深度（%）		
	总保险业	寿险业	非寿险业		总体保险业	寿险业	非寿险业
以色列	1782	955.2	826.6	泰国	5.42	3.19	2.22
斯洛文尼亚	1275	356.5	918.3	斯洛文尼亚	5.36	1.5	3.86
卡塔尔	944.5	29.5	915	马来西亚	4.87	3.12	1.75

(续表)

保险密度（美元/人）				保险深度（%）			
阿拉伯联合酋长国	880.6	209.8	670.8	以色列	4.73	2.54	2.2
捷克	760	347.5	412.4	印度	3.82	3.04	0.77
巴林	556.2	135.1	421.1	捷克	3.75	1.72	2.04
马来西亚	515.4	330.6	184.8	波兰	3.41	1.58	1.83
斯洛伐克	506.4	246.7	259.7	黎巴嫩	3.2	0.93	2.26
波兰	469.3	216.8	252.5	中国	3.03	1.66	1.37
克罗地亚	371.7	104	267.8	斯洛伐克	2.71	1.32	1.39
匈牙利	351.6	195.7	155.9	克罗地亚	2.68	0.75	1.93
泰国	312.8	184.3	128.5	匈牙利	2.54	1.41	1.13
黎巴嫩	297.2	86.8	210.4	印度尼西亚	2.11	1.54	0.57
科威特	284.3	54.3	230.1	巴林	2.09	0.51	1.58
阿曼	261.8	24.2	237.6	保加利亚	2.07	0.33	1.74
沙特阿拉伯	233.4	7.8	225.6	约旦	2.06	0.2	1.87
中国	202	110.6	91.5	阿拉伯联合酋长国	2	0.48	1.52
俄罗斯	199.1	18.7	180.4	乌克兰	1.97	0.17	1.8
土耳其	166	23.5	142.6	菲律宾	1.95	1.42	0.53
保加利亚	155.5	25	130.5	塞尔维亚	1.78	0.36	1.42
罗马尼亚	124.6	23.9	100.7	伊朗	1.76	0.17	1.59
伊朗	116.2	11.2	104.9	土耳其	1.51	0.21	1.3
塞尔维亚	105.9	21.6	84.3	罗马尼亚	1.37	0.26	1.11
哈萨克斯坦	101.2	22.6	78.6	俄罗斯	1.36	0.13	1.23
约旦	96.4	9.3	87.1	越南	1.33	0.65	0.68

(续表)

保险密度（美元/人）				保险深度（%）			
白俄罗斯	80	4.5	75.5	阿曼	1.19	0.11	1.08
乌克兰	79.3	6.9	72.5	斯里兰卡	1.15	0.49	0.66
印度尼西亚	73.5	53.6	19.9	白俄罗斯	1.04	0.06	0.99
菲律宾	53.7	39.1	14.6	卡塔尔	0.98	0.03	0.95
印度	52	41.4	10.5	沙特阿拉伯	0.9	0.03	0.87
斯里兰卡	36.3	15.6	20.7	哈萨克斯坦	0.77	0.17	0.6
越南	24.8	12.1	12.7	巴基斯坦	0.73	0.45	0.28
埃及	23	9.9	13.1	埃及	0.7	0.3	0.4
巴基斯坦	8.8	5.4	3.4	科威特	0.54	0.1	0.44

数据来源：Sigma

"一带一路"途经地区整体保险业的发展水平远远低于世界平均水平，保险需求空间很大，这也给了我国保险公司借助"一路一带"的重大发展机遇走出国门的良好机会。

8.3 "一带一路"倡议与保险业务的相互作用

"一带一路"倡议所筹集的资金主要用于四个方面：基础设施建设，能源开发，产业合作，金融合作。其中基础设施的建设涉及高铁、电力设备、工程机械等方面的出口投资，这些无疑将给出口信用保险和海外投资保险的发展带来巨大的空间，也将给我国保险公司走出国门提供机会。

1. "一带一路"建设中的风险

首先在"一带一路"的规划中，涵盖了64个国家，在经过的中亚、南亚等地区，安全局势日趋严峻，其中一些国家的政权交接和社会转型也存在着较大的不确定性。诸如东亚朝核问题、东南亚恐怖主义和领土争端、南亚印巴矛盾、阿富汗问题、西亚和北非的持续动荡、中亚极端主义等等,这些问题一旦恶化,将严重威胁到中国"一路一带"的海外投资利益。据中国出口信用保险公司国别风险研究中心分析,沿线64个国家的政府经济风险总体处在比较高的水平,风险按9类分级(1低9高),处在5—9类的有48个国家,占比76%。随着我国在"一带一路"建设上的不断投入,一旦其中的某一个国家出现了政权的动荡,将很容易造成一个地区的动荡,这样的情况下,将对我国与其交通互联和设施设备的出口造成巨大的影响。

其次最常见的是商业风险。在"一带一路"所经国家之中,与我国出口商合作的基本是当地的企业,但考虑到这些地区的经济发展水平并不稳定,这些企业的声誉及还款能力也相对较低,极有可能出现违约的情况。

除此之外,还需要关注的是各国的恐怖袭击和战争风险。一旦线路上的某一个国家遭受了大规模恐怖袭击乃至发生战争,将极大地影响当地"一带一路"基础设施的建设,甚至将对投资企业的财产造成巨大的损失。以巴基斯坦为例,其安全形势不容乐观。巴基斯坦长期遭受恐怖主义的威胁,恐怖袭击时有发生,频繁的恐怖活动将严重威胁到贸易的安全与交通互联基础设施的建设。同时,巴基斯坦和印度因为克什米尔问题积怨已深,2013年还在克什米尔控制线附近多次发生越境交火,这样的地区武装冲突也将严重威胁到"一带一路"中贸易的安全。

最后,民族与宗教冲突也是一个绝对不容忽视的风险,在"一带一路"规划的线路上,各国间宗教信仰错综复杂,民族冲突时有发生,这些都可能会导致出现排外现象或是武装冲突,这类型的不安定因素也是影响"一带一路"中贸易安全和基础设施建设的重大风险。

2."一带一路"与出口信用保险

从概念上讲出口信用保险是一种政策性的保险业务,它不以营利为目的,主要保障的是商业外贸活动中的风险。出口信用保险分为短期出口信用保险和长期出口信用保险。

短期出口信用保险的承保期限在1年以内,主要保障的是出口的收汇风险,具体包括综合保险、统保保险、信用证保险、特定买方保险、买方违约保险和特定合同保险等。

中长期出口信用保险承保期则在1—15年,主要承保高科技、高附加值的机电产品和成套设备等资本性货物的出口以及对外承包项目,保险责任包括保单列明的商业和政治风险,使被保险人得以有效规避出口企业收回延期付款的风险和融资机构收回贷款本金和利息的风险。

当前我国出口金额的增速不断放缓,图8-4数据显示,2012—2014年我国出口金额增速都在10%以下,2014年我国出口金额同比增长仅为6.05%。由此可见,在2009年出现出口负增长之后,我国的出口增速恢复了继续增长的态势,但是增速趋缓的势头已难以逆转。我国出口信用保险的保额增速也与其保持了大致相同的趋势,增速逐渐回落,同比增长已经回落至10%左右。

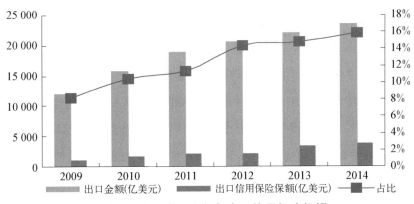

图8-3 我国出口金额与出口信用保险保额

资料来源:保险年鉴,Wind

但是"一带一路"倡议的提出无疑给出口信用保险带来了新的发展机遇和增长空间。一方面,"一带一路"倡议的提出为中国出口提供了新的增长点,据海关总署初步测算,2014年我国与"一带一路"国家或地区进出口双边贸易值接近7万亿元,增长7%左右,其中,我国对"一带一路"沿线国家的出口增长超过10%。另一方面对中国保险企业来讲,对"一带一路"沿线国家出

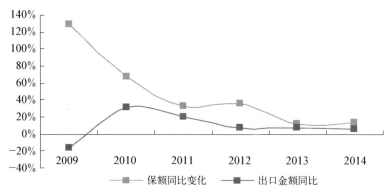

图 8-4　我国出口金额与出口信用保险保额同比变化

资料来源：保险年鉴，Wind

口的增长将拉升出口信用保险的需求。正如前文所述,"一带一路"所经过的地区大多是高风险的地区,因此商品的出口将更加需要出口信用保险的保驾护航,而 2015 年《政府工作报告》更是强调,要"扩大出口信用保险规模,对大型成套设备出口融资应保尽保",这无疑会推动出口信用保险的发展。如图 8-3、图 8-4 中数据显示,在 2013 年底"一带一路"倡议提出后,我国出口信用保险保额的同比增速在 2014 年出现反弹,提升至 13.64%,同时出口信用保险的保额占我国出口金额的比例也上升为 15.9%,刷新了 2013 年 14.8% 的历史最高纪录。

随着"一带一路"建设的不断推进,出口信用保险所起到的保障效用愈发明显,中国信用保险公司负责人透露,2014 年—8 月,作为我国政策性保险公司,中国出口信用保险公司累计承保企业向"一带一路"沿线国家出口和投资 637 亿美元,同比增长 12.8%;共承保"一带一路"项目 272 个,涉及国家 34 个,支持商务合同总额 405 亿美元,承保金额共计 358 亿美元,已决赔款 1.2 亿美元。

然而,尽管 2014 年中国出口信用保险的保额占出口金额的比例已经达到了 15.9%,但是与发达国家 20%—30% 的水平相比,我国出口信用保险的覆盖率仍有差距,出口信用保险仍然有巨大的发展空间。图 8-5 列示了我国 2005—2014 年出口信用保险的保费收入,可以看出我国近年来出口信用保险呈逐年递增的态势。

第8章 中国倡议:"一带一路"与保险业发展

在需求巨大而渗透率仍然偏低的情况下考虑到短期出口信用保险的风险相对降低,也较为易于控制,且无论是国内还是国外,短期信用保险在出口信用保险中都占据了绝大部分,放开短期出口信用保险,引入市场竞争,无疑将有利于提升当前短期出口信用保险的市场供给,提升中国出口信用保险的渗透率。据统计,目前市场上可以经营短期出口信用保险的公司共有五家,分别是中信保、人保财险、平安财险、大地财险和太保财险。未来市场上对短期出口信用保险的需求将持续走强,开放更多有实力的保险公司进入有利于给我国的出口商提供更多优质的短期出口信用保险服务。

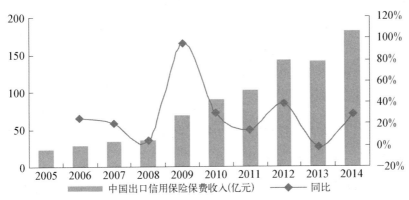

图 8-5 出口信用保险保费收入

资料来源:Wind

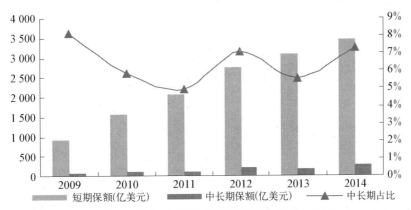

图 8-6 短期与中长期出口信用保险保额的组成

资料来源:Wind

从图 8-6 中我们也可以看出,中国中长期出口信用保险占出口信用保险的比例过低,而中长期出口信用保险又恰恰是我国贸易结构优化的有效工具,尤其在"一带一路"建设中,对基础设施设备的出口往往时限较长,更加需要中长期出口信用保险的保障。但中长期出口信用保险的风险较大且期限较长,风险间的关联性也较强,商业保险公司难以运作,故中国应对中长期信用保险提供更加有效的政策支持,以促进中长期信用保险的发展,从而更好地为"一带一路"建设保驾护航。

在加快推进短期出口信用保险的商业化进程、加大支持中长期出口信用保险发展的同时,还应该重视信息平台和信息渠道的建设,完善风险评估体系和风险管理体制,通过建立中国自身的信用信息网络,与各商会、海外贸易中心、国外信用联盟进行合作与信息整合。"一带一路"沿线国家的经济发展水平总体较低,市场也不太成熟,导致以前相关的出口贸易的信用信息也较少。在这样的情况下,为了能够顺利地实施"一带一路"的政策,推动出口信用保险的发展,加快建设这些地区的企业信用风险数据库刻不容缓。

3. "一带一路"与海外投资保险

海外投资保险主要是一种政府提供的保证保险,承保投资者海外投资时可能因汇兑限制、战争和政府违约等造成损失的风险,其保障范围只限于政治风险,包括股权保险和贷款保险两种。目前,中国信用保险公司作为政策性金融机构,是我国唯一开展海外投资保险的机构。

根据图 8-7 数据显示,我国对外的直接投资流量自 2009 年金融危机同比大幅下跌后,近年来逐步回升,2013 年同比增速已经达到了 22.82%。此时我国对外直接投资存量为 6 604.8 亿美元,对外直接投资流量为 1 078.04 亿美元,规模逐渐扩大的对外投资促进了对海外投资保险的需求,在"一带一路"倡议提出后,我国对外投资的流量继续上升,2014 年我国共实现全行业对外投资 1 160 亿美元,加上第三地融资再投资我国对外投资规模总计达到 1 400 亿美元左右,超出了我国利用外资的规模 200 亿美元,这意味着我国首次成为资本的净输出国。而从图 8-8、图 8-9 中的数据可以看出,2014 年我国非金

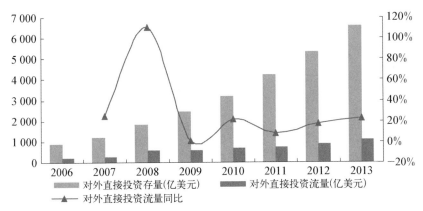

图 8-7 我国对外直接投资流量和存量

资料来源：Wind

融类对外直接投资额首次突破千亿美元,达到了 1 028.9 亿美元,扩张的海外投资热情拉高了海外投资保险的需求,2014 年我国海外投资保险承保的保额为 358 亿美元,较 2013 年增长 17.84%,在非金融类对外直接投资额中占比 34.79%,创下了我国海外投资保险承保的历史最高纪录。

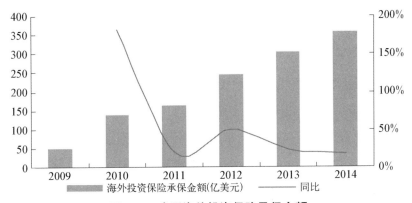

图 8-8 我国海外投资保险承保金额

资料来源：中国信保社会责任报告

随着我国海外投资保险的不断发展,它对"一带一路"建设的保障作用也越发凸显,中国信用保险公司负责人表示,2014 年 1—8 月,中国信用保险公司海外投资保险共承保"一带一路"项目 274 个,涉及国家 29 个,支持投资金

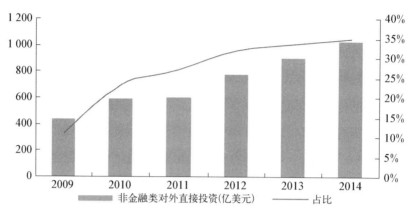

图 8-9 我国海外投资保险承保金额在非金融类直接投资中占比
资料来源：Wind，中国信保社会责任报告

额 2 711 亿美元,承保金额共计 911 亿美元;海外租赁保险共承保项目 44 个,支持商务合同总额 24 亿美元,承保金额共计 23 亿美元,已决赔款 0.2 亿美元。

8.4　保险资金携手亚投行参与"一带一路"建设

1."一带一路"沿线国家基础设施建设需求极大

由于"一带一路"沿线国家大多是新兴经济体和发展中国家,普遍处于经济增长的高速发展时期,基建需求格外庞大。根据亚洲开发银行发布的"Infrastructure for Asian Connectivity"报告显示,2010—2020 年亚洲地区的基础设施建设投资需求总额将超 8 万亿美元,除去中国,这个数字仍达到了 4 万亿美元。从地域来看,投资需求主要集中在东南亚地区(67%),其次是南亚(29%),中亚地区相对较少(仅占 4%)(图 8-10)。从基础设施涉及的领域来看,电力建设、交通建设占据了逾八成。从国别来看,不同的国家所需基础建设资金占 GDP 的份额不同,排名前四位的分别为塔吉克斯坦(16.21%)、老挝(13.61%)、蒙古(13.45%)、吉尔吉斯斯坦(13.29%),这些国家大多基础设施发展落后,单凭国内资源很难满足如此高占比的基建需求,亟须寻找长期、稳定、大量的资金。

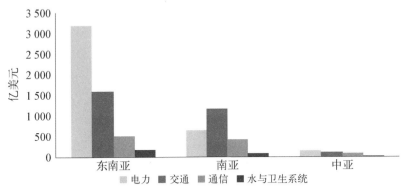

图8-10 2010—2012年亚洲各地区年均基础投资需求

资料来源:亚洲开发银行"Infrastructure for Asian Connectivity"报告

"一带一路"正是提供了连结资金供需两端的契机。其重点领域之一是加强同周边国家基础设施互联互通建设,包括交通基础设施、能源基础设施、通信基础设施等。除了将相关技术进行跨国推广之外,至关重要的一点便是提供资金融通。

2. 亚投行与保险资金的优劣势比较

我国发起了亚洲基础设施投资银行(AIIB,简称亚投行)以支持"一带一路"建设。亚投行是一家法定资本高达1 000亿美元的多边开发性金融机构,目前中国占50%股权,专注于为"一带一路"沿线国家的基础设施建设提供资金支持。运营模式与准商业银行类似,主要业务可分为两类:一是针对主权国家的基础设施项目提供主权贷款;二是针对不能提供主权信用担保的项目引入公私合作伙伴关系融资模式。

可以看出,亚投行的优势在于资金来源多样化,且能保证资金的长期性、稳定性。但与此同时,亚投行也面临着一些问题。一是如何进行恰当的债务评级。在提供主权贷款或是发行长期企业债时,相关项目企业的债务评级就显得至关重要。按照国际惯例,企业债务评级最高不能高于所在国家的主权信用评级。然而,"一带一路"沿线国家在目前欧美主导的主权债务评级系统中得分并不高,这也直接导致了亚投行在发行相关项目债券时收益率较市场预期偏低,导致项目融资困难。二是如何做好项目的后续风险管控。"一带一路"沿线国家经济环境、宗教文化、法律制度极为不同,风险也截然不同,除了对项目进行初始阶段的评级之外,后续的风险管理也应当做到因地制宜。需要与专业的第三方风险管理者进行合作,通过大数据采集、挖掘和建模等方式建立相应的风控体系。三是如何提高运营效率。通常来说,一个多边的金融机构,因为文化多样性等多种原因,运营效率相对较低,发放贷款的周期明显长于商业金融机构,如何设计制度来保障亚投行实现高效运行,是对亚投行的另一个挑战。

这些挑战对于我国的保险机构而言蕴含着巨大机遇。相较于亚投行可能出现的资金落实周期较长、运营效率相对低下的情况,保险资金显然能更好地适应市场化的机制,更加灵活,对接效率更高。此外,保险机构作为专业的风险管理机构,在数据的收集、积累、处理以及风险管理等方面均具备核心优势,能够支持亚投行和相关项目的运营。更为重要的是,保险资金的投资领域更为广泛,不仅包括基础设施建设,还包括了特定国家或地区的金融市场及证券投资基金、股权投资基金。根据保监会 2012 年发布的关于印发《保险资金境外投资管理暂行办法实施细则》的通知附件中包含的国家和地区,保险资金被允许对 11 个"一带一路"沿线国家或地区进行投资:印度尼西亚、波兰、俄罗斯、马来西亚、捷克共和国、埃及、泰国、匈牙利、土耳其、印度和菲律宾。

3. 保险资金参与"一带一路"建设的三种选择

具体来看,保险资金可以有四种方式参与到"一带一路"建设中去。

一是与亚投行合作,提供资金积极参与亚投行相关项目,或是提供风险管理服务,以风险管理服务供应商的身份为亚投行或相关项目给予支持。二是设立债权项目资管计划,投资"一带一路"沿线国家的基础设施项目建设。三是进行金融产品、基金的投资。四是投资境外未上市股权,直接促进当地

第8章 中国倡议:"一带一路"与保险业发展

金融业和实体经济的发展。

根据我国《保险资金境外投资管理暂行办法实施细则》规定,保险公司若投资境外金融市场,则相关产品的信用评级至少应当在BBB级以上。根据穆迪最新发布的评级报告显示,目前险资可参与投资的"一带一路"沿线国家或地区中,只有波兰、马来西亚、捷克共和国的主权评级保持在了BBB级以上。考虑到保险企业本身的风险偏好和经营要求,可预见在未来较长的一段时间内保险资金将较少采取第四种方式进行海外投资。

目前,"一带一路"沿线国家的保险业发展水平相对落后,保险密度和保险深度都低于世界平均水平,那么我国保险机构是否能够对境外保险公司或相关金融行业企业直接进行股权投资?险资在海外投资已不是先例,此前安邦保险就收购了韩国的东洋人寿保险公司。但是,之前险资收购成熟保险市场标的主要目的还是为了吸收先进的技术和管理经验,这与收购新兴市场的保险企业存在极大差异。收购新兴市场上的保险企业无疑面临更大的风险,首先是相关法律制度的不健全,是否能够较好地保护投资人的产权存疑;其次,从监管上来看,保监会对于投资这类国家或地区的投资限额监管更为严格(不超过上年末资产的10%)。但不可否认,保险机构直接进行股权投资能更加直接丰富地获取投资当地的资源、经验和相关数据,更加有利于保险公司在当地开展业务,从长远来看对保险公司极为有利。

而针对"一带一路"沿线国家基础设施建设的债权投资计划同样将成为保险资金参与"一带一路"建设的主要渠道。一方面,对保险资金而言,特殊的负债经营方式使得其对资产收益率稳定性要求较高,而长期的负债也使其更偏好长期的资产投资,基础设施建设投资恰好满足了这两点需求,为保险资金提供了长期资产配置的可能性。另一方面,债权投资计划相较于金融产品而言,风险更易于评估,保险机构可充分利用自身风险管理的优势,搜集数据并进行风险评估,从而对项目有更好的了解和评级,并且,亚投行的设立也为保险资金投身基础设施领域建设提供了良好平台。保险机构除了作为资金方,还可挖掘其作为筹资人的角色,通过保险资管公司发行债权投资计划直接对接相关项目,筹集资金支持建设。

由此,我们认为保险机构可以采取"债权投资先行,股权投资后行,注重合作共享"模式进行"一带一路"沿线投资。

4. 时代背景:保险资金另类投资迅猛增长

从图8-11可以看出,我国近年来保险资金运用金额逐年增加。随着保险投资范围的进一步放宽,保险公司的投资工具从传统的公开市场投资扩展至基础设施、股权、不动产、集合信托计划、金融衍生品等另类投资以及境外投资。而投资渠道放宽的直接成果便是能够在分散风险的同时进一步提高投资收益率。2014年底保险资金运用余额为93 314亿元,同比增幅高达21.39%。其中,2014年全年保险资金运用余额中银行存款25 310.73亿元,占比27.12%;债券35 599.71亿元,占比38.15%;股票和证券投资基金10 325.58亿元,占比11.06%;其他投资22 078.41亿元,占比23.67%。

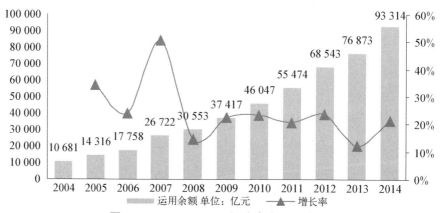

图8-11　2004—2014保险资金运用余额

资料来源:保监会数据

其中,以非标资产为代表的其他投资在保险投资资产中的占比显著提升。根据保监会最新的资金运用管理办法规定,保险公司的其他投资主要包括不动产投资、基础设施债权投资计划、信托以及银行、券商发行的理财产品。自2014年7月开始,以非标资产为代表的其他投资占比已稳定在20%以上,截至到2015年1月,其他投资占比已达24.51%,逼近30%的监管上限。而2013年4月底保监会初次公布该项细分数据时,其他投资规模仅为7 851.71亿元,占保险资金运用余额的比例为11.25%。约一年半的时间,保险另类投资规模增长1.42万亿元,占比增加12.42个百分点,呈井喷式增长。而随着险资参与非标市场程度的逐渐深入,保险行业投资收益率的水平将逐步增加。2014年保险资金实现投资收益5 358.8亿元,同比增长46.5%,投资收益率达到6.3%,综合收益率9.2%,同比提高了1.3个和5.1个百分点,均创5年来最好水平(图8-12)。

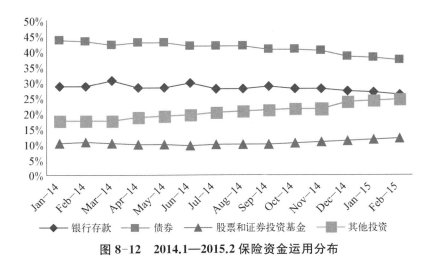

图8-12　2014.1—2015.2保险资金运用分布
资料来源:保监会数据

正是基于所涉及的许多国家和地区存在着基础设施建设不足的情形,"一带一路"建设中提出了"设施联通"。无论是交通、能源抑或通信,我国与"一带一路"中的周边国家均有着合作发展的巨大空间。而保险资金恰恰可以利用其他投资中的一些投资形式,直接参与到基础建设项目当中。

5."一带一路"基础设施债权投资计划

基础设施债权投资计划主要指保险资产管理公司等专业管理机构作为受托人,向委托人发行受益凭证募集资金,并以债权投资方式投资基础设施项目,并按照合同约定支付定期收益并兑付本金的金融产品。保险资金作为委托人投资该债权投资计划,参与基础设施领域及不动产领域,支持国家重大项目的建设和社会经济的可持续发展。一般债权项目投资计划交易结构见图8-13。

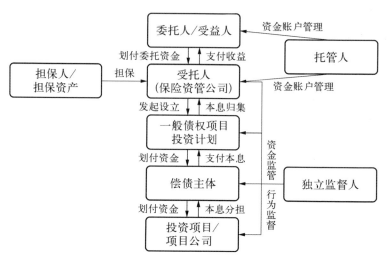

图 8-13　一般债权项目投资计划结构图

截至 2014 年第一季度,保险债权投资计划的累计注册规模达 6 316 亿元,相比 2012 年底的 2 941 亿元,注册资金规模增长了 1 倍多。目前我国保险资管发行的债权投资计划全部投向境内项目,债权投资计划期限以 5—10 年为主,投资收益率相对稳定,一般在 6%—8% 之间(目前平均收益率约 6.5%),比较适合长久期的保险资产配置,但对担保和增信也有较高的要求。大型保险机构一般多要求项目资产的评级达到 AAA 级,且有大型金融机构或大型央企、国企、政府机关提供担保,以此保证到期能够收回债权资金,项目的供给存在一定的制约性。

由于原本各个国家及项目本身存在诸多不确定因素,债券投资计划对"一带一路"沿线相关基础设施项目进行了评级和筛选、重组,相比原来单个的项目,债权投资计划的预期收益率会大幅提升,这将在一定程度上避免发行失败的风险,也为债权计划市场供给了全新标的,有利于进一步激活市场,增强保险资管在这个领域的竞争优势。并且,保险资金长期、稳定的特质决定了其十分适合投资该类计划。不过,这样的债权投资计划虽具备诸多优势,但仍存在着一些问题。首先,在实际操作层面上存在法律困惑。我国保监会2012年颁布的《基础设施债权投资计划管理暂行规定》中并未针对境外偿债主体的相关条件及增信方式作具体规定,不利于相关境外债权计划的实际发行。其次,即便能够发行,该类项目较国内一般基建项目风险更大,在增信方式上是否需要政府的介入还有待商榷。

6. 总结与建议

随着"一带一路"建设的不断展开,各地对外投资热情持续高涨,2015年全国各省区市的政府工作报告中关于"一带一路"基建投资项目总规模已经达到1.04万亿元,其中铁路、公路等基础设施建设类的投资占据了主要的部分。"中国制造"将在"一带一路"的推进下走出国门,伴随着"中国制造"的走出国门,我国保险行业同样迎来了难得的"走出去"的发展机会。

首先,随着"一带一路"建设的不断深入,对出口的拉动作用将会更加明显,出口信用保险加速发展的时机即将到来,海外风险信息数据库的建立刻不容缓。当前市场上短期出口信用保险的供给已经没法完全满足需求,短期出口信用保险的放开已是大势所趋,当前已经有除中国信保外的四家公司拿到了经营短期出口信用保险的牌照,未来预计将会有更多的公司进入这一块市场。但是信用保险的开展依托于良好的信息共享渠道和风险评估数据,新进入这一市场的保险公司在出口信用数据的积累上无疑有着巨大的劣势,难以迅速地扩展业务规模,因此政府应大力扶持风险信息数据库的建立,这一方面有利于我国保险业熟悉海外市场的信息与基本情况,迅速扩展短期信用保险的业务规模,从而可以为"走出去"打下基础;另一方面风险信息数据库的建立也有利于为而后"一带一路"海外投资的进行提供参考,为我国在"一带一路"建设推进的过程中规避风险、管理风险提供数据支持。

其次,中国目前海外的承包工程额高达1 400多亿元,在外员工30多万,随着基础设施建设和劳务的不断输出,其附属的工程险和人身险等险种也迎来了走出国门的良机,前文已经提到,"一带一路"沿线的国家地区的保险发展水平普遍较低,空间很大,我国保险业应当抓住当前绝佳的历史机遇,积极布局海外市场,在承揽境外工程较为集中的地区设立营业性机构,从而伴随"一带一路"的春风扎根在沿线国家之中,建立起全球化的服务网络。这是我国保险业"走出去"的关键步骤。

再者,"一带一路"计划为保险资金的运用开辟了又一个海外阵地。与之前险资偏好的英、美等发达国家不同,这次涉及多个在哈萨克斯坦、吉尔吉斯斯坦、塔吉克斯坦、巴基斯坦等周边国家相关的基础设施项目。应该说这些国家发展水平相对较低,预计未来发展仍有上升空间,但同时这些国家的社会、经济环境也存在着诸多不确定因素。因此,保险机构一方面可以利用自己的风险管理优势为相关机构或项目提供风险管理服务,另一方面也可独立设立基础设施债权投资计划进行投资。这要求保险机构一方面提升自身的风险管理水平,另一方面也要求相关部门完善、明晰相关规定,并给予相应的政策支持,如税收优惠等,以便为保险资金提供良好的运行空间。如果不能妥善解决好这些问题,未来该类项目发展必然受到诸多限制。

最后,我国政府和保监会对我国保险企业走出去的监管应采取"总体宽松,特定针对"的原则。一方面,应继续扩大我国保险资金境外运用的范围和形式,提升保险资金境外配置的效率,从而促使我国保险业得以在国外市场持续健康的发展。从现实情况来看,保监会确实也在逐步放宽这方面的投资限制。2015年3月31日发布的《中国保监会关于调整保险资金境外投资有关政策的通知》在加强了境外专业投资人员数量和资质要求的同时,也放宽了对境外债券投资的评级要求。另一方面,在放松行业监管的同时,应该对"一带一路"沿路地区中风险过高的特定地区采取针对性的监管以控制风险,从而为我国"走出去"的保险企业提供保障,这将成为中国保险业"走出去"的翅膀。

总之,在当前"一带一路"的重大机遇下,我国保险业在抓住机会做大做强的同时,还应积极布局海外市场,深入贯彻"走出去"的战略。一方面,随着"一带一路"建设的不断深入将自身的保险业务扩展到沿线保险发展水平不高的国家;另一方面,将自身的保险资金与"一带一路"相匹配投资到沿线国家的基础设施建设之中。通过这两种途径的共同促进,走出一条保险强国之路。

第9章

改革创新：自贸区建设与保险业开放

作为国家战略、先行先试的中国(上海)自由贸易试验区自2013年9月29日正式挂牌以来,以制度创新为核心,在投资管理、贸易监管、金融开放创新等多方面获得阶段性成功,其经验模式迅速向全国推广复制。2015年4月20日和2017年3月31日,国务院分别批复成立3个和7个新的自由贸易试验区。包括广东、天津、福建、辽宁、浙江、河南、湖北、重庆、四川和陕西纷纷获准成立自由贸易试验区,复制、推广并创新上海自贸区的成功经验。上海作为中国保险改革先行先试的前沿,上海自贸区的建设以及保险业改革试点的设立有着非常积极的意义和示范作用。本章将重点围绕中国(上海)自贸区建设展开分析。

9.1 中国(上海)自贸区与经济社会发展的关系

上海自贸区是中国境内第一个自由贸易区,是在国内经济进入转型发展的关键时刻,国际面临错综复杂的政治经济环境,依托上海区位优势和国际影响力,实行更加积极主动开放的一项国家战略;也是经济新常态下促进生产力全面解放、激发经济社会活力的重大举措之一,旨在促进我国经济社会以更高的起点和可持续的态势向前发展。

从中国发展的现实局面看,经济增长方式的转变从根本上将有赖于机制的深层次改革,而上海自贸区正是以开放促改革、以改革转方式的重要抓手。上海具有良好的现代工业制度和市场经济契约精神基础,自贸区建设很有可能成为中国新一轮改革开放的标志性事件。同时,新常态下产业结构转型必须加快发展现代服务业,提高我国服务业国际竞争力,上海服务业在全国处于领先地位。上海还是中国包括保险在内的现代金融服务业的发源之地,市场要素比较健全,较易对接国际金融市场,堪担金融保险改革创新重任,且具备一定风险管控能力。因而,建设中国(上海)自由贸易试验区有利于培育中国面向全球的竞争新优势,构建与各国合作发展的新平台,拓展经济增长的新空间,以金融保险高起点的改革,打造中国金融经济的"升级版"。

从金融发展看,上海早在20世纪30年代就是远东金融保险中心。金融机构、金融底子与金融意识,尤其是长期以来形成的市场契约精神与稳健发展文化在国内处于先进水平。同时,其金融风险管控能力是上海建成国际金融中心的有利条件。

上海自贸区的主要任务包括五项:加快政府职能转变、扩大投资领域的开放、推进贸易发展方式转变、深化金融领域的开放创新以及完善法制领域的制度保障。自贸区挂牌以来,监管部门已累计出台数十条支持自贸试验区建设的政策措施,多项政策复制推广至全国。自贸区金融改革方面的突破主要集中在三个方面:一是建成了一批面向国际的金融交易市场;二是扩大人民币跨境使用,推动上海成为人民币产品定价和清算中心;三是建设自由贸易账户体系。

在政策指引下,一大批功能性平台机构加速向自贸区集聚,自贸区成立一年,新设金融及类金融机构等超过3 000家,截至2014年12月末,上海自贸区内新设持牌类金融机构116家,类金融机构722家,金融信息服务公司438家,投资和资产管理公司2 915家,共计4 191家,占新设企业总数的27%,金融服务业将会成为自贸试验区下一步快速成长的一个行业。2013年,上海金融市场交易总额639万亿元,同比增长21%。

自贸区成立近三年,上海自贸试验区已基本形成以宏观审慎管理为基础的跨境资本流动监管体系,在资本项目可兑换、人民币跨境使用、金融服务业全面开放、面向国际的金融市场建设以及风险防范等方面取得了阶段性成果。截至2016年7月底,共有790家持牌金融机构和约7 700家各类金融服务企业入驻自贸试验区为区内企业提供各项金融相关业务。金融相关机构

第9章 改革创新:自贸区建设与保险业开放

数量占2016年4月底上海自贸区的新设企业总量34 869家的25%,自贸区从成立以来金融企业的占比稳定在25%左右。自贸区内的银行业金融机构数量共计464家,其中分行及以上机构达164家。2017年上海金融市场交易总额约1 430万亿元,相比2013年的交易总额数据增长近1.5倍。2017年上海市拥有的持牌金融机构数达1 537家,成为中外金融机构的重要集聚地,金融业占上海GDP总值的比例已超过17%。截至2018年3月,上海自贸试验区内新设企业共计5.2万家,区内共有企业8.7万家,其中新设外资企业9 450家。

但这种金融要素的集聚更多来自国内,金融也未实现完全市场化、国际化,金融市场自由度与国际水平存在较大差距,自贸区金融改革的步幅低于市场预期,相对于区内其他开放措施的快速推进,金融改革落地的进程显得更为谨慎,但同时也意味着自贸区在深化金融改革方面仍有很大空间。随着自贸试验区金融创新政策的逐步推开与落实,金融服务要素将进一步向自贸区集聚,金融服务实体经济和投资活动以及贸易便利化的能力将会进一步增强。

2015年,上海自贸区扩展发展,包括了陆家嘴金融片区、金桥开发区片区和张江高科技片区,自贸区的面积将从现有的28.78平方千米,扩展到120.72平方千米。"三大片区"显示了定位的差异。其中,陆家嘴金融片区包括原来的陆家嘴地区以及世博前滩地区,原来就有众多的金融机构、丰富的金融资源、广泛的金融市场,未来仍将着重于金融产业发展;张江高科技片区将自贸区的发展和政策开放与张江科技创新中心结合起来;金桥开发区片区则要把自贸区的服务业开放与金桥的生产性服务业有机结合。扩区后的上海自贸区分成了两种区域类型:特殊监管区和非特殊监管区。虽然两类区域在保税业务、保税企业的设立运作上有差异,但在较多方面,尤其在金融创新上具有共性。

2015年上海自贸区将进入直面国际国内竞争的发展阶段。成熟的国际自贸区各个方面已具较高发展水平;国内新成立的其他十个自由贸易区也是鼓足干劲。

2015年4月20日,国务院批复成立中国(广东)自由贸易试验区、中国(天津)自由贸易试验区、中国(福建)自由贸易试验区3个自贸区。

1. 中国(广东)自由贸易试验区

广东自贸区的面积达116.2平方千米,涵盖三个片区:广州南沙新区片区60平方千米(含广州南沙保税港区7.06平方千米),重点发展航运物流、特色金融、国际商贸、高端制造等产业,建设以生产性服务业为主导的现代产业新高地和具有世界先进水平的综合服务枢纽;深圳前海蛇口片区28.2平方千米(含深圳前海湾保税港区3.71平方千米),重点发展金融、现代物流、信息服务、科技服务等战略性新兴服务业,建设我国金融业对外开放试验示范窗口、世界服务贸易重要基地和国际性枢纽港;珠海横琴新区片区28平方千米,重点发展旅游休闲健康、商务金融服务、文化科教和高新技术等产业,建设文化教育开放先导区和国际商务服务休闲旅游基地,打造促进澳门经济适度多元发展新载体。

广东自贸区的战略定位为依托港澳、服务内地、面向世界,建立粤港澳深度合作示范区、21世纪海上丝绸之路重要枢纽和全国新一轮改革开放先行地。经过三至五年改革试验,营造国际化、市场化、法治化营商环境,构建开放型经济新体制,实现粤港澳深度合作,力争建成符合国际高标准的法制环境规范、投资贸易便利、辐射带动功能突出、监管安全高效的自由贸易园区。

2018年5月4日,国务院印发《关于进一步深化中国(广东)自由贸易试验区改革开放方案的通知》,其中第十五条提出要将广东自贸区建设成为金融业对外开放试验示范窗口。积极吸引各类国内外总部机构和大型企业集团设立结算中心。支持深圳证券交易所加强同其他金砖国家交易所的合作。大力发展海外投资保险、出口信用保险、货物运输保险、工程建设保险等业务。在有效防范风险的前提下,探索建立与港澳地区资金互通、市场互联的机制。深化与港澳及国际再保险市场合作,完善再保险产业链,建设区域性再保险中心。

第9章 改革创新：自贸区建设与保险业开放

2. 中国(天津)自由贸易试验区

天津自贸区的实施范围为119.9平方千米,涵盖三个片区：天津港片区30平方千米(含东疆保税港区10平方千米),重点发展航运物流、国际贸易、融资租赁等现代服务业；天津机场片区43.1平方千米(含天津港保税区空港部分1平方公里和滨海新区综合保税区1.96平方千米),离岸保险中心；滨海新区中心商务片区46.8平方千米(含天津港保税区海港部分和保税物流园区4平方千米),发展以金融创新为主的现代服务业。

2015年7月10日,中国保监会、天津市人民政府联合印发《关于加强保险业服务天津自贸试验区建设和京津冀协同发展等重大国家战略的意见》。该《意见》指出：要创新保险体制机制,服务国际一流自贸试验区建设；深化保险资金和业务改革,助推京津冀协同发展；加大支持"走出去"力度,护航"一带一路"建设；丰富保险产品和服务,推动国家自主创新示范区建设；构筑保险民生保障网,参与滨海新区综合配套改革；完善支持政策,优化保险业发展环境；加强组织实施。强调把发展现代保险服务业放在落实重大国家战略的整体布局中统筹考虑,加强组织领导,强化沟通协调,形成工作合力,加强保险监管,防范化解风险。

天津自贸区的总体目标为经过三至五年改革探索,将自贸试验区建设成为贸易自由、投资便利、高端产业集聚、金融服务完善、法制环境规范、监管高效便捷、辐射带动效应明显的国际一流自由贸易园区,在京津冀协同发展和我国经济转型发展中发挥示范引领作用。

3. 中国(福建)自由贸易试验区

福建自贸区共118.04平方千米,涵盖三个片区：平潭片区43平方千米,重点建设两岸共同家园和国际旅游岛；厦门片区43.78平方千米(含象屿保税区0.6平方千米、象屿保税物流园区0.7平方千米、厦门海沧保税港区9.51平方千米),重点建设两岸新兴产业和现代服务业合作示范区、东南国际航运中心、两岸区域性金融服务中心和两岸贸易中心；福州片区31.26平方千米(含福州保税区0.6平方千米、福州出口加工区1.14平方千米、福州保税港区9.26

平方千米），重点建设先进制造业基地、21世纪海上丝绸之路沿线国家和地区交流合作的重要平台、两岸服务贸易与金融创新合作示范区。

福建自贸区的战略定位是围绕立足两岸、服务全国、面向世界的战略要求，营造国际化、市场化、法治化营商环境；充分发挥对台优势，率先推进与台湾地区投资贸易自由化进程；充分发挥对外开放前沿优势，建设21世纪海上丝绸之路核心区，打造面向21世纪海上丝绸之路沿线国家和地区开放合作新高地。

2017年8月25日，福建省政府印发《关于推广福建自贸试验区第五批可复制创新成果的通知》，将福建自贸试验区第五批40项改革创新成果在省内复制推广，其中3条创新成果就与保险业有关。（1）中国（福建）国际贸易"单一窗口"信用保险。在国际贸易"单一窗口"上线国别风险预警、资信评估、小微企业信保易、信保通、风险咨询、国际贸易要闻等信用保险功能模块。企业可通过"单一窗口"及时了解国际贸易动态，并实现通关申报、信保、投保一条龙服务和海外信用风险防范，为外贸企业开拓国际市场提供有力保障。（2）保险消费者权益保护服务中心。设立保险消费者权益保护机构，整合咨询、投诉受理、转投诉、调解、裁决、仲裁、统计分析、宣传教育等服务功能，完善"协商解决＋调解＋裁决"的纠纷调处流程。主动承接法院诉调对接转办的保险涉诉案件，参与道路交通损害多元化调处等工作。（3）建设工程保险制度。企业可就其建设的工程自主选择现金、银行保函、保证保险中任一形式向保险公司投保。一旦建设工程发生质量问题，由保险公司提供资金并介入后续维修处置，减少由此引发的各类纠纷。

2017年3月31日，国务院批复成立中国（辽宁）自由贸易试验区、中国（浙江）自由贸易试验区、中国（河南）自由贸易试验区、中国（湖北）自由贸易试验区、中国（重庆）自由贸易试验区、中国（四川）自由贸易试验区、中国（陕西）自由贸易试验区7个自贸区。

4. 中国（辽宁）自由贸易试验区

辽宁自贸区总面积达119.89平方千米，涵盖三个片区：大连片区59.96

平方千米(含大连保税区1.25平方千米、大连出口加工区2.95平方千米、大连大窑湾保税港区6.88平方千米)重点发展港航物流、金融商贸、先进装备制造、高新技术、循环经济、航运服务等产业,推动东北亚国际航运中心、国际物流中心建设进程,形成面向东北亚开放合作的战略高地;沈阳片区29.97平方千米,重点发展装备制造、汽车及零部件、航空装备等先进制造业和金融、科技、物流等现代服务业;营口片区29.96平方千米,重点发展商贸物流、跨境电商、金融等现代服务业和新一代信息技术、高端装备制造等战略性新兴产业,构建国际海铁联运大通道的重要枢纽。

辽宁自贸区将在三至五年改革探索后,形成与国际投资贸易通行规则相衔接的制度创新体系,营造法治化、国际化、便利化的营商环境,巩固提升对人才、资本等要素的吸引力,努力将自贸试验区建设成为提升东北老工业基地发展整体竞争力和对外开放水平的新引擎。

5. 中国(浙江)自由贸易试验区

浙江自贸区实施范围共119.95平方千米,由陆域和相关海洋锚地组成,涵盖三个片区:舟山离岛片区78.98平方千米(含舟山港综合保税区区块二3.02平方千米),重点建设国际一流的绿色石化基地,鼠浪湖岛、黄泽山岛等各岛屿发展油品等大宗商品储存、中转、贸易产业,海洋锚地重点发展保税燃料油供应服务;舟山岛北部片区15.62平方千米(含舟山港综合保税区区块一2.83平方千米)重点发展油品等大宗商品贸易、保税燃料油供应、石油石化产业配套装备保税物流、仓储、制造等产业;舟山岛南部片区25.35平方千米重点发展大宗商品交易、航空制造、零部件物流、研发设计及相关配套产业,着力发展水产品贸易、海洋旅游、海水利用、现代商贸、金融服务、航运、信息咨询、高新技术等产业。

浙江自贸区的发展目标为经过三年左右有特色的改革探索,基本实现投资贸易便利、高端产业集聚、法治环境规范、金融服务完善、监管高效便捷、辐射带动作用突出,以油品为核心的大宗商品全球配置能力显著提升,对接国际标准初步建成自由贸易港区先行区。将自贸试验区建设成为东部地区重要海上开放门户示范、国际大宗商品贸易自由化先导区和具有国际影响力的资源配置基地。

2017年3月15日国务院下发的《中国(浙江)自由贸易试验区总体方案》中明确提出,要支持在自贸试验区内探索设立服务石油行业的专营保险公司或分支机构,设立为保险业发展提供配套服务的保险经纪、保险代理、风险评估、损失理算、法律咨询等专业性保险服务机构。取消对自贸试验区内保险支公司高管人员任职资格的事前审批,由自贸试验区所在省保监局实施备案管理。创新针对石油行业的特殊风险分散机制,开展能源、化工等特殊风险保险业务,加大再保险对巨灾保险、特殊风险保险的支持力度。

6. 中国(河南)自由贸易试验区

河南自贸区实施范围达119.77平方千米,涵盖三个片区:郑州片区73.17平方千米(含河南郑州出口加工区A区0.89平方千米、河南保税物流中心0.41平方千米),重点发展智能终端、高端装备及汽车制造、生物医药等先进制造业以及现代物流、国际商贸、跨境电商、现代金融服务、服务外包、创意设计、商务会展、动漫游戏等现代服务业;开封片区19.94平方千米,重点发展服务外包、医疗旅游、创意设计等服务业,提升装备制造、农副产品加工国际合作及贸易能力,打造服务贸易创新发展区和文创产业对外开放先行区,促进国际文化旅游融合发展;洛阳片区26.66平方千米,重点发展装备制造、机器人、新材料等高端制造业以及研发设计、电子商务、国际文化旅游、文化展示等现代服务业,提升装备制造业转型升级能力和国际产能合作能力,推进华夏历史文明传承创新区建设。

河南自贸区计划在三至五年改革探索后,形成与国际投资贸易通行规则相衔接的制度创新体系,营造法治化、国际化、便利化的营商环境,以可复制可推广为基本要求,加快建设贯通南北、连接东西的现代立体交通体系和现代物流体系,将自贸试验区建设成为服务于"一带一路"建设的现代综合交通枢纽、全面改革开放试验田和内陆开放型经济示范区。

2017年3月15日国务院批准成立的同时印发了《中国(河南)自由贸易

试验区》总体方案,提出河南自贸区保险业改革创新任务:一是业务创新。探索特殊风险分散机制,加大再保险对巨灾保险、特殊风险的保险保障力度。二是监管创新。自贸试验区内保险支公司高管人员任职资格由核准制改为备案制。三是服务创新。鼓励保险机构发展出口信用保险,支持自贸试验区发展科技金融,支持开展人民币跨境再保险业务,培育发展再保险市场。四是防控金融风险。建立对持有各类牌照金融机构的分类监管机制,健全符合自贸试验区内金融业发展实际的监控指标,逐步建立跨境资金流动风险监管机制,建立健全自贸试验区金融消费者权益保护工作机制。

7. 中国(湖北)自由贸易试验区

湖北自贸区的总面积达119.96平方千米,涵盖三个片区:武汉片区70平方千米(含武汉东湖综合保税区5.41平方千米),重点发展新一代信息技术、生命健康、智能制造等战略性新兴产业和国际商贸、金融服务、现代物流、检验检测、研发设计、信息服务、专业服务等现代服务业;襄阳片区21.99平方千米(含襄阳保税物流中心〔B型〕0.281平方千米),重点发展高端装备制造、新能源汽车、大数据、云计算、商贸物流、检验检测等产业;宜昌片区27.97平方千米,重点发展先进制造、生物医药、电子信息、新材料等高新产业及研发设计、总部经济、电子商务等现代服务业。

湖北自贸区将在三至五年改革探索后,对接国际高标准投资贸易规则体系,力争建成高端产业集聚、创新创业活跃、金融服务完善、监管高效便捷、辐射带动作用突出的高水平高标准自由贸易园区,在实施中部崛起战略和推进长江经济带发展中发挥示范作用。立足中部、辐射全国、走向世界,努力成为中部有序承接产业转移示范区、战略性新兴产业和高技术产业集聚区、全面改革开放试验田和内陆对外开放新高地。

2017年7月24日,湖北保监局制定了《中国(湖北)自由贸易试验区保险机构和高级管理人员审批备案管理办法》,规定了自贸区内保险机构及其高管相关的审批、备案、后续处理规章制度,为保险业在湖北自贸区中的发展拟定了初步航道。《武汉市人民政府关于印发中国(湖北)自由贸易试验区武汉片区实施方案的通知》也支持在自贸试验区内设立健康保险、科技保险和内河航运保险等专业保险机构,扩大出口信用保险覆盖面。完善保险市场体系,推动保险产品研发中心、再保险中心等功能型平台建设。取消自贸试验区内保险支公司高管人员任职资格的事前审批,由湖北省保监机构对其实施备案管理。

8. 中国(重庆)自由贸易试验区

重庆自贸区的实施范围包涵总计119.98平方千米的3个片区:两江片区66.29平方千米(含重庆两路寸滩保税港区8.37平方千米),着力打造高端产业与高端要素集聚区,重点发展高端装备、电子核心部件、云计算、生物医药等新兴产业及服务贸易、电子商务、展示交易、仓储分拨、融资租赁等现代服务业;西永片区22.81平方千米(含重庆西永综合保税区8.8平方千米、重庆铁路保税物流中心〔B型〕0.15平方千米),着力打造加工贸易转型升级示范区,重点发展电子信息、智能装备等制造业及保税物流中转分拨等生产性服务业,优化加工贸易发展模式;果园港片区30.88平方千米,着力打造多式联运物流转运中心,重点发展国际中转、集拼分拨等服务业,探索先进制造业创新发展。

重庆自贸区将致力于经过三至五年改革探索,努力建成投资贸易便利、高端产业集聚、监管高效便捷、金融服务完善、法治环境规范、辐射带动作用突出的高水平高标准自由贸易园区,努力建成服务于"一带一路"建设和长江经济带发展的国际物流枢纽和口岸高地,推动构建西部地区门户城市全方位开放新格局,带动西部大开发战略深入实施。

《中国(重庆)自由贸易试验区总体方案》将多项保险工作纳入。一是支持自贸试验区内保险机构开展跨境人民币再保险和全球保单分入业务;二是支持在自贸试验区设立内外资再保险、外资健康保险、国际多式联运物流专业保险等机构;三是鼓励在自贸试验区设立保险资产管理公司、自保公司、相互制保险机构等新型保险组织,以及为保险业发展提供配套服务的保险经纪、保险代理等专业性保险服务机构;四是探索在自贸试验区开展巨灾保险服务创新试点;五是支持在自贸试验区内建立保险资产登记交易平台。

9. 中国(四川)自由贸易试验区

四川自贸区总面积达119.99平方千米,涵盖三个片区:成都天府新区片区90.32平方千米(含成都高新综合保税区区块四〔双流园区〕4平方千米、成都空港保税物流中心〔B型〕0.09平方千米),重点发展现代服务业、高端制造业、高新技术、临空经济、口岸服务等产业,打造西部地区门户城市开放高地;成都青白江铁路港片区9.68平方千米(含成都铁路保税物流中心〔B型〕0.18平方千米),重点发展国际商品集散转运、分拨展示、保税物流仓储、整车进口、特色金融等口岸服务业和信息服务、科技服务、会展服务等现代服务业;川南临港片区19.99平方千米(含泸州港保税物流中心〔B型〕0.21平方千米),重点发展航运物流、港口贸易、教育医疗等现代服务业,以及装备制造、现代医药、食品饮料等先进制造和特色优势产业。

战略定位。以制度创新为核心,以可复制可推广为基本要求,立足内陆、承东启西、服务全国、面向世界,将自贸试验区建设成为西部门户城市开发开放引领区、内陆开放战略支撑带先导区、国际开放通道枢纽区、内陆开放型经济新高地、内陆与沿海沿边沿江协同开放示范区。

发展目标。经过三至五年改革探索,力争建成法治环境规范、投资贸易便利、创新要素集聚、监管高效便捷、协同开放效果显著的高水平高标准自由贸易园区,在打造内陆开放型经济高地、深入推进西部大开发和长江经济带发展中发挥示范作用。

根据《中国保监会办公厅关于保险业支持四川自贸试验区建设有关政策的函》等有关文件的精神,四川保监局发布了《关于四川保险业支持中国(四川)自由贸易试验区建设的指导意见》,提出保险业积极参与自贸区建设、支持各保险机构通过新建或迁址或改建等多种方式在自贸区内设立分支机构、培育专业中介机构、鼓励保险机构满足"一带一路"建设中的保险需求、鼓励创新产品和服务、加强保险消费者权益保护、加强风险防范、从信息联通和优惠政策两方面落实保险服务环境的优化工作。

10. 中国(陕西)自由贸易试验区

陕西自贸区实施范围 119.95 平方千米,涵盖三个片区:中心片区 87.76 平方千米(含陕西西安出口加工区 A 区 0.75 平方千米,B 区 0.79 平方千米,重点发展战略性新兴产业和高新技术产业,着力发展高端制造、航空物流、贸易金融等产业,打造面向"一带一路"的高端产业高地和人文交流高地;西安高新综合保税区 3.64 平方千米和陕西西咸保税物流中心〔B 型〕0.36 平方千米),重点发展国际贸易、现代物流、金融服务、旅游会展、电子商务等产业;西安国际港务区片区 26.43 平方千米(含西安综合保税区 6.17 平方千米),杨凌示范区片区 5.76 平方千米,以农业科技创新、示范推广为重点,通过全面扩大农业领域国际合作交流,打造"一带一路"现代农业国际合作中心。

陕西自贸区的战略定位为全面落实党中央、国务院关于更好发挥"一带一路"建设对西部大开发带动作用、加大西部地区门户城市开放力度的要求,努力将自贸试验区建设成为全面改革开放试验田、内陆型改革开放新高地、"一带一路"经济合作和人文交流重要支点。

2018 年 1 月 26 日,陕西保监局发布《关于加强保险业服务中国(陕西)自由贸易试验区建设有关事项的通知》,要求各公司要深化业务改革和产品结构调整,主动在我省自贸区内发展国际航运保险、责任保险、巨灾保险、信用保证保险、融资租赁保险和商业健康保险等业务,积极参与社会治理方式创新,服务陕西经济社会建设。鼓励各保险公司在符合监管规定的情况下,在自贸区内积极开展人民币跨境再保险业务,大力培育发展再保险市场,鼓励再保险公司在我省自贸区内设立分支机构,允许符合条件的国外专业保险公司在自贸区内开展涉农保险业务。

9.2 自贸区与中国保险发展与开放

2013 年 9 月 29 日,原中国保险监督管理委员会发布《保监会支持中国

(上海)自由贸易试验区建设》,从八个方面强化保险功能,支持中国(上海)自由贸易试验区建设。中国已成为世界贸易与服务不可或缺的一部分。加入WTO后,中国保险业率先对外开放取得了丰硕成果,保险密度从2001年的全球第73位(20美元/人)跃居到2012年的全球第61名(178.9美元/人);保险深度从2001年的全球第56名(2.2%)上升为2012年的全球第46名(2.96%)。自贸区的开放与保监会的八大举措,进一步推动我国保险业的进一步发展和转型。

9.2.1 外资专业健康保险机构

保监会支持在自贸区内试点设立外资专业健康保险机构。我国加入WTO以来,非寿险业允许外资保险公司设立独资公司,但是寿险业对外资寿险公司在华设立子公司仍然规定其持股比例不能超过50%。在上海自贸区的外资准入管理措施中,这一规定仍未变化,这意味着外资独资寿险保险公司的期望落空,外资专业健康保险机构成为外资公司谋划的重中之重。

随着中国人口老龄化及人们对医疗卫生需求的增加,外资专业健康保险机构将在服务中国社会的同时拥有广阔的市场前景。自贸区内外资独资的保险机构可避免合资公司的出资方矛盾对立、认知差异和决策效率低等问题,使得外资专业健康保险机构得以大显身手。

外资专业健康保险机构的设立将为外资公司进军中国健康与养老市场打开一扇窗户。自贸区的负面清单中并未列出禁止外资企业投资医院和其他卫生医疗机构,这意味着国外健康医疗保险机构所常用的医疗模式(保险、家庭医生、医院治疗和保健康复)有望在上海得到复制,这将更大地提高医疗服务水平并降低健康保险机构运作成本、提高利润。外资专业保险机构在上海自贸区的展业将首先惠及随着中国经济的发展而迅速致富的高收入人群,而他们对医疗健康的高需求和对价格的承受能力也进一步为外资专业健康保险公司提供良好的市场空间。

9.2.2 人民币跨境再保险业务

我国已经成为国际上增长潜力最大的保险市场之一。自贸区改革"支持保险公司在自贸区内设立分支机构,开展人民币跨境再保险业务",可以看出国家对保险业"走出去"的支持和决心。但是,上海能否顺利开展人民币跨境再保险业务并推动我国保险企业发展,进而实现我国保险企业"走出去"战略却值得商榷。

保监会支持上海自贸区建设的文件更多的是在支付手段上给予了在境外开展再保险业的中国保险公司使用人民币作为定价货币和支付货币的便利。实际上人民币跨境再保险业务还包括另外一个业务方向,即中国原保险公司向境外的再保险公司分出再保险业务,理应也必须允许其使用人民币作为跨境的支付手段。

中国险企能否"走出去"更多依赖于自身实力的提升和国际竞争力的加强,而非支付手段的创新。人民币跨境再保险业务在上海自贸区的试行如果没有政府的强有力支持将难以开展。理由如下:(1)人民币跨境再保险业务开展的首要条件在于中国再保险市场的发达,并且产生足够多的跨境业务,而实际仍有一段距离。(2)目前人民币尚不能自由兑换,不论对于再保险跨境分入业务还是分出业务,这都将增加换汇成本、降低市场效率。(3)人民币跨境再保险业务的初衷是为中国险企锁定汇率风险,但是却将其转嫁给境外方,在市场经济下这部分风险会转化为价格成本,最终还需要中国保险企业分担。

9.2.3 巨灾保险机制

上海在国际金融中心的建设进程中形成了完善先进的基础设施、健康活跃的金融环境和高效有序的金融秩序。这是上海具备的区别于中国其他地区的资源禀赋。目前上海自贸区内巨灾保险制度的建设应该依托上海当前的金融优势,从而发展出有别于成都、深圳等地正在高调倡导和宣传的巨灾保险模式。

考虑到我国保险业正处于转型期,保险意识淡薄,民众依赖政府救灾的惯性思维强烈,联合保险模式相较于纯商业保险模式和强制性保险模式而言更具有可行性和科学性。这也就要求上海自贸区巨灾保险体系建设必须在一定程度上依托政府。由于自贸区尚处于试验阶段,巨灾保险机制也可以在小范围内进行试验后在全国范围进行试点。

9.2.4 境外投资试点

自贸区改革鼓励"自贸区保险机构开展境外投资试点",主要包括扩大自贸区内保险机构境外投资的范围和比例。扩大中国保险企业境外投资试点、适度将我国境内的保险风险转移到国际上将有助于保护我国保险企业的稳健性,并且为中国保险企业分享全球资本市场成长的收益带来可能。但是,如何进行试点、如何推进试点仍是自贸区内保险企业面临的未解难题。

目前我国允许保险公司境外投资的比例为"不超过上年末总资产的15％",但实际上远未达到该比例,因此自贸区内放宽该比例的意义不大。我国保险资金境外投资不足,一方面因为中国保险企业缺乏境外投资的经验和专业人才,再加上境外经济环境近期并不如人意,所以投资意愿不高;另一方面则是我国保监会2012年10月份发布的《保险资金境外投资管理暂行办法实施细则》中对投资委托人和受托人的资质都进行了严格规定,限制了保险公司境外投资的空间。

上海自贸区内探索保险公司境外投资,首先要解决的不是扩大保险公司境外投资的比例和范围,而是应该研究如何提高我国保险公司风险管理能力、如何进行合理的人才储备、如何使中国保险企业勇于探索海外投资市场。要培养中国保险企业良好的投资选股能力,借鉴周边新兴市场的方法,在更多的地方审慎选择投资标的,以分散资产运用途径单一和地区封闭带来的风险,保证和提高保险企业的整体投资回报率和竞争力。

9.2.5 国际中介机构引入

自贸区内国际中介机构引入将包括两部分内容:业务上,未来上海自贸区建设需要大量国外熟悉再保险、航运、特殊风险、巨灾等业务的专业中介机构;分销渠道上,上海自贸区建设将带动以保险经纪人为主体的中介市场发展。

上海自贸区承接了上海国际航运中心带来的海上保险及再保险、特殊风险(新能源、新技术)和巨灾保险等巨大的保险需求,只有通过专业化的中介服务才能使风险得到有效的分散和控制,并且将风险转移成本控制在一定区间内。国际专业保险机构将以自贸区为桥梁进驻中国,并且在中国保险业转型和发展中扮演越来越重要的角色。

中国保险公司通常采用产品设计、营销、核保、理赔、风险管理、分保和投资各项业务独立完成的模式,保险中介在我国尚处于低端竞争的阶段。相对于保险代理人而言,自贸区内保险经纪人的市场空间和潜力将更加广阔。受"泛鑫"事件的影响,上海自贸区国际中介机构引入后的监管将成为重点。目前2013年版的"负面清单"中并没有出现国际保险中介机构,这意味着进驻上海自贸区的保险中介机构将执行和我国其他保险中介机构一样的监管标准。目前保监会仅针对保险中介机构设立了基本服务标准,自贸区内保险中介机构的特殊业务可能超出了现有的监管框架。如何引导保险中介市场,规范中介服务范围和推动保险中介服务上海自贸区保险建设也是保险监管部门需要重视的课题。

9.2.6 航运保险

自贸区将为上海开展航运保险、培育航运保险营运机构和航运保险经纪人队伍、发展上海航运保险协会提供良好的市场环境。2010年,上海港货物吞吐量和集装箱吞吐量跃居世界第一,世界前20位的大集装箱班轮公司已经全部入驻上海。目前上海航运保险的滞后发展与上海航运市场近年来取得的成绩严重不匹配,上海自贸区的建设将为航运保险提供的巨大市场前景和市场活力。

上海自贸区内航运保险的发展首先需要险种创新:自贸区内航运保险不仅包括货物保险、船舶保险、海事责任保险等,也需要包括沉船沉物打捞保险、新型运输人赔偿责任保险、无船承运人责任保险、仓库责任保险等在内的创新型险种。其次是保险主体创新:除专业航运保险公司外,积极探索专业保险中介机构、船舶保险公估公司、船东互保协会等多种市场主体。再次是管理创新:航运保险要依托自贸区内建设的一体化信息平台、实行标准化操作流程和专业化服务,向客户提供海上损失管理,向托运人和承运人提供货物包装、装卸、仓储以及船舶、码头等相关风险管理和信息咨询服务。

此外,上海自贸区航运保险应该成为对接航运市场与金融市场的服务平台。保险企业是航运业这种资本密集型产业理想的融资方式之一,航运保险不仅可以助力上海国际航运中心建设,同时保险业自身也能为航运企业提供资金支持,并且通过保险产品有效转移其他金融机构在服务上海国际航运中心建设中可能存在的风险,形成上海国际航运中心、国际金融中心的无缝连接。

9.2.7 责任保险

责任保险应该成为中国保险业转型中的先锋。上海自贸区鼓励不断探索责任保险服务领域,一方面是为了提高自贸区内企业的风险管理能力,保障第三方的合法权益;另一方面也是为了减少自贸区内企业经营活动因为责任事故而导致自身的偿付能力下降与财务波动风险。

目前中国保险业普遍对责任保险重视不够、投入不足,这成为制约其发展的主要原因。保监会明确指出要鼓励自贸区内保险公司进行险种创新、开拓责任保险服务领域。

上海自贸区建设旨在开启中国新一轮的开放,开放过程中势必使得责任事故发生的风险概率变高。这为中国保险企业提供了良好的发展契机。除航运责任保险外，医疗事故责任保险、环境责任保险、安全生产责任保险、公司高管与董事责任保险、食品安全责任保险、物流责任保险、特定职业（律师、会计师等）责任保险等都需要保险公司加大研发力度、扩大供给，使我国责任保险进一步服务实体并实现和国际的接轨。

9.2.8 保险市场体系完善

上海作为中国经济发展的窗口和下一轮中国经济进一步开放的领头羊，在完善保险市场体系中担负着重要的责任。目前我国保险业正从粗放型的保费竞争逐步转变到保险回归保障功能、提高保险服务附加值的核心价值竞争中，逐渐和国际保险主流业务及核心价值接轨。在保险业实现成功转型以后，未来中国保险市场将迎来新一轮的发展机遇，上海应提前布局，成为带动中国保险市场融入世界经济的先驱。

为此，中国（上海）自由贸易区提出建立航运保险定价中心、再保险中心和保险资金运用中心等功能性保险机构建设。建议政府采用目标与形式分离的手段，即确立上海建立中国保险中心的目标，但是弱化功能性保险机构建设，通过市场发展与政策扶持确立上海在国际航运保险定价、再保险业务和保险资金运用的中心地位。政府在推进上海国际保险中心建设过程中可以为市场提供良好的政治、法律和税务环境。

9.3 自贸区保险企业境外投资

9.3.1 中国保险企业境外投资发展状况

自 2001 中国加入世界贸易组织（WTO）以来，保监会对于保险公司境外投资的限制已经逐渐放开，目前允许保险公司境外投资的比例为"不超过上年末总资产的15%"。保监会希望鼓励中国保险企业开展境外投资,一方面可望在原来15%的限制范围内进一步打开,另一方面也希望能够借此政策红利激发保险公司原有存量,鼓励企业进一步海外投资。尽管我国当前允许保险公司境外投资的比例可达总资产的15%,实际上当前我国保险公司境外投资比例为0.8%。这一方面意味着在政策上进一步放开现有15%额度限制的意义不大,另一方面也表明我国保险企业目前存在境外投资的弱势。造成我国保险企业境外投资不足的原因是多方面的,主要包括风险敞口变大、人才筹备不足和企业境外投资意愿不高三方面。

(一)风险敞口变大

保险公司境外投资范围和比例的放宽尽管有利于营造相对宽松的投资环境,但是也伴随产生了保险公司额外的风险。如果境外投资的风险溢价和收益低于境内投资,本国保险公司将会选择通过"不作为"来规避此类风险。这些新增风险包括:

(1)汇率风险。保险公司境外投资要承受投资国预期收益变动的风险,也要承受汇率变动带来的风险,包括各国间汇率变动与各国证券报酬率的相互影响而带来的国际债券组合风险。日本保险业曾经就因为汇率风险而损失惨重[1]。我国金融企业应对汇率风险的经验普遍较少,中国保险业缺乏对汇率风险的防范,使得汇率风险成为保险公司境外投资的重要风险之一。

(2)市场风险。由于境外投资容易导致信息的不对称,从而更加容易受到境外资本市场上的不确定因素影响。比如股票价格、投资国通货膨胀、证券发行商的财务风险、文化差异、政治因素等,由此将给境外投资的保险企业带来额外的市场风险。

---

[1] 1981—1985年,日本经常收支项目中约有1 200亿美元的顺差,且大部分来自美国。日本企业将其绝大部分投资用于购买美国国债,1985年"广场协议"后,美元大幅度贬值。仅1985年9月至1987年底,短短的两年多时间,美元兑日元就从1美元兑250日元下跌到1美元兑121日元,日本企业所持有的美元资产贬值了50%。这其中就包括很多保险公司,有些公司甚至因资产贬值而被逼到了破产的境地。

（3）企业内部风险。国内保险机构境外投资经验不足,对于投资策略、投资渠道、投资对象等等方面没有足够的认识,极易造成投资决策失误,从而遭受重大损失,中国平安收购富通集团就是一个决策失误的典型例子。此外,境外投资对于企业内部的资产管理能力提出了更高要求,如果在管理部门、操作部门和监管部门任何一个环节出现了疏漏或者不严谨,也会造成投资的重大损失。

（二）人才储备不足

保监会 2012 年公布的《保险资金境外投资管理暂行办法实施细则》中规定,保险公司境外投资准入条件对于险企委托管理资金的机构和机构人员资质要求较高,而当前中国保险公司及相关的机构的资产管理人才储备捉襟见肘。我国当前保险资产管理人才在有证券公司等专业从业出身、在资产管理方面有专业的技能和经验、有很高的选股能力的人才方面缺口较大。国内资产管理行业对于专业性人才的争夺已经越来越激烈,尤其是在未来资产管理业务趋同化的大势下,各行业都在占据人才资源的高地,国内的专业性资产管理人才显然是不足的。我国保险公司由于缺乏专业性资产管理人才的储备和培养,企业境外资产的风险将进一步加大。

（三）投资意愿不高

尽管 2007 年保监会就上调境外投资比例至 15%,但是实际国内保险公司境外投资比例不到 1%。保监会对于保险企业境外投资的准入条件设置了较高要求,加之中国境内投资市场环境良好、保险公司资产管理能力不足、监管费用较高、人民币在资本项下不可自由流通等因素造成了中国保险企业境外投资意愿的不足。

9.3.2 自贸区建设对保险企业境外投资的启示

（一）提升风险管理水平,尝试境外间接投资先行

投资可分为直接投资与间接投资,直接投资一般指购买了标的公司

第9章 改革创新：自贸区建设与保险业开放

超过10%①的股份,拥有该公司部分或全部的控制权。采用直接投资方式将从标的公司的管理经营中获得利润,这需要对所投资的行业和公司有完整深入的了解,并且对行业和公司前景有理性的前瞻。相比之下,间接投资的利润来源于资本收益,并且间接投资的资本更灵活、更易转移。在中国险企对外投资经验不足的现状下,我们认为可以先采取间接投资为主的方式进入外国市场,并借鉴国外经验,将可交易性金融资产作为对外投资中的主角。

针对汇率风险,需要中国在两方面进行积极准备。一是推进人民币的国际化这项根本措施。只有更多的海外交易以人民币结算,才能根本解决汇率风险。二是在现在的情况下,企业可以通过购买例如货币掉期等金融工具来规避风险。对于市场风险和企业内部风险,这在国内国外投资时都会遇到,只不过在国外市场更加凸显。中国保险企业需要培养和引进精通国外业务、更熟悉当地市场环境的专业资产管理人才,同时要提高险企自身的风险监管能力,能够预防和及时发现风险。

(二)加大对保险资产管理人才的培养力度

首先,保险监管部门应该联合教育部、中国人民银行、证监会等部门构建一个大金融领域的人才培养工程,将高等院校、专业机构、行业协会等联系在一起,形成一条专业化、国际化、精英化的人才培养链条,通过制定分层次分级别的短期、中期、长期的培养规划,系统的为保险公司以及其他金融行业培养熟练国际金融业务的专业资产管理人才,并滚动发展,不断推进,从整体上提高保险公司的资产管理能力和风险管控能力。此外,还应引导高校适时调整专业设置。政府应当协助一些高等院校建立相关的资产管理专业,通过奖学金、补助等方式,帮助学校获得

---

① 《国际收支和国际投资头寸手册》(IMF):直接的直接投资关系——指直接投资者直接拥有股权,并且这种股权使其在直接投资企业中享有10%或以上的表决权。中国在《对外直接投资统计制度》中定义:"本制度所称对外直接投资是指我国国内投资者以现金、实物、无形资产等方式在国外及港澳台地区设立、参股、兼并国(境)外企业,拥有该企业10%或以上的股权,并以拥有或控制企业的经营管理权为核心的经济活动。本制度适用于所有发生对外直接投资活动的境内机构和个人(以下简称境内投资者)。"可认为与国际惯例相同。

教学资源和优秀生源,运用先进的教学方式,为企业培养专业的资产管理人才。

其次,鼓励企业海外招聘。对于境外资产的管理,发达国家对于相关人才的培养相对成熟,这方面的专业人才较多,同时中国也有大量相关专业的留学生在海外求学和工作。政府可以通过税收等措施,鼓励公司海外招聘。例如新加坡金融业通过网络视频招聘海外人才的方式就很成功,十分值得中国保险公司去借鉴。

(三)降低保险资产境外投资的门槛,引导企业进行分散投资

我国保险企业实际境外投资比例低可能来自两方面原因,一方面是投资政策的限制,一方面是出于企业自身的考虑。我国投资上限相较于日韩虽然不高,但目前实际投资比例与上限相差很远,因此也说明了在中国投资上限并不是限制险企对外投资的主要因素。由此可能的结论是当前监管部门对投资范围的限制是制约我国险企境外投资的主要原因。中国监管当局要有针对性地放宽境外投资条件,适当放开投资品种限制。此外,政府可以通过降低企业对外投资的成本或者对积极进行境外投资的保险公司进行补贴,以增加其海外投资的源动力。从企业自身来说:海外投资的确会面临各种风险,同时会增加资产的监管成本。但是,在保证偿付能力充足率和政策条件逐步成熟的情况下,中国保险企业应该勇于探索海外投资市场,培养良好的投资选股能力,借鉴周边新兴市场的方法,在更多的地方审慎选择投资标的,以分散资产运用途径单一和地区封闭带来的风险,保证和提高保险企业的整体投资回报率和竞争力。

9.4 自贸区与航运中心建设

9.4.1 自贸区与航运中心建设发展状况

上海自贸区的建立必将推动上海国际航运中心的建设进程。国际经验

第9章 改革创新：自贸区建设与保险业开放

表明航运中心的建设过程中需要完善的金融配套服务，其中保险业尤其重要。服务于国际航运中心建设的航运保险，不仅包括传统货运险，还涵盖与航运有关的港口、码头、企业的相关人员和财物的创新型险种。

上海自贸区建设中为航运业量身定制的一系列优惠政策必将加速推进上海国际航运中心建设进程。港口建设应由运输、贸易、信息、资本一体化水平的综合提升代替单纯的经济快速增长推动，其中，不可或缺的一点便是航运保险体系的构建。

自贸区政策本身对航运保险可谓重大利好，如能切实把握机遇，市场业务总量将会大幅提升。《中国（上海）自由贸易试验区总体方案》中针对航运业的政策优惠涵盖公司注册、业务、税收等诸多方面，具体包括：放宽中外合作国际船舶运输企业的外资股比限制；允许中资公司拥有或控股非五星旗船，先行先试外贸进出口集装箱在国内沿海港口和上海港之间的沿海捎带业务；允许设立外商独资国际船舶管理企业等。这一系列自由化举措无疑将显著增加自贸区货物吞吐量，并鼓励更多外资船舶管理和制造企业落户上海自贸区，促进上海货运险和船舶险市场总量的提升。

此外，中国保监会批复的措施中也明确提出一系列正面举措，包括：支持上海开展航运保险，培育航运保险营运机构和航运保险经纪人队伍，发展上海航运保险协会；支持保险公司创新保险产品，不断拓展责任保险服务领域；支持上海完善保险市场体系，推动航运保险定价中心、再保险中心和保险资金运用中心等功能型保险机构建设。

上海建设国际航运中心具备先天优势，据上海口岸服务办公布的数据显示，2012年上海口岸外贸货物吞吐量累计达3.6亿吨，同比增长5.9%，上海港继续保持货物和集装箱吞吐量世界第一大港地位。外高桥港区完成1 536万标准箱，连续八年蝉联全国国际船舶吞吐量最高的港区。然而与伦敦相比，上海软环境方面的欠缺仍然不容忽视。以航运保险为例，上海的主要问题包括：产品结构较为单一、专业人才与复合型管理人才不足、缺乏完善的法律规范体系、航运业税负偏高限制投保动力、国际网点布局不完善等。上海在落实自贸区举措的同时有必要升级配套金融服务水平,为航运中心建设提供全面支持与持续的助力。

9.4.2 自贸区建设对改善航运保险现状的启示

上海的货物吞吐量已名列前茅,应当充分利用自贸区的政策优势,借鉴伦敦经验,重点发展高端航运金融服务、航运法律服务、物流服务,形成完整的船舶管理、船运咨询、融资保险、海事仲裁和公证公估等服务产业链。以创新性的外资政策和金融政策、稳定的航运法制和积极的人才战略为航运中心的建设打造具备竞争力的软环境。在此过程中,改善上海航运保险现状的对策包括:

(1) 优化险种结构、提高技术含量、针对行业需要设计创新产品、涵盖多样化风险。国内航运保险企业主要业务集中于市场准入要求较低的货运险业务;船舶险因利润有限且成本较高,经营者只有人保、太保等少数公司;专业技术含量较高的承运人责任险、码头责任险、保障与赔偿责任保险等极少有公司涉足;船舶特殊保险产品缺乏创新。而伦敦保险市场的创新能力和效率水平一直位于世界前列,灵活的承保认购方式也为险种创新提供了动力。上海可借助建设自贸区的契机,加大保险业产品创新力度,扩展产品品种,扩大传统的货运险、船舶险覆盖面,发展新型运输人赔偿责任保险、海运提单下的承运人赔偿责任保险、无船承运人责任保险、仓库责任保险等,成为国内航运保险业产品创新和技术研发的先行者,带动长三角地区航运金融服务的发展。

(2) 加强人才引进,建立完善的航运业人才培养体系。发展航运保险需要精通风险评估、理算、国际仲裁、国际贸易,并熟悉相应国际法规的复合型人才,但目前我国保险人才的知识结构仍相对单一。相较而言,伦敦对人才培养的重视程度和完善体系都值得借鉴。伦敦拥有世界领先和系统专业的航运服务教育和认证培训体系:大学、商学院和继续教育学院提供的航运服务职前教育;专业机构提供的航运服务职业认证;交易所、培训公司和行业协会等私营部门提供的航运服务专门培训。上海在航运保险人才培养过程中,可充分利用高校和机构资源,如上海海事大学、国际航运研究中心等,开展航运基础人才培训。风险评估、理算、国际仲裁、国际贸易、国际法律法规等专业高级人才的培训可由政府和航运保险企业共同出资承办。此外上海还应重视引进具有国际背景的人才,特别是再保险市场人才和复合型高级管理人才。

(3) 适应行业需求,进一步放宽税收优惠政策。目前航运险税负偏高,而为扩展市场份额必须压低费率,从而限制了再保险的利润空间,使原保险企业很难获得再保险的充分支持。目前自贸区总体方案中关于税收的优惠政策仍然有限,仅允许注册地在试验区内的企业或个人股东因非货币性资产对外投资等资产重组行为而产生的资产评估增值部分享受优惠,可在不超过 5 年期限内分期缴纳所得税。在我国进出口贸易惯例中,进口货物多采用 CIF 方式、出口货物多采用 FOB 方式,导致大量出口货物和进口货物大部分都在境外投保。上海自贸区建设过程中,可考虑进一步放开针对航运保险业的税收优惠政策,如适当降低银行船舶贷款业务和保险公司海上保险业务的营业税,扩大航运保险免营业税的税种范围等,或以补贴措施鼓励海上货运险在上海本地投保。

(4) 完善法律体系,提高市场规范程度。伦敦曾凭借 1906 年的《海上保险法》确立了国际航运中心的地位,而目前我国的航运保险法律法规却仍未完善,仅在《海商法》中有部分关于航运保险业务的条款。建立一套系统的保险法规体系,同时根据国际通行惯例修订和完善《海商法》的相关内容是促进航运保险发展的重要步骤。就此方面上海可以率先试点,在港口经营、口岸收费等方面参考国际标准制定相应的航运市场竞争规则,推动全国的航运立法,并促进建立有序的航运市场体系。对相关的责任保险,可参考香港要求进出当地水域的船舶必须购买碰撞和污染等强制责任保险的举措,以强制推行的方式为社会的稳定有序提供必要保障。

(5) 发展中介市场,提供配套服务。成熟的保险市场如伦敦市场,大多由专业经纪人主导,将投保人的要求传达给承保人,以认购方式作出合理的保险安排。对再保险业来说,中介的作用尤其重要。但目前我国保险公司航运险中直接业务仍占据绝对比重,经纪人的参与十分有限,保险公司在承保时的挑剔选择使大量中小船东的船舶难以获得保险保障,不得不转向境外寻求帮助,如此既导致保费和中介费外流,又增加了出险时的理赔难度。保监会支持国际著名的专业性保险中介机构等服务机构,以及从事再保险业务的社会组织和个人在自贸区依法开展相关业务的政策如能有效落实,必将促进国内航运险实现专业化运营,扩大保障覆盖面。除了加快培育航运保险营运机构和航运保险经纪人队伍之外,还应当发展保险公估、法律服务、会计、船舶检验等中介机构,根据保监会的相应支持措施全面推动航运保险定价中心、再保险中心和保险资金运用中心等功能型保险机构建设。

(6) 提高保险机构国际影响力,拓展海外网络。目前我国的航运险公司缺乏足够的国际网络,资源配置能力不足,限制了航运险本身的服务能力。船舶险与货运险均为技术密集型的高风险险种,对保险公司除了专业技术层面的要求外,涵盖世界范围的检验和理赔服务也必不可少。中国保监会在上海自贸区建设的措施中提出,要支持自贸区保险机构开展境外投资试点,积极研究在自贸区试点扩大保险机构境外直接投资。这一举措同时也有利于我国保险业影响力的增强,不仅可在与外资险企的竞争中扩大市场份额和知名度,而且可将风险在更广阔的范围内有效分散,使企业经营更加稳健。

9.5 自贸区与离岸保险发展

9.5.1 中国离岸保险发展条件分析

经济的全球化带来了投资的全球化和金融的全球化,其中包括保险主体的国际化和保险业务的跨国化。而全球化的保险市场也面临着很多阻碍,比如交易所的所在地金融法规限制、交易所与境外居民交易及沟通的障碍等等。离岸保险中心区别于国内传统保险市场的最大特点即交易的主体为非本国居民,且受交易所所在地的金融法规限制较小,交易双方很大程度上可以基于国际惯例进行管理和交易,从而使得沟通更加便利,交易成本大大减低,也有利于对全世界保险服务网络的覆盖。因此,很多金融业发达的国家和地区相继建立了离岸保险中心,比如英国的劳合社、瑞士的苏黎世、"天然避税港"百慕大等。2013年中国(上海)自由贸易试验区建立,作为中国顺应全球经济和金融市场高度市场化的重要体现,使得大型国际金融集团、中外资保险机构、保险经纪机构以及部分中外资直保公司着眼于中国离岸保险的发展。

离岸保险的发展需要发达的保险市场、稳定繁荣的经济、现代化的通信网络以及本币自由可兑换。相比较而言中国上海、深圳等城市也具有了发展离岸中心的基本条件。上海是中国经济发展的中心,自20世纪90年代以后上海一直是中国金融行业的领头羊,其金融服务行业发展迅猛,已经成为重要的国际金融大都市之一。而上海保险业在此阶段也发展迅速,国内大型保险公司以上海作为重点市场,而世界上很多著名的保险公司也通过合资或者独资的方式进入上海保险市场,从而推动了上海成为中国保险业最发达的地区。同时上海的现代化设施日趋完善,交通运输日趋发达,现代化通信网络日趋成熟,这些都是上海发展离岸保险中心的必要条件。

而作为中国最早的特区、中国经济发展最活跃的珠江三角洲的金融中心,深圳一直是对外资金融机构最早开放的城市,是金融业改革开放的"试验田",在多年的积累下,拥有良好的经济环境、优越的地理位置、便捷的交通条件、完善的配套设施和一定的政府政策等等,深圳也拥有成为区域离岸保险中心的巨大潜力。

如果中国发展离岸保险市场,那么同样作为区域金融中心的上海及深圳就成为不二选择。上海是中国国内最大的金融中心和金融发展的最前沿地区,是内地云集外资金融机构最多的城市,商业银行、证券公司、保险公司、信托投资公司等金融机构门类齐全。世界上许多著名的保险公司都以不同方式进入上海,现已形成中资、股份、外资三足鼎立的保险格局。加之其优越的地理位置、日趋现代化的基础设施和相对自由的经营环境为上海进行离岸保险的试点准备了充分的条件(陈迪红和黄鎏,2004)。深圳作为珠三角的金融中心,各种金融机构林立,除了拥有证券交易所外,还是国内许多大型金融集团的总部,特别是深圳作为平安集团的总部所在地,其离岸保险市场的建立必定会在平安的辐射下得到长足的发展。

上海也有着自身独特的地理位置。上海不仅距日本、韩国、朝鲜、俄罗斯远东和我国台湾、港澳地区距离近乎相等,而且南距广东,北至天津、大连、青岛、烟台、营口也几乎是等距离。更重要的是可由长江辐射到内地。上海成为自贸区更是要把上海发展成为世界最大的中转港口。此外,亚洲的经济中心仍然在东亚区域,上海作为东亚区域一个重要的金融中心,其地理位置较新加坡有着一定的优势,单说上海洋山深水港的一期吞吐量就设计为2 000万标准集装箱,是新加坡的二倍。而深圳作为最早开放的经济特区,其地理位置得天独厚,更重要的是,深圳与香港更为邻近,作为地区金融中心的香港,其业务如果向内地渗透,那么深圳无疑是最重要的门户,深圳可以与香港进行强强联合,共同组建区域性的离岸保险中心,其规模效应会更大。

上海与深圳如果发展成区域离岸保险中心,二者的市场发展空间均巨大。新加坡尽管金融业发达,而且扮演着东亚乃至亚洲的保险、再保险中心,但是国内经济总量有限,市场空间已经接近饱和,国内市场潜力不大,这才导致新加坡离岸市场的兴起。中国已经成为世界第二大经济体,国内保险市场的需求日益增加,保险市场潜力巨大。此外,与中国邻近的如日本、韩国都是保险市场相对发达的国家,上海与深圳如果开放离岸市场,必然会比新加坡拥有更大的市场发展空间。

9.5.2 自贸区建设对离岸保险发展的启示

(一) 加速离岸金融结算中心建设

建设离岸保险中心需要为各国企业提供资金自由流动和交换的平台。上海发展离岸保险的前提是保证外资在离岸贸易区内货币兑换的自由。建立离岸美元市场、离岸欧元市场、离岸人民币业务和实行人民币可自由兑换是必要之举。由此可见人民币国际化也是中国发展离岸保险业务的重要保障。

加速离岸金融结算中心建设还要做到以下几个关键点。首先,自贸区内的银行要被赋予开设离岸账户、开展离岸金融业务的权力,对业务量不应设过多限制,应视离岸市场需求而定。其次,需要简化离岸金融结算的手续,力争简洁、高效。另外,我国有关离岸金融业务的管理制度是1997年制定的,十几年过去应尽快有所调整以适应现在的开放水平。

(二) 建立内外严格分离的监管模式

上海可以借鉴国际上内外严格分离型的监管模式。内外严格分离型模式主要服务于由政府主导建立的为非本国居民交易服务的离岸保险市场。而我国政府对于整个金融业的监管能力较强,适合采用政府主导的监管模式。我国当前采用固定汇率政策,资本管制还未放开,因此没有严格的监管就会造成严重的汇率风险和套利风险。因此采取内外分离的模式有利于政府对于离岸和在岸业务分别监管,有效缓解国际金融波动对我国保险市场的冲击。

现阶段我国离岸保险的发展水平有限,制度和监管措施不完善,应当严格对离岸和在岸两个账户进行分别管理,把握好两个账户的渗透程度。特别地由于我国采取资本管制的固定汇率政策,应当严格禁止外资从国内市场向国外的反向渗透,防止离岸资金短缺倒逼在岸资金,以及洗钱、地下钱庄等非法金融行为的出现,保证我国保险市场的稳定、健康发展。

(三) 适当的税收优惠

为了鼓励国内的保险企业发展离岸业务,也为了吸引国外有经验有声誉的保险企业进入,我们应该对离岸市场的保险公司、被保险公司、专业自保人和保险经纪人等提供更加优惠的企业所得税和营业税税率。目前中国的企业所得税和营业税高于其他离岸保险中心,比如新加坡对于做离岸业务的保险企业有三档优惠税率,这使得中国在税收方面显得缺少竞争力。因此,可以建议研究制定切实可行的离岸保险优惠税收政策,包括降低保险公司经营离岸保险业务核离岸再保险业务的所得税或者营业税等等。

(四) 积极发展离岸再保险业务

离岸保险很多是保险公司之间的相互交易,所以再保险必然会成为重要的一部分。在我国,由于经济和保险业的发展带来了越来越多高风险集中度和高保险金额的风险,仅仅由原保险公司承保未免难以承担,而再保险公司则可以填补这种不足。积极发展离岸再保险,可以促进上海成为区域内的保险中心。

(五) 积极发展网络保险业务

在网络保险方面可以率先引进一些发展较为成熟、较具实力的互联网保险企业,带头发展网络保险。通过一定的政策支持和制度尝试,摸索合适的国内网络保险发展道路,通过将互联网与自贸区的优势相结合,促进保险产业的进一步发展。

第10章

保险监管：从机构监管到功能监管

2018年3月，国家将中国银行业监督管理委员会(即"银监会")和中国保险监督管理委员会(即"保监会")的职责整合，组建中国银行保险监督管理委员会作为国务院直属事业单位，不再保留银监会、保监会。将银监会和保监会拟订银行业、保险业重要法律法规草案和审慎监管基本制度的职责划入中国人民银行。保险监管的变革，是改革开放40年中国金融与保险业发展的一种必然，也是新时代中国作为保险大国崛起的重大事件。

10.1 保险监管改革的必要性分析

保险监管是指国家或政府通过法律、行政、经济手段，对保险业的发展规模、产业结构和保险企业的行为规范进行引导、监督和管理，从而使保险业成为完善金融体系的支柱力量、改善民生保障的有力支撑、创新社会管理的有效机制、促进经济提质增效升级的高效引擎和转变政府职能的重要抓手。可见，保险监管在我国当前形势下需要与其他金融行业协同发展，深度参与国家治理与社会管理、推动我国经济发展和社会转型、保障民生并提高社会福利。尽管我国的保险监管体制自1998年保监会成立以后极大程度地推动了保险行业发展，但是仍然与新时期金融业监管发展趋势和保险业良性发展的内在需求存在一定的差距，需要进一步的改革以更好更快地促进以上保险监管目标的实现。

10.1.1 金融混业经营挑战分业监管

随着金融一体化程度的不断加深和我国金融业改革发展程度的不断提

高,我国金融业发展表现出明显的综合经营趋势,分业监管的有效前提受到侵蚀。越来越多的金融机构通过控股公司、相互参股、局部业务和产品交叉经营等多种方式加强机构内部合作,使得银行、证券、保险之间的边界被逐步打破,银行、证券、保险、信托、租赁和基金等金融业务交融发展。金融混业经营加大了金融业的系统性风险,并且对分业监管制度下的金融监管合作提出了更高的要求。

目前中国保险机构的混业经营体现在两个方向:一方面是保险公司(比如平安、安邦等)开始积极向其他非保险的金融业务延伸,另一方面是以非保险起家的其他机构(如中信、光大、国家电网等)不同程度地参与到保险市场中,金融综合经营的发展趋势越来越明显。保险与其他金融机构的融合不仅直接表现为资本结构的结合,更因为这种资本结构的"渊源"加深了业务范围中的相互支持。尤其是随着我国保险资金运用渠道的进一步放松,保险业和其他金融行业之间的关联度进一步加大,客观上使得金融分业监管难度变大。除此以外,我国部分保险公司的内部架构已经开始由原来以业务为依据划分职能部门转变为以客户为依据划分职能部门,并且为客户提供除保险以外的信托、理财等其他金融服务,从而使保险产品和其他金融产品的黏度进一步提高。

金融混业经营促进了金融发展,但也增加了系统性风险。2015 年 6 月 15 日到 7 月 9 日的股市波动很好地证明了金融混业所带来的风险和对现有金融监管体系的挑战。由于银行信贷资金通过理财、基金等形式进入股市,造成 18 个交易日内沪指由 5 178 点下跌至 3 373 点,使政府在清理高杠杆的场外配资和稳定股市中面临巨大的压力。因此,保险与其他金融行业的混业经营不仅会使个别金融机构面临风险,还可能由此出现系统性风险,这就对金融业的监管提出了新的挑战。

10.1.2 保险产品创新滋生监管真空

近年来中国保险业在产品创新方面取得了重大突破。一方面,众多银行、邮政、基金组织等金融机构与保险公司合作,通过共同的销售渠道向客户提供保险产品和服务;另一方面,保险公司也向客户销售除了传统寿险以外的投资连接保险、分红保险、万能保险等创新型产品,进一步增加了机构监管的难度。

同时金融衍生品种类愈加丰富、金融行业产品不断创新都使得原本业务分界清晰的金融子行业被打乱,这可能造成监管上的真空地带或者重复监管。举例说明分业经营下金融创新对金融监管范围的挑战:一些互联网公司纷纷进军保险行业,其中一种典型的组织形式是各种互助平台。比如水滴在2017年收购了成立于2012年的保多多保险经纪有限公司后,获得了保险经纪业务许可,随后将旗下的水滴筹、水滴互助等项目与保险业务相结合,并取得了很高的保险销售业绩。还有一些完全不具备保险产品经营资质的互联网平台也在肆无忌惮地错误使用相互保险的概念销售保险产品,"抗癌公社""夸克壁互助"等多个并未获得保监会审批的平台致力于成立相互保险公司的主体并开始进行类保险产品推广等,形成了我国当前保险机构监管的盲区。但这类平台实际上也涉及保险业务经营,按照功能监管的理念,银保监会应当参与到对该类机构和产品的金融监管中去。

10.1.3 保险监管发展要求制度改革

除了保险机构与金融机构融合、保险金融产品创新对现有保险监管改革提出内在需求以外,"十三五"规划期间我国保险业新的发展特征、国家"十三五"战略对保险业提出的内在要求、现有保监会内部机构设置存在的问题、进一步加强保险消费者权益保护等多个因素也要求对我国保险监管进行改革。

(一)保险业发展新特征

传统的保险公司经营一般采用负债驱动资产模式,这种模式下保险资金运用更注重资产配置和负债久期,关注负债成本和承保利润。我国当前针对负债驱动资产的经营模式积累了丰富的保险监管经验,然而近年来安邦、生命人寿、前海人寿等保险公司更多采用资产驱动负债的保险资金运用模式,将大部分保险资金投资在权益类投资和另类投资上,使得保险资金运用和保险产品的风险关联度变强,风险敞口变大,这无疑对下一步的保险监管提出了更高的挑战。保险业发展的新趋势客观上要求保险监管及时更新,一方面是更好地和保险业创新相适应,另一方面近期我国越来越多的保险公司从原来的负债驱动型转向资产驱动型的经营管理模式,使得保险业的传统业务与保险资金运用相结合、内部风险结构发生根本变化,调整和优化保险业内部的目标监管与功能监管更加刻不容缓。

(二)保险业助力国家战略

在我国一系列国家战略的引导和推动下,保险业走出国门和深度参与中国下一轮经济开放将取得重大进展。越来越多的保险公司开始走出国门设立保险分公司,为本国企业国际化发展提供风险保障的同时通过并购等方式持有国外资产,并积极参与国际基础设施建设。

中国保险业要能够在国际舞台上发挥积极作用,客观上还需要我国保险监管规则和国际监管规则进一步趋同、保险监管机构和其他国家保险监管机构建立更加良好的合作和互动关系。尽管我国目前保监会专设国际部(港澳台办公室)承办保监会与有关国际组织、有关国家和地区监管机构和保险机构的联系及合作,负责外事管理工作、境外机构境内展业和境内机构境外展业的审批与管理,但是随着中国保险业进一步的国际化,目前国际部承担的职能可能无法满足中国保险机构境外发展的相关需求,无法从监管上更好地帮助我国保险业在国际战略和下一轮经济开放中发挥更加重要的作用。

(三)当前机构设置尚存问题

我国目前保监会对全国保险机构的监管主要由财产保险监管部、人身保险监管部、保险中介监管部、保险资金运用监管部等部门相应地负责监管非寿险机构、寿险机构、保险中介机构和保险资产管理公司,同时配备财务会计部、统计信息部、法规部、稽查局和保险消费者权益保护局对不同保险机构涉及的相关权限范围进行功能监管。但是,相关的保监会内部规章和文件赋予各监管部门诸多雷同权力,存在着一些监管上的模糊空间。这一方面使各部门的权限范围出现诸多重叠区域,不仅浪费了监管资源、降低了监管效率,也可能增加被监管机构的协调成本;另一方面多头监管又可能造成监管漏洞,这一点在监管机构的管辖权没有明确界定或者面对一些可能对监管机构产生严重不利影响的事件时尤其严重。

实际上,我国下一步保险监管改革还肩负着预防系统性、区域性金融风险的重任。这就要求保险监管机构内部要建立健全风险监测预警机制,完善风险应急预案,优化风险处置流程和制度,提高风险处置能力。实现这些目标,重点在于保险监管各部门之间的协调和对人身险、财产险、保险资金运用等不同业务风险跨部门传递的防范,这在客观上也强调了功能监管的重要性。

(四)保险消费者权益保护

进一步加强对我国保险消费者权益的保护,也是保险监管改革的重中之重。尽管我国新实施的《保险法》已经更加注重保护投保人、被保险人和受益人的合法权益,但是保险投诉的情况仍居高不下。实际上维护保险消费者权益不仅仅是保险消费者权益保护局的工作重点,也是保监会各个部门的共同任务,一旦保险市场出现重大系统性风险,保险消费者的保单利益将不可避免受到损害,因此在功能监管制度下维护保险市场稳定、避免保险市场遭遇系统性风险也是保护消费者权益的重要内容之一。

10.1.4 国际金融监管趋向功能监管

(一)整体金融监管趋势

2008年国际金融危机以后,许多国际金融监管机构开始反思金融市场发展与金融监管的脱节问题,多国的金融监管都开始更加注重宏观审慎监管与微观审慎监管的结合。2009年,二十国集团(G20)在伦敦峰会联合公报上达成共识,所有金融机构、市场和工具都必须接受适度监督和管理,各国普遍加强了对金融行为的监管力度,并建立审慎监管原则。纵观近代全球金融监管体系改革,总体呈现出几大趋势:

(1) 从分业监管过渡到统一监管。英美等大国相继进行金融监管改革,美国1999年11月颁发《金融服务现代化法案》,由完全的分业监管向综合监管与分业监管结合的模式转变。David Llewellyn(1999)对全球73个主要国家的金融监管结构进行研究后发现,73个国家中有39个国家(占比53.4%)不同程度采用了银行、证券和保险统一监管的模式,并且采取完全分业监管模式的国家数量呈下降趋势。

(2) 监管目标由安全第一转向效率、成本与安全的统一。21世纪初期,世界主要国家相继修改本国的金融监管目标,由原来主要强调"安全第一"的监管目标修改成为兼顾效率和成本的监管目标。比如日本2000年7月在原有金融监督厅的基础上成立金融厅,并修改了原来以安全为主的监管原则,将金融体系的安全、活力和金融市场的公正和效率确定为首要的监管任务。2000年英国政府批准通过的《2000年金融服务和市场法》明确提出了良好监管的六大原则:使用监管资源的效率和经济性、被监管机构的管理者应该承担相应的责任、权衡监管的收益和可能带来的成本、促进金融创新、保持本国金融业的国际竞争力、避免对竞争不必要的扭曲和破坏。美国1999年11月通过的《金融服务现代化法案》的目的也在于促进金融业的竞争和效率。

(3) 监管重点由事后监管向事前监管前移。许多国家原先的金融监管都关注本国金融机构执行有关法律法规的情况,并且据此进行事后的补缴款和处罚。这种合规性监管不能很好地对风险进行预测和防御。因此自2009年金融危机以后,越来越多的国家在重视合规性监管的同时加强了风险性监管,即把监管重点由原来的事后监管前移至事前的预防,对本国金融机构的资本充足程度、资产质量、流动性等关键指标加以检测和管理。这一举措在金融企业尤为明显,随着巴塞尔协议三的推广,各国均对本国金融行业的信用风险、市场风险、利率风险、流动性风险、操作风险、法律风险和声誉风险等实施全面的风险预测与管理。

（4）金融监管国际合作进一步深化。在全球化的进程下，一国的金融监管已经无法有效的防范本国的金融市场风险，因此各国金融监管合作在进一步加强。在此基础上，世界银行（World Bank）、国际货币基金组织（International Monetary Fund）、国际清算银行（Bank for International Settlements）、金融稳定论坛（Financial Stability Forum）、国际证监会组织（International Organization of Securities Commission）、国际保险监督官协会（International Association of Insurance Supervisors）等多个机构进行了大力的探索，试图推动金融监管单一立法向建立全球统一监管模式转变。

（二）保险行业监管趋势

近年来全球多个发达国家保险行业监管模式呈现出从市场行为监管向偿付能力监管转变、从机构监管向功能监管转变、从分业监管向混业监管转变、从严格监管向松散监管转变的变化特点，同时伴随保险信息公开化、保险监管法制化的发展趋势（袁恩泽，2006）。

作为主导保险业国际规则的重要机构——国际保险监督官协会（IAIS），其保险核心原则始终认为，保险监管的首要目标是促进和维护行业的公平、安全和稳定并保护投保人的利益。其中，保护保险消费者利益便是功能监管理论下双峰监管中重要的一峰。这和我国《保险法》第134条规定保险监管要"维护保险市场秩序，保护投保人、被保险人和受益人的合法权益"的精神是高度契合的。实际上，各国保险监管都在强化对保险机构整体监管的同时，从加强对公司治理、偿付能力和资金运用等专业监管入手，逐渐形成对保险机构的功能监管。

当然，诚如上文所强调的整体金融监管趋势正在从单一监管向综合监管发展，保险行业的监管趋势也无疑置身于整体金融监管业之中，因此上文所分析的整体金融监管趋势也同样适用于保险行业。

10.2 改革开放 40 年中国主要保险监管模式分析

10.2.1 机构监管

机构监管是中国改革开放 40 年以来最主要的监管模式。机构监管主要是通过机构的法律性质来监管金融机构,也称为法律实体驱动方法(Legal-entity-driven Approach),监管对象是各金融机构,并且金融机构实现分业经营(Thomas A. Russo,2008)。相同法律类别的金融机构均由特定的监管机关监管。机构监管模式下相同法律类别的金融机构所有监管事项都由同一机构监管者负责,而并不区别涉及何种金融业务。

机构监管是金融业发展推动监管机构成立的产物,早在 1933 年美国大萧条时期,美国通过《格拉斯-斯蒂格尔法》(Glass-Steagall Act)将银行业务和证券业务分离,建立了分业监管体系。机构监管在当时很好地推动了金融业各个分支的发展,从而被多个国家所效仿。中国和墨西哥等国采用的机构监管是现代金融监管体系的开端,其显著特点是通过机构的法律性质来监管金融机构,并且各类金融机构采取分业经营形式。由于保险监管相对于其他金融机构而言更加强调对负债端的监管,所以 1998 年我国将保险监管机构从原来的中国人民银行中独立出来,此举在很大程度上推动了我国保险业的发展,并使保险业成为 2001 年我国"入世"后第一个对外开放的金融分支行业。中国保险业近年来实现了飞跃式的发展,在一定程度上侧面说明了当前机构监管的有效性。另外,保险业所具有的社会保障性质和风险控制的职能使其在业务层面区别于银行、证券等金融行业;在保险资金的投资运用中也需结合保险业务需求,更加注重资金安全性与投资稳健性;反映到监管层面,保险业的监管诉求也不同于其他金融行业,保险业与保险监管的特殊性体现在维护保险市场规范、保证被保险人的利益等监管目标对社会稳定有普遍重要的意义。中国和墨西哥是当前比较典型的金融行业机构监管模式。中国此前设立的银监会、证监会、保监会既是银行、证券和保险业的机构监管当局,同时也是银行业务、证券业务和保险业务的功能监管当局,中国金融机构监管结构见图10-1。

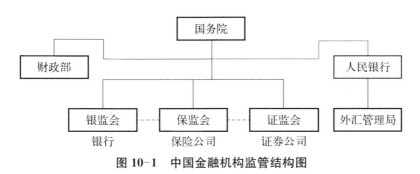

图 10-1　中国金融机构监管结构图

我国此前的金融机构监管在一定程度上有利于隔离银行、证券和保险的系统性风险,通过有效的防火墙维护各个金融市场的稳定运营。然而,全球金融一体化背景下银行保险交叉经营成为许多跨国集团的发展战略,加之大数据和信息技术的发展使得保险业和其他金融行业的边界变得愈发模糊,银行、证券、保险机构之间的横向业务合作、股权交叉投资和业务交叉经营越来越多,这对此前完全分业的机构监管提出了种种挑战。

机构监管的弊端体现在市场主体和监管主体两个层面。一方面,越来越多的保险机构采用集团化经营或者深度介入银行证券等其他金融行业,使得这些机构很难从法律上界定业务监管部门的边际,从而形成了监管真空地带;另一方面,监管主体由于针对特定机构进行监管,容易形成知识固化,无法从大金融的视野对跨界的保险机构进行整体监管,从而难以控制产生系统性风险的可能性。此外,类似电器连锁超市等近年来为消费者提供的产品延保、汽车4S店等提供的带有保险性质的汽车增值服务等,尽管其内容实质上具有保险业务性质,但是由于经营主体并非保险机构而使得这些经营主体在现有的监管体系下缺乏监管,对消费者权益造成危害。

10.2.2 改革进程

长期以来中国的金融监管是以金融机构本身作为划分监管权限的依据,而不是区分这些金融机构经营了哪些金融业务,然而证券、银行、保险等金融机构的划分却恰恰以经营业务作为基础。所以从二者的联系上来说,机构监管和功能监管实际上是一种互相依存的关系。只有在严格实施分业经营的情形下,不同金融机构从事不同的金融业务才有可能实现功能上的完全分离,即按照金融机构的类型经营不同的金融业务/产品,并辅以不同机构的独立监管。

近年来随着我国金融市场发展和金融产品创新,保监会、银监会和证监会都不同程度地进行了从机构监管到功能监管的探索。证监会在2014年2月开展的机构改革中更多地强调了功能监管的原则,一方面减少机构监管部门,另一方面增加功能监管部门:增设了公司债券监管部、创新业务监管部、私募基金监管部和打击非法证券期货活动局(清理整顿各类交易场所办公室)这四个功能监管特征明显的部门,并且将创业板发行监管部并入到原来的发行监管部;上市公司监管一部和上市公司监管二部合并为上市公司监管部;期货监管一部和期货监管二部合并为期货监管部;机构监管部、基金监管部合并为证券基金机构监管部。尽管各地银监局机构监管的特征还是比较明显,但原银监会内部的机构设置已经开始体现机构监管和功能监管的结合。原银监会的内部设置中,包括大型银行部、股份制银行部、城市银行部、外资银行部和农村金融部等不同的机构监管部门,也包括政策研究局、审慎规制局、普惠金融部、信科部、消保局、财会部等功能监管部门。由于各银监局主要负责对所在地银行机构的监管,所以这一层面的机构设置更多注重针对不同机构的监管,比如银监会安徽监管局的处室设置包括国有银行监管一处、国有银行监管二处、股份制银行监管处、城市商业银行非现场监管处、城市商业银行现场检查处、政策性银行和邮政储蓄银行监管处、非银行金融机构监管处、农村中小金融机构非现场监管处、农村中小金融机构现场检查处等侧重机构监管的处室。

证监会与银监会在机构调整中引入功能监管的理念,在一定程度上是借鉴国际功能监管的理论与实践,推进监管部门内部的信息沟通,精简机构并提高行政效率。2013年的《国务院关于同意建立金融监管协调部际联席会议制度的批复》(国函〔2013〕91号)同意建立由人民银行牵头,银监会、证监会、保监会和国家外汇局参加的金融监管协调部际联席会议制度,推进了中国金融监管协调工作的制度化、规范化、日常化,同时这也对保险监管与其他金融监管部门之间的信息共享与监管合作提出了新的要求。

经过长期的酝酿和筹划,2018年3月13日,国务院关于提请第十三届全国人民代表大会第一次会议审议国务院机构改革的议案表示,中国将组建中国银行保险监督管理委员会。将中国银行业监督管理委员会和中国保险监督管理委员会的职责整合,组建中国银行保险监督管理委员会,作为国务院直属事业单位。将中国银行业监督管理委员会和中国保险监督管理委员会拟订银行业、保险业重要法律法规草案和审慎监管基本制度的职责划入中国人民银行。不再保留中国银行业监督管理委员会、中国保险监督管理委员会。

10.3 保险监管改革与评述

10.3.1 保监会成立积极推动保险业的发展

保监会自1998年11月成立以来,始终致力于加强监督管理以保证国内保险市场的健康有序发展,工作业绩斐然,我国全国保费金额从1998年的1 255.97亿元增长到2014年的20 234.81亿元,年均复合增长率超过18%,保险系统机构数也从2000年的33个增长至2014年的180个,形成了保险控股集团、保险公司、保险中介机构在内的多层次市场结构,如图10-2。

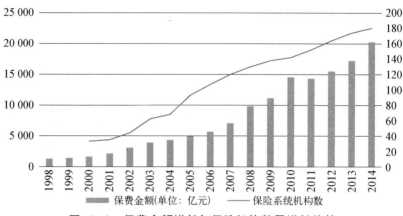

图 10-2 保费金额增长与保险机构数量增长趋势

在培育市场的同时,保监会在完善保险监管框架、保护消费者利益、防止不正当竞争等多方面发挥了重要作用,对保险公司偿付能力、经营业绩等多方面进行监管,保障保险市场在公平有序的前提下适度竞争,使保险充分发挥了经济保障、资金融通和社会管理等作用。

为更加充分地体现保险的保障功能,保险监管需要在保证保险市场秩序、控制金融风险的前提下,鼓励保险产品创新开发,对重要保险产品予以引导和扶持。鼓励产品创新要求监管部门紧跟市场动态,了解前沿信息,并在此基础上予以引导。而引导和扶持重要保险产品则需要监管部门建立长期、全面的工作计划,同时与相关部门合作,利用财政、政策等手段引导保险市场的发展。考虑到混业经营的发展趋势和市场的快速发展,对特定险种设立专门的监管部门效果可能不会理想,而以功能监管为目标的机构设置将是更好的选择;相反对于特定领域的成熟险种,专门的监管团队足以起到良好的监管效果。无论未来保险行业发展趋势走向如何,监管部门都必须要有足够的前瞻性来引导市场发展,也必须具备足够的严谨性以维持市场的健康有序。

10.3.2 正视保险监管与其他金融监管边界

随着经济的迅猛发展、金融工具的不断创新,加之大数据和信息技术的普及运用,保险业和其他金融行业的边界变得愈发模糊。通过混业经营,各家金融集团能够更好地适应市场需求,创造更多价值,但与此同时也带来了更多的风险,这就对保险业务的监管工作提出了更高的要求。特别地,由于保险行业的特殊性,在各种危机发生的时候,保险业往往要承担最后"兜底"的责任。所以,保险业是否保持稳健经营,是否能严控风险、保障国家和人民的利益,是关系到国计民生的大事,与其他金融行业监管也存在差别。

我国分别于1992年、1998年和2003年成立了中国证券监督管理委员会、中国保险监督管理委员会和中国银行业监督管理委员会,加之负责货币发行与监管的中国人民银行,形成了中国金融体系内银行、证券、保险分业经营、由一行三会根据机构区别分开监管的格局。我国的这种"分业经营,分业监管"的监管模式,在一定程度上有利于隔离银行、证券和保险的系统性风险,通过有效的防火墙维护各个金融市场的稳定运营(杨娉,2014)。

但是,随着银行、证券、保险机构之间的横向业务合作、股权交叉投资和业务交叉经营越来越多,原有的机构监管模式开始面临各种挑战。事实上,从2003年开始,《中国人民银行法》中就明确提出"国务院建立金融监督管理协调机制,具体办法由国务院规定"。保监会、银监会、证监会于2004年9月共同发布了《金融监管方面分工合作的备忘录》,在明确监管权力边界的同时确立了我国金融监管联席会议机制。2008年金融危机期间,我国建立了一行三会金融工作旬会制度,使得不同金融监管部门的沟通合作进一步加强。2013年的《国务院关于同意建立金融监管协调部际联席会议制度的批复》(国函〔2013〕91号)同意建立由人民银行牵头,银监会、证监会、保监会和国家外汇局参加的金融监管协调部际联席会议制度,推进了我国金融监管协调工作的制度化、规范化、日常化,也对保险监管如何形成与其他金融监管部门之间的信息共享与监管合作提出了新的要求。

10.3.3 寻求适当的监管模式和推动监管改革

混业经营背景下许多国家采取的往往是纯功能监管模式,但是随着金融创新的不断发展，金融产品的边界越来越模糊，即使能有效界定金融产品，各监管机构之间还存在行业监管差异，极易导致金融市场的结构性不平衡。比如法国，由于各大监管机构之间存在行业监管差异：证券业监管相对宽松，保险业监管比较严格，客观上造成了法国的证券业发展过度、保险业发展不足的现象。而采用综合监管模式的国家也面临着一系列问题，比如：如何保证监管机构做到百分百准确？万一出错或者监管不到位由谁来补救？另外，一家独大的监管模式很有可能违背"提高监管效率"的初衷，庞大的机构很容易官僚化，显著降低监管效率，最终影响整个金融市场以及整个国家经济的稳定发展。

以上这些都是中国保险业甚至是中国金融业在发展过程中要注意避免的问题。事实上，任何模式都有其弊端所在，适合的才是最好的。针对目前金融机构普遍的混业经营的情况，保监会应当更加谨慎地辨明金融市场中保险相关的机构、交易和产品，以防监管出现漏洞。换句话说，不管经营主体是什么性质的公司，不管产品如何包装，只要是符合广泛的保险定义及与保险有关的经营活动，都应该被纳入保监会监管的范围中。这也可以作为与其他监管部门划定合作责任的标准。只有这样做，才能在如今各种金融创新产品、互联网金融产品层出不穷的情况下，切实维护市场秩序，防范出现系统性风险，保护消费者利益。然而，虽然我们借鉴了纯功能监管模式中划分监管责任范围的思路，但这并不是为了和其他单位"分而治之"，反而是为了更好的合作。因为和其他国家国情不同，我国早已要求建立金融监督管理协调机制，并且建立了银监会、证监会、保监会和国家外汇局参与的金融监管协调部际联席会议制度，要求各家监管部门开展信息共享与监管合作，这就能有力地避免出现各金融行业监管标准不统一或发展失衡的现象。事实上，我国金融业监管部门从很久以前就注意到统一监管标准的重要性，在日常监管工作中也时刻注意保持各部门间的协调。举例而言，保险监管"偿二代"模式中"三支柱"就要求能够与国内银行业的监管方案相互配合，从而有效避免产生由监管导致的金融市场监管标准混乱和结构性失衡的问题。

宏观上借鉴纯功能监管模式的责任划分方式并开展类似综合监管模式的多部门沟通合作,是在金融混业经营背景下避免监管真空、确定责任范围、维护金融市场有序健康发展的必要措施。整体上,各部门协调合作的机构监管模式有利于权责分明,提高行政效率。但不论是银监会、证监会还是保监会(以及整合后的银保监会),各家监管机构想要高效完成对责任范围内所有复杂金融产品的监管都面临着不小的挑战。

由此可见在当前保险业区分寿险、非寿险的背景下,可以在保留原来机构设置的基础上进一步优化,增强功能监管理念,适当缩小或者合并机构监管特征明显的部门,增加与市场发展相匹配的功能监管部门,从而灵活机动地应对市场中的各种创新和变化,不放过一个死角。同时在银保监会内部要加强各机构监管部门和功能监管部门之间的相互协调,这有利于加强保险业风险管理,避免保险业自身甚至是混业经营的整个金融产业产生系统性风险。另外,不能忘记保护消费者权益的使命,银保监会可以从偿付能力、信息披露、公司内部风险管理等多个维度构架新的保险消费者保护监督管理体系,发挥已经设立的保险消费者权益保护局的能力,切实保护消费者利益,促进保险市场的健康发展。

内部保险监管改革,就是在坚持机构监管的大前提下在内部适当推行功能监管的模式。就好比企业经营管理中施行的"扁平化组织结构",以项目和任务的性质来划分内部结构。这种模式能够极大地提高运营效率,而且能够培养出"从整体出发,从大局着眼"的思维方式,更好地解决未来实践中可能遇到的问题。

各国的保险监管实践均表明,各国既不存在统一的监管模式,也没有一种模式适用于所有国家和所有市场。各国保险监管体系都根据本国保险市场的发展程度、保险业在金融体系中的地位作用以及社会经济、文化历史等特点选择适合本国国情的保险监管模式,并随着保险市场的发展与产品创新的变化而不断调整。因此,中国未来保险监管改革需要结合中国的实际情况,综合考虑机构监管、纯功能监管、综合监管等各种监管方式的优缺点,将各种单一监管模式相互结合、相互补充,才能更好地推进中国监管体系和监管能力的现代化建设。

第11章

总结与展望

11.1　总结

在第一章,作者对过去40年中国保险业发展的背景和历史进行梳理。自改革开放以来,中国现代保险业经历了初步改革阶段、加快改革阶段、扩大改革阶段三个阶段,如今正处在第四个深化改革阶段。从1978年开始每十年为一个临界点,在时间跨度上产生并划分出了这四个改革阶段。

初步改革阶段初期恢复了中国的保险业务、成立了中国保险学会、建设了中国保险管理干部学院,1986年开始相继设立新疆生产建设兵团农牧业保险公司、中国太平洋保险公司和平安保险公司,打破了1980—1985年期间中国人民保险公司完全垄断市场的一家独大的局面。

在过去40年里中国保险行业发生了众多大事件。1992年中国人民银行第一次批准外国保险公司美国友邦进入中国保险市场,截至目前友邦保险公司仍然是中国唯一一家外商独资寿险公司;1995年全国人大首次颁布了全面系统规范中国保险市场的基本法——《中华人民共和国保险法》,以保险法为核心的中国保险业法律法规和监管体系开始形成;2001年中国正式加入世界贸易组织(WTO),并承诺入世2年后取消非寿险外资股比限制、寿险合资公司外资占股仅需满足不超过50%的限制、入世后3年取消外国保险公司在中国经营保险业务的地域限制,中国保险业成为金融业中开放时间最早、程度最大的行业之一;2006年国务院发布《关于保险业改革发展的若干意见》即"国十条",从理论和实践上将保险功能和作用的认识提升到一个新的高度,对关系我国保险业发展的一系列重大问题做出了科学回答,为保险业进一步改革发展奠定了理论基础;2014年国务院印发《关于加快发展现代保险服业的若干意见》即"新国十条",提出了截至2020年中国保险业基本建成现代保险服务业的具体的目标,努力由保险大国向保险强国转变;2018年国务院组建中国银行保险监督管理委员会,不再保留银监会、保监会,成为中国保险业从分业监管逐步向功能监管转变的标志。

1980年中国保险密度仅0.47元/人,保险深度仅0.10%,而到2017年,中国保险密度2 646元/人,保险深度4.42%,近40年里保险密度年平均增长率119%,保险深度年平均增长率41%,2017年的保险密度和保险深度更分别是1980年数据的5 630倍和44.2倍。尽管改革的初期阶段中国保险市场各项数据非常低、基础十分薄弱,保险业在国民生活中的地位和作用很弱,但踏上改革之路的中国保险业发展速度仍然相当可观。

第二章梳理并分析了中国五家上市保险公司的市场份额、业务状况和经营状况。目前中国保险业市场整体而言集中度较高,行业对宏观经济变动表现出敏感反应。

在寿险市场上,五家上市公司的市场份额综合占比一直处在较高水平,行业集中度高。然而行业集中程度在2011—2013年稳定于70%后的3个年度里快速下降,2016年五家险企在全国寿险市场的总份额仅为50.6%。2016年外资保险在中国寿险市场的份额仅为6.4%,总体占比较小,可见国内保险市场竞争加剧的主要贡献力量来自中资险企。同时,中国人寿的份额优势自2012年开始明显下降,未来我国保险行业竞争度将会继续提升,行业集中度将进一步降低。

在财险市场上,中国上市保险公司的市场份额在2011年前稳步增长,2011—2016年稳定保持在70%,寡头力量优势仍旧明显。从各家险企的市场份额来看,财险市场一家独大的形势没有寿险市场明显。目前人保市场份额的绝对水平最高,但近七年一直在略微下降。相反,平安与国寿在财险市场的影响力在逐年提升。

投资环境恶劣、相关政策的出台推升各险企在2011—2014年间退保率攀升,越来越多的理财产品替代保险产品。但在2016年通过业务及渠道结构改善、行业转型升级后退保率有很明显的下降。在保险行业回归保障根本的监管环境下,分红险以绝对优势占领各家保险公司的销售榜单。其次,监管层对银保业务规范力度的加大直接导致银保渠道保费收入大幅度萎缩。随着"偿二代"监管体系的构建,中国保险公司面临巨大的偿付能力压力,各公司用以补充偿付能力的再融资规模巨大。目前,中国保险企业市场价值被低估,随着未来监管政策和自身经营专业性的逐渐提高,保险公司盈利能力和价值有望被市场进一步认可。

第三章阐述了中国保险业转型的背景和特征。

回顾40年,中国保险业发展势头迅猛,但就整体资产负债体量在金融业中的比重看中国保险业仍十分弱小,在人民生活中所起到的作用很是微弱,处于国家经济中较低的地位。若以发达国家的保险业发展程度作为参考,中国的寿险市场和财险市场分别具有3.8倍和1倍多的增长空间。但是实现未来可能的市场空间需要中国保险业从五个方面转型。

一是由"商业保险市场运行"转变到"保险服务国家发展",从提高医疗保障水平、发展农业保险、保险资金投入国家重大项目和民生项目等多角度发挥保险业服务于国家发展的积极作用;二是由"单一保险经营管理"转变为"综合金融混业发展",保险牌照的价值日益为资本所认同,传统保险公司也在积极拓展银行、券商、基金等领域,另一方面许多民营资本、实体制造业资本也纷纷涌入保险行业,保险业与其他金融领域的融合程度将越来越高;三是由"传统资产负债管理"转变为"资产驱动负债管理",2014年以前保监会对险资运用监管较为严格,保险公司普遍以负债端的赔付要求决定资产的投资偏好,2014年以后开始有中小保险公司采用资产负债管理策略模式,在负债端通过销售短久期、高保证或高实际收益率的储蓄型保险产品迅速积累投资资产,而在资产端则配置低估值、稳定ROE的标的;四是从"单一保险资金运用"转变为"资金注重渠道效益",2012年以前中国保险资金运用一直都以银行存款和债券投资为主,2014年以后险资用于股票投资和以信托、理财产品及不动产为代表的其他资产的比例明显上升,未来海外投资也将逐步取代境内固定收益类投资,成为投资收益率的重要保证;五是由"传统保险服务行业"转变为"网络经济金融创新",保险作为与数学密切相关的行业,对互联网与大数据的运用使得保险公司更加了解客户的行为特征和保险需求,中国保险公司需要在互联网生态链保险、空白领域保险、技术驱动型保险三大领域进行金融创新。

在第四章中,作者首先讨论了经济增长对保险业的影响作用。国外学者研究发现 M2 以及 GDP 这两个变量对非寿险保费的影响显著,对寿险业却没有显著作用。经济周期和收入变动等其他因素对非寿险和寿险均没有显示出显著影响。而国内学者普遍认同经济增长促进保险发展,尤其对寿险行业的促进作用更明显这一结论。

其次,作者梳理了论述保险业发展对经济增长的影响作用的文献。国外研究结果表明,银行和寿险两部门对经济增长具有显著影响,而非寿险对经济增长的影响较弱。若将寿险或非寿险与银行结合起来作为整体,其对 GDP 的影响最为显著。

国内研究证明了保险业发展不仅直接促进了经济的增长,而且对于非保险部门还存在间接的溢出效应。大量学者通过向量自回归模型(VAR)、误差修正模型(ECM)和 Granger 因果关系检验等方法实证研究其他国家的保险业发展对其经济增长的影响。还有相当部分学者运用均衡修正模型、Bootstrap 仿真、ADF 单位根检验等方法直接对中国的数据进行实证分析。结果显示经济增长与保险业发展两者相互促进,但经济增长对保险业发展的促进作用更为明显。

接下来作者将中国 31 个省、自治区、直辖市(港澳台地区资料暂缺)分为东、中、西三个区域,采用动态 GMM 的方法,考察人均 GDP、通胀率、失业率对保费收入的影响。结果表明人均 GDP 与保费收入呈正向关系,即人均收入越高,保费收入越高,保险发展越好。对中国东部、中部、西部子样本进行分,可以看出人均 GDP 对保费收入的正向影响程度排序为东部>中部>西部,反映了东部发达地区保险需求较高、民众投保意识强烈;而在中西部欠发达地区,保险行业起步相对较晚、民众投保意识不足,对保险产品的需求不高。分险种来看,东部地区人均收入提高时人们会显著增加对寿险险种的需求,而中西部地区人均收入的增长反而对非寿险保费有较为显著的正影响。这是因为在投保意识不强烈的地区,短期的、保费较低的非寿险险种更受欢迎。

这对于中国保险公司如何在不同地区实施不同经营战略有一定指导意义。对于保险市场相对发达的东部地区,保险公司可专注于开发新的具有储蓄和投资功能的寿险险种。而对于保险市场不够完善的中、西部地区,开发一些与日常生活相关的、短期的非寿险险种或许能够成为打开中西部地区保险市场的突破口。

中国保险业发展与城镇化的相互作用关系反映在本书的第五章中。

从"九五"计划开始,城镇化建设一直是我国各级政府的工作重点。国外研究都只强调了金融发展对基础设施建设的作用,而国内学者通过对中国个别城市或区域内的若干城市数据进行实证分析,得出长期金融发展能够促进城镇化,但在短期内金融发展对城镇化没有影响的结论。将金融行业细分关注保险行业与城镇化的关系,国内不少学者研究得出城镇化率越高对保险密度深化的促进作用越明显。

为完善城镇化与保险业的双向影响关系、补充保险行业发展对城镇化是否具有显著影响方面的研究,作者在第五章以中国 35 个大中城市 2001—2013 年的数据为基础,构建联立方程模型,利用 3SLS 方法探究了保险业发展与城镇化的互动机制。作者参照赵峥(2012)的城镇化评价指标体系,分别从人口城镇化、产业城镇化、空间城镇化三个方面对我国城镇化与保险业发展的互动机制进行实证分析。其中,人口城镇化由城镇人口比重(非农人口/总人口)来衡量,产业城镇化指标由第三产业占 GDP 比重衡量,空间城镇化由地均 GDP 来衡量。

在研究保险行业对城镇化的影响作用时选取保险业发展水平指标(保险密度)为自变量,选取工业化程度指标(规模以上工业总产值占 GDP 之比)、财政支出水平指标(财政支出水平与 GDP 之比)、经济开放程度指标(出口贸易总额占 GDP 之比)作为控制变量。在研究城镇化对保险行业的影响时选取城镇化水平指标(分别以人口城镇化率、产业城镇化率、空间城镇化率衡量)为自变量,将经济活跃程度指标(外商直接投资占 GDP 之比)、储蓄水平指标(城乡居民年末储蓄额与总人口之比)、物价水平(消费价格指数 CPI)设置为控制变量。分别通过两个方程研究城镇化与保险行业的双向互动影响。接下来针对样本的面板数据,作者分别采用固定效应模型和三阶段最小二乘法进行回归,得出城镇化水平与保险业发展确实有正向的双向互动关系的结论。

发展中国保险业离不开对外开放,在第六章里作者全面分析了涵盖对外开放诉求、历史回顾、外资保险公司经营战略、平安投资案例四个与对外开放密切相关的方面。

随着"引进来,走出去"的战略在中国保险行业中得到推广和应用,2004年底中国加入 WTO 的过渡期结束后,除了外资在寿险公司持股比例不得超过50%、不得经营法定限制的保险业务外,保险业已基本实现全面对外开放。中国保险业对外开放的诉求也日益增加。从外部需求来看,经济全球化使得与经济相伴随的风险也打破了国界的限制,母公司所在国的保险公司必须通过设立境外分公司或子公司来为跨国公司客户提供保险服务。从内在要求来看,中国保险市场对外开放给中资保险业带来日益激烈的竞争,这能够激发它们内在的改革动力,走上创新的道路,尽快增强自身的竞争能力,缩小与外资保险公司的差距。中国保险业进入全面开放阶段的十年来,面对合资中外股东相互争夺管理权、对保险经营的规律认识不同造成的严重内耗问题,许多外资保险公司纷纷选择设立分公司或子公司而非合资公司。相比较外资保险公司和中资保险公司在产品战略和营销渠道上的差异可以看到,外资寿险公司的业务结构更为均衡,其健康险业务和意外险业务的占比要普遍高于中资寿险公司;同时,外资公司对个人代理渠道的依赖程度比中资保险公司略低、对专业中介和兼业代理的依赖程度较高。

在"引进来"的过程中,中国保险企业能够从外资保险公司专业、成熟的运行方式中很容易地找到可以学习的部分,这对于我国保险企业"走出去"并且逐渐形成国际竞争力、培养出国际品牌都具有巨大的指导意义。尽管中国对外直接投资存量截至 2016 年底已经超过 1.3 万亿美元,境外资产总额也达到了 5 万亿美元,对中国保险企业的境外投资、服务需求相当迫切,但是在国际政治经济环境不断发生剧烈变化的背景下"走出去"的风险是中国险企不容忽视的。借助平安保险投资富通集团的失败案例,作者做出了关于中国保险公司进行海外投资的再思考,认为实业界和理论界应更多关注中国保险业在全球经济中寻求定位、在海外投资中如何维权、如何在国际金融市场上扮演更为重要的角色。尽管困难重重,但"走出去"是中国从保险大国发展为保险强国的必修课。

第七章详细介绍了中国保险交易所的情况,并将中国的保交所与其他国家保交所进行比较分析。

2016 年 6 月 12 日,中国保险业迎来了发展中新的一座里程碑——上海保险交易所揭牌成立。上海保交所是严格按照公司法组建的股份有限公司,由 91 家股东发起设立,首期注册资本 22.35 亿元,是中国第一个国家级、创新型的保险要素市场。其经营范围包括为保险、再保险、保险资产管理及相关产品的交易提供场所、设施和服务;制定并实施相关业务规则;协助委托人选择保险经纪公司、保险公司、再保险公司等保险机构及办理相关手续;代理销售保险及相关产品并代理收取费用;提供保险、再保险、保险资产管理的支付、结算;提供信息安全咨询、信息技术外包服务,提供与保险、再保险市场相关的研究咨询、教育培训及数据信息服务;开展与公司业务相关的投资和法律法规允许的其他业务。

中国保险交易所的建立能够有效地规范保险市场发展、改善保险行业形象、通过保单转让交易保护消费者的合法权益、打破在某地注册的保险企业不能跨地域经营的地域限制并成为促进保险业对内对外开放的有力抓手。作者将中国保险交易所与英式、美式、其他形式保险交易所进行了对比,基本制度和交易方式均采用英式保险交易所的模式,但在服务技术方面融合了美式保险交易所注重发展互联网技术的特点,将各类模式的先进之处为己所用。

当前除上海以外,北京、成都、深圳等地也在努力争取设立保险交易所,这些地区与上海保险交易所存在着不同的比较优势和特色。下一步需要法规与政策支持保险交易中心的建立、把握经济金融开放和改革的机遇、在培养出高素质、高专业水平的保险行业人员的前提下,中国有望建设更多的保险交易所或保险要素市场,通过创新来服务更多对象。

第八章围绕"一带一路"建设论述其对中国保险业的促进作用。

除了建立保险交易所外,中国近年提出的"一带一路"倡议也为保险行业的发展提供了前所未有的机遇和挑战。"一带一路"沿线多数是发展中国家,基础设施建设水平较差,中国企业在实施境外项目的同时给中国保险企业为其提供配套风险管理服务带来了许多可能。然而 Sigma 报告中的数据显示,2013 年中东和中亚的保险深度为 1.5%,而中欧和东欧的保险深度为 2.0%。在 Sigma 统计的"一带一路"沿线 34 个国家中,有 10 个国家的保险密度低于 100 美元/人。"一带一路"途经地区的保险发展水平普遍低于世界平均水平,保险深度和保险密度与世界平均水平相距甚远。

"一带一路"建设对中国保险行业的促进作用主要体现在两个方面。一是拉动出口信用保险的需求,根据 Wind 数据库的统计,在 2013 年底"一带一路"倡议提出后中国出口信用保险保额的同比增速和出口信用保险保额占中国出口金额的比例在 2014 年显著升高;二是促进海外投资保险的需求增长,2014 年中国海外投资保险承保保额较 2013 年增长 17.84%,创下了我国海外投资保险承保的历史最高纪录。设立中国占股 50% 的亚洲基础设施投资银行也是支持"一带一路"建设的重要部分。主要业务可分为两类:一是针对主权国家的基础设施项目提供主权贷款;二是针对不能提供主权信用担保的项目引入公私合作伙伴关系融资模式。

但作为一个多边金融机构,亚投行如何进行恰当的债务评级、管控项目的后续风险、提高运营效率都面临着不小的挑战。一方面,中国保险企业作为专业的风险管理机构,可以在数据收集和风险管理方面支持亚投行和相关项目的运营;另一方面,可以从亚投行相关的项目中寻找适合保险资金投资的领域,甚至可以凭借保险资金长周期、低成本的优势与亚投行形成竞争格局。作者在综合分析了保险资金运用分布数据后得出,"一带一路"倡议的实施无疑给中国保险业带来了新的发展机遇和增长空间。

另一项重要举措——自由贸易试验区被放在第九章进行阐释,同样是从其与保险业的联系与相互促进角度展开论述。

在中国保险行业由大变强的道路上,国家和行业联合做出了许多重要的推动举措。其中包括建设多个自由贸易试验区。自 2013 年 9 月 29 日中国(上海)自由贸易试验区正式挂牌以来,在金融开放创新、贸易监管、投资管理等多个方面获得了阶段性成功。国务院在 2015 年 4 月 20 日批复成立广东、天津、福建 3 个自由贸易试验区。紧接着在 2017 年 3 月 31 日再一次批复成立 7 个新的自由贸易试验区,包括辽宁、浙江、河南、湖北、重庆、四川和陕西。上海自贸区在完善金融服务业、资本项目可兑换、建设面向国际的金融市场、人民币跨境使用和风险防范等方面的成功经验被迅速推广、复制到全国其他重点城市。

在各个已经设立的自贸区中,有许多涉及保险行业的政策。首先,保监会支持在自贸区内设立外资专业健康保险机构,国外健康医疗保险机构常用的家庭医生、医院治疗、保险和保健康复等医疗模式有望在中国自贸区内得到应用。其次,自贸区支持保险公司在自贸区内设立分支机构,开展人民币跨境再保险业务,使得境外开展再保险业的中国保险公司使用人民币作为定价货币和支付货币更为便利。

此外,上海自贸区内在进行巨灾保险制度的建设,还扩大了自贸区内保险机构境外投资的范围和比例、引入国际中介机构、创新航运保险险种、鼓励探索责任保险领域,从多个角度促成上海自贸区建立航运保险定价中心、再保险中心和保险资金运用中心。充分发挥上海作为货物和集装箱吞吐量世界第一大港的天然国际航运中心的先天优势,优化险种结构、提高技术含量、涵盖多样化风险,结合离岸保险市场的发展,建设竞争环境更加良好、政策完善、服务全面的自贸区保险生态圈。

第十章梳理了中国保险业监管的变迁和改革。

随着中国金融业发展表现出越来越明显的综合经营趋势，银行、证券、保险、信托、基金等机构通过控股公司、相互参股、局部业务和产品交叉经营等多种方式打破了原有的企业边界。原先的分业监管形式不再有效，反而可能造成监管真空或者重复监管。并且由于中国保险业自身的改革和发展，需要适应新的国家战略、服务实体经济、发挥融资功能。在整体国际金融监管从机构监管转向功能监管、从市场行为监管转向偿付能力监管、从分业监管转向混业监管的大背景下，中国保险行业监管模式的转变成为必然趋势。中国银行保险监督管理委员会的组建正是在机构调整中引入了功能监管的理念，一定程度上借鉴了国际功能监管的经验，以此改革来推进监管部门内部的信息沟通，在精简机构、提高行政效率的同时避免监管的重复和真空出现。

11.2 评价与展望

当前中国保险业的深化改革面临众多挑战。一是保险高速发展与区域发展水平不平衡，不同地区之间的保险深度与保险密度仍然存在着较大的区别；二是保险发展水平与经济发展阶段不匹配，出口信用保险存在保险覆盖面窄和保险业务发展结构不均衡的缺陷，农业保险覆盖面狭窄、农民投保率较低、供给主体单一，家庭和企业财产保险供给与需求双向不足；三是综合金融发展与银保混业经营不匹配，保险业在大金融领域相较于银行业、证券业而言其重要性远远不足，银行保险当前在中国的发展也遭遇尴尬境况。

此外，在保险产品创新与传统保险监管方面也遭遇了前所未有的巨大挑战。互联网保险发展的过程中机遇与挑战共存，诸如"余额宝"等金融行业的产品创新和衍生品不断更新使分业经营的金融边界被打乱，并由此造成对传统保险监管的挑战。

尽管中国自贸区的建设正在如火如荼地进行,也不断地取得了一些阶段性的成果,但是由于保险公司面临较重的汇率风险、市场风向、企业内部风险,加上保险专业人才储备不足,导致当前中国保险公司境外投资比例仅为0.8%,距离监管部门要求的15%相差甚远。因而在自贸区内应当尝试提升风险管理水平、先行境外间接投资、加大对保险资产管理人才的培养力度、降低保险资产境外投资的门槛,引导企业进行分散投资。

面对种种严峻的考验,站在深化改革当口的中国保险行业有必要抓住以下四个重点:

(1) 依托"新常态"推动保险业改革。随着中国进入改革深水区,面临的各项风险将会愈发特殊和复杂,在改革中保险业基本职能中所独有的风险识别、风险防范和损失控制将会发挥明显优势。中国保险企业应当主动适应经济新常态的形势和要求,以供给侧结构性改革为主线,顺应改革趋势获得更大的发展空间,主要从以下四个方面开展工作:一是提高保险供给的质量和效率;二是有效配置保险资金,服务国家发展;三是推进服务民生;四是坚持"保险姓保"、做好风险防控。

(2) 把握国家战略,助力行业发展。中国企业"走出去"、"一带一路"、自贸区建设等都为保险行业发展提供了巨大的机会。保险机构一方面可以利用自己的风险管理优势为战略涉及的机构和项目提供相关服务,另一方面也可独立设立基础设施债权投资计划进行投资,充分发挥保险资金规模大、成本低、期限长的投资优势。总之,保险业在参与国家战略的过程中必须正视挑战,迎接发展机遇。

(3) 抓住金融改革机遇,优化产业升级。与其他金融行业相比,保险业除了具有资金融通作用之外,还具有风险分摊和经济补偿等特点,这也是保险业的核心价值。保险业应利用自身优势为国家战略发展提供资金支持、助力实体企业解决融资难问题、补齐社会保障和政策性保险的短板。

(4) 牢记"十三五"保险业转型发展的思想指导。在《中国保险业发展"十三五"规划纲要》的思想指导下,为了尽快建成现代保险服务业、由保险大国转变为保险强国,中国需要加快建立和完善各项保险制度、鼓励商业保险参与社会保障体系、鼓励保险资金服务实体经济发展、进一步加大保险在全球市场上的布局、坚持"保险姓保"。

参考文献

2015中国保险市场年报[J].保险研究,2015(11).

巴圣哲.新疆保险消费与经济增长动态关系分析[J].新疆金融,2008(3).

[日]阪田雅裕.日本的人身保险[M].王祝平,译.北京:中国展望出版社,1989.

[美]波特.国家竞争优势[M].李明轩,译.北京:中信出版社,2007.

财政部会计司.2014中国企业会计准则[M].北京:经济科学出版社,2014.

蔡华.保险对经济增长的贡献研究——基于中国实证[J].金融理论与实践,2011(8).

曹乾,何建敏.保险增长与经济增长的互动关系:理论假说与实证研究[J].上海金融,2006(3).

曹乾.保险业结构、效率与绩效间的关系——理论假说与实证研究[J].金融教学与研究,2006(5).

陈迪红,黄鎏.关于我国发展离岸保险的几点思考[J].上海保险,2004(1).

陈元.开发性金融与中国城市化发展[J].经济研究,2010(7).

杜菲.城镇化率与保险密度正相关[N].中国保险报,2013-07-29.

方先明,孙爱军,曹源芳.基于空间模型的金融支持与经济增长研究——来自中国省域1998—2008年的证据[J].金融研究,2010(10).

高树棠,周雪梅.甘肃省保险发展与经济增长关系的实证分析[J].湖南财经高等专科学校学报,2009(2).

葛美连.山东省保险发展与经济增长的因果分析[J].泰山学院学报,2010(5).

郭彩霞.我国第三产业发展与城镇化建设的实证研究[J].特区经济,2009(12).

胡宏兵,郭金龙.中国保险发展与经济增长关系再检验——基于Bootstrap仿真方法的实证研究[J].宏观经济研究,2010,(2)41-65.

胡宏兵.中国保险发展与经济增长关系的协整分析:1999—2007[J].山东经济,2007(6).

黄勇,谢朝华.城镇化建设中的金融支持效应分析[J].理论探索,2008(3).

贾清显,王岳龙.金融危机背景下再论金融发展与经济增长——基于发达经济体与新兴市场国家的实证检验[J].世界经济研究,2010(6).

简新华,黄锟.中国城镇化水平和速度的实证分析与前景预测[J].经济研究,2010(3).

李广众.银行、股票市场与经济增长[J].经济科学,2002(2).

李香雨,程鹏.保险资金运用对投资和经济增长的贡献研究[J].保险研究,2012(9).

李晓波.寿险需求有望进入"井喷"阶段[N].中国保险报,2014-10-17.

梁来存,胡扬赞.保险消费与经济增长实证[J].求索,2005(3).

林宝清.保险需求与GNP增长同步相关验证[J].发展研究,1996(7).

林珏,杨荣海.金融稳定性与经济增长的机制分析——基于新兴市场国家和发达国家的两组数据[J].财经研究,2011(2).

林毅夫.金融结构与经济增长:以制造业为例[J].世界经济,2003(1).

凌秀丽.对安邦收购美国信保人寿的几点看法[R].中国人保资产管理股份有限公司保险与投资研究所,2015.

刘春红,姜兴坤,张春海.新时期保险支持机制建设探析[J].宏观经济管理,2013(11).

刘纯彬,桑铁柱.农村金融发展、金融中介效率与农村经济增长:1978—2008[J].产经评论,2011(3).

刘丹.城镇化对区域保险业发展的影响分析[J].保险职业学院学报,2014(4).

刘明笑.我国产业转型中的金融体系构建问题研究[J].浙江金融,2011(10).

刘晴辉.保险发展、储蓄结构变化与经济增长[J].当代经济科学,2008(6).

刘学宁.收入水平对保险需求影响的实证研究[J].保险研究,2012(11).

刘洋,张岩.浙江省金融保险业投入产出分析[J].商业文化(学术版),2008(2).

柳立.新型城镇化:商业保险的发展机遇[N].金融时报,2013-05-27.

卢峰,姚洋.金融压抑下的法治、金融发展和经济增长[J].中国社会科学,2004(1).

栾存存.我国保险业增长分析[J].经济研究,2004(1).

罗军.中国金融保险业的投入产出分析[J].北京邮电大学学报(社会科学版),2008(3).

[美]麦金农.经济发展中的货币与资本[M].卢骢,译.上海三联书店,1997.

满姝雯.上海市金融保险业投入产出分析[J].物流科技,2006(8).

蒙荫莉.金融深化、经济增长与城市化的效应分析[J].数量经济技术经济研究,2003(4).

庞楷.保险业对经济增长影响的实证分析——基于修正的 Solow 模型[J].保险研究,2009(7).

钱珍.经济、增长、居民消费与保险发展的长期联动效应分析——基于VAR 模型和脉冲响应函数的研究[J].统计与信息论坛,2008(7).

饶晓辉,钟正生.保险能否促进经济增长——基于中国的实证分析[J].上海经济研究,2005(12).

任善英.青海保险与经济增长关系的实证分析[J].开发研究,2011(4).

邵全权.保险业发展、结构调整与经济增长[J].南区经济,2012(10).

史丽媛.保险发展能否有效推动经济增长[J].经济导刊,2011(7).

孙浦阳,武力超.金融发展与城市:基于政府治理差异的视角[J].当代经济科学,2011(2).

孙祁祥,贲奔.中国保险产业发展的供需规模分析[J].经济研究,1997(3).

孙祁祥,朱俊生.我国保险业发展评价指标探析[J].保险研究,2008(2).

谈儒勇.中国金融发展和经济增长关系的实证研究[J].经济研究,1999(10).

谭朵朵.中国省域保险业发展影响因素的空间计量分析[J].统计与信息论坛,2011(1).

田贯川.我国金融保险业投入产出分析——基于6时点42部门投入产出表[J].中国市场,2011(27).

汪小亚.中国城镇城市化与金融支持[J].财贸经济,2002(8).

王海霞,范淑芳.内蒙古保险市场发展与经济增长关系的实证研究[J].内蒙古财经学院学报,2010(6).

王锦良,温秀青.金融保险发展对经济增长贡献的实证分析[J].哈尔滨金融高等专科学校学报,2008(4).

王景武.金融发展与经济增长：基于中国区域金融发展的实证分析[J].财贸经济,2005(10).

王权正.康氏长波理论[J].管理现代化,1987(3).

王勋,方晋,赵珍.中国金融规模、金融结构与经济增长——基于省区面板数据的实证研究[J].技术经济与管理研究,2011(9).

王震颖.上海金融保险业的投入产出分析[J].上海综合经济,2004(9).

魏瑄.偿二代下的保险资产管理[R].中国人保资产管理股份有限公司保险与投资研究所,2015.

吴超,钟辉.金融支持我国城镇化建设的重点在哪里[J].财经科学,2013(2).

吴洪,赵桂芹.保险发展、金融协同和经济增长——基于省级面板数据的研究[J].经济科学,2010(3).

吴江鸣,林宝清.我国保险需求模型的实证分析[J].福建论坛(经济社会版),2003(10).

伍艳.中国城市化进程中的金融抑制问题研究[J].经济论坛,2005(2).

肖文,谢文武.中国保险费收入增长的模型分析[J].上海金融,2000(4).

肖志光.论我国保险市场区域均衡发展——基于保险需求的理论与实证[J].金融研究,2007(6).

潇竹,余安琪.保险资金资产驱动负债模式初探[R].上海信璞投资管理中心(有限合伙),2015.

潇竹,余安琪.日本保险业研究报告[R].上海信璞投资管理中心(有限合伙),2016.

谢利人.保险消费与中国经济增长关系的实证分析[J].保险职业学院学报,2007(5).

徐为山,吴坚隽.经济增长对保险需求的引致效应——基于面板数据的分析[J].财经研究,2006(2).

徐志峰,温剑波.保险业参与城镇化发展的思考[J].保险研究,2013(6).

杨汇潮,江生忠.城镇化促进保险业发展研究——基于面板数据[J].保险研究,2014(8).

杨胜刚,朱红.中部塌陷、金融弱化与中部崛起的金融支持[J].经济研究,2007(5).

臧志谊,景鹏,李正.城镇化与保险业发展的耦合协调关系及表现[J].保险研究,2015(3).

张道奎.我国保险业与其他产业间的相互作用以及对国民收入的影响——我国保险业的投入产出分析[J].统计研究,1998(6).

张连刚,李兴蓉.保险增长与经济增长的关系研究——基于成都市的实证分析[J].商场现代化,2008(6).

张志硕.保险市场与资本市场的融合机制研究[J].保险市场,2013(6).

赵金华,曹广忠,王志宝.我国省(区)人口城镇化水平与速度的类型特征及影响因素[J].城市发展研究,2009(9).

赵尚梅,李勇,庞玉峰.保险业对经济增长贡献的理论模型与实证检验[J].保险研究,2009(1).

郑长德.中国的金融中介发展与城镇化关系的实证研究[J].广东社会科学,2007(3).

中国保险年鉴[DB].中国统计数据库,2008—2013.

周海珍.保险业发展与促进经济增长的关系研究[J].管理世界,2008(11).

周华林.经济"新常态"下中国保险市场发展的新变化及其对策[J].海南金融,2015(3).

卓志.我国人寿保险需求的实证分析[J].保险研究,2001(5).

Adams M, Anderson J, Anderson L, Lindmark M. The historical relation between banking, insurance, and economic growth in Sweden: 1830 to 1998[EB/OL]. University of Wales Swansea working paper, 2005. http://nhh.no/sam/res-publ/2005/26.pdf. Cited 28 Oct 2007.

Arena M. Does insurance market activity promote economic growth? A cross-country study for industrialized and developing countries[R]. World Bank policy research working paper no. WPS4098, 2006.

Arestis, P, Demetriades P O. Financial development and economics growth: Assessing the evidence[J]. Economic Journal, 1997, 107(442): 783-799.

Beck T, Levine R. Stock markets, banks and growth: Panel evidence[J]. Journal of Banking & Finance, 2004, 28(3): 423-442.

Beck T., Webb I. Economic, Demographic and institutional determinants of life insurance consumption across countries[R]. World Bank and International Insurance Foundation, 2002.

Beenstock M, Dickinson G, Khajuria S. The relationship between property-liability insurance penetration and income: An international analysis[J]. Journal of Risk and Insurance, 1988, 55(2): 259-272.

Boon T K. Do commercial banks, stock market and insurance market promote economic growth? An analysis of the Singapore economy[R].

Working paper of the School of Humanities and Social Studies, Nanyang Technological University, 2005.

Browne M J, Chung J, Frees E W. International property-liability insurance consumption [J]. Journal of Risk and Insurance, 2000 (1): 391-410.

Campbell A. The demand for life insurance: An application of the economics of uncertainty [J]. Journal of Finance, 1980, 35(5): 18.

Chaitanya K. Does insurance promote economic development? Empirical evidence from India[J]. The Journal of Applied Economic Research, 2008, 2(1): 43-86.

Chang M, Fu T, Chen J. Urban water investment and financing in China[J]. Iwa Publishing, 2004.

Cho S H, Wu J J, Boggess W G. Measuring interactions among urbanization, land use regulations, and public finance[J]. American Journal of Agricultural Economics, 2003, 85(4): 988-999.

Davis E P, Hu Y. Is there a link between pension-fund assets and economic growth? – A cross-country study[R]. Public policy discussion papers no. 04-23, Brunel University, England, 2004. http://ideas.repec.org/p/bru/bruppp/04-23. Cited 15 March 2007.

Eller M, Haiss P, Steiner K. Foreign direct investment in the financial sector and economic growth in Central and Eastern Europe: The crucial role of the efficiency channel [J]. Emerging Markets Review, 2006, 7 (4): 300-319.

Goldsmith R W. Financial Structure and Development[M]. Newhaven, US: Yale University Press, 1969.

Greenwood J, Jovanovic B. Financial development, growth and the distributing of income[J]. Journal of Political Economics, 1990, 98(5):

1076-1107.

Gurley J G, Shaw E S. Financial aspects of economic development[J]. American Economic Review, 1955, 45(4): 515-538.

Haiss P, Sümegi K. The relationship between insurance and economic growth in Europe: A theoretical and empirical analysis[J]. Empirica, 2008, 35(4): 405-431.

Hakansson N H. Optimal investment and consumption strategies under risk, an uncertain lifetime, and insurance[J]. International Economic Review, 1969, 10(3): 443-466.

Harold D. International Risks and Insurance: An Environmental-Managerial Approach[M]. Irwin/McGraw-Hill, 1998.

Hicks U K. Economic and financial problems of metropolitan areas[J]. Zeitschrift für Nationalökonomie, 1969, 29(1-2): 1-18.

Hoover E M, Fisher J L. Research in regional economic growth[M]//Problems in the Study of Economic Growth. NBER, 1949: 173-250.

Kim K H. Housing finance and urban infrastructure finance[J]. Urban Studies (Routledge), 1997, 34(10): 1597-1620.

Kong J T, Singh M. Insurance companies in emerging markets[R]. IMF working paper 05/88, 2005.

Krugman P. Increasing returns and economic geography[J]. Journal of Political Economy, 1991, 99(3): 483-499.

Kugler M, Ofroghi R. Does insurance promote economic growth? Evidence from the UK[C]. Money Macro and Finance (MMF) Research Group Conference, 2005: 1-27.

Levin R, Zervos S. Stock markets, banks and economic growth[J]. American Economic Review, 1998, 88(3): 537-558.

Life Insurers Fact Book [R]. American Life Insurance Council, 2013.

Lim C C, Haberman S. Macroeconomic variables and the demand for life insurance in Malaysia[R]. Cass Business School working paper, City University London, 2003. http://www.cass.city.ac.uk/conferences/oxmetrics2003/LimHaberman29August.pdf. Cited 15 March 2007.

Lucas R E. On the mechanics of economic development[J]. Journal of Monetary Economics, 1988, 22(1): 3-42.

Mills E S. Urban Economics [M]. Glenview, IL: Scott, Foresman, 1972.

Nobuyasu U. The Failure Without Management[M]. Tokyo: Nikkei Publishing Inc., 2008.

Ourtreville, J F. Life insurance markets in developing countries[J]. The Journal of Risk and Insurance, 1996, 63(2): 263-278.

Outreville J F. The economic significance of insurance markets in developing countries[J]. The Journal of Risk and Insurance, 1990(3): 487-498.

Pagano M. Financial markets and growth: An overview[J]. European Economic Review, 1993, 37(1): 613-622.

Park H, Borde S F, Choi Y. Determinants of insurance pervasiveness: A cross-national analysis[J]. International Business Review, 2002, 11(1): 79-86.

Rajan, R G, Zingales L. Financial dependence and growth[J]. American Economic Review, 1998, 88(3): 559-586.

Re S. World insurance in 2015: Steady growth amid regional disparities [R]. Sigma, 2016.

Rostow W W. The stages of economic growth[J]. The Economic History Review, 1959, 12(1): 1-16.

Skipper, H. Jr. Foreign insurers in emerging markets: Issues and concerns [R]. Center for Risk Management and Insurance, Occasional

Paper, 1997.

Stopher P R. Financing urban rail projects — The case of Los-Angeles [J]. Transportation, 1993, 20(3): 229-250.

Taub B. Insurance and economic growth [J]. Journal of Public Economics, 1989, 38(2): 249-264.

Thomann, C, Schulenburg J M, Lohse U. Der volkswirtschaftliche Wert der Versicherung — eine Input-Output-Analyse der Versicherungswirtschaft [J]. Zeitschrift der Versicherungswissenschaft, 2005, 94: 157-178.

Truett D B, Truett L J. The demand for life insurance in Mexico and the United States: A comparative study [J]. The Journal of Risk and Insurance, 1990, 57(2): 321-329.

Understanding fixed index annuities [R]. Allianz Life Insurance Company of North America, 2014.

Wachtel P. Growth and finance: What do we know and how do we know it? [J]. International Finance, 2001, 4(3): 335-362.

Ward D, Zurbruegg R. Does insurance promote economic growth — Evidence from OECD countries [J]. Journal of Risk and Insurance, 2000, 67(4): 489-506.

Webb I P, Grace M F. The effect of banking and insurance on the growth of capital and output[R]. Center for Risk Management and Insurance working paper 02 - 1, 2002. http://rmictr.gsu.edu/working.htm. Cited March 15, 2007.

Xu W S, Wu J J. Insurance and demand effect resulted from economic growth — An empirical analysis by panel data model [J]. Journal of Finance and Economics, 2006(2): 127-137.

Zhuo Z. Die Nachfrage nach Lebensversicherungen: Eine empirische Analyse für China[R]. Mannheimer Manuskripte zu Risikotheorie, Portfolio

Management und Versicherungswirtschaft, Universitat Mannheim, 1998.

Zou H, Adams M B. The corporate purchase of property insurance: Chinese evidence[J]. Journal of Financial Intermediation, 2006, 15(2): 165-196.

图书在版编目(CIP)数据

保险大国崛起:中国模式/许闲著.—上海:复旦大学出版社,2019.5(2020.4 重印)
(纪念改革开放四十周年丛书)
ISBN 978-7-309-14072-9

Ⅰ.①保… Ⅱ.①许… Ⅲ.①保险业-研究-中国 Ⅳ.①F842

中国版本图书馆 CIP 数据核字(2018)第 278761 号

保险大国崛起:中国模式
许 闲 著
责任编辑/岑品杰

复旦大学出版社有限公司出版发行
上海市国权路 579 号 邮编:200433
网址:fupnet@fudanpress.com http://www.fudanpress.com
门市零售:86-21-65642857 团体订购:86-21-65118853
外埠邮购:86-21-65109143
江阴金马印刷有限公司

开本 787×1092 1/16 印张 19 字数 250 千
2020 年 4 月第 1 版第 2 次印刷

ISBN 978-7-309-14072-9/F·2533
定价:78.00 元

如有印装质量问题,请向复旦大学出版社有限公司出版部调换。
版权所有 侵权必究